DIREITO ECONÔMICO E CONCORRÊNCIA
ESTUDOS E PERSPECTIVAS

SUZY ELIZABETH CAVALCANTE KOURY
FELIPE GUIMARÃES DE OLIVEIRA

Prefácio
Fernando Facury Scaff

DIREITO ECONÔMICO E CONCORRÊNCIA
ESTUDOS E PERSPECTIVAS

Belo Horizonte

2021

© 2021 Editora Fórum Ltda.

É proibida a reprodução total ou parcial desta obra, por qualquer meio eletrônico, inclusive por processos xerográficos, sem autorização expressa do Editor.

Conselho Editorial

Adilson Abreu Dallari
Alécia Paolucci Nogueira Bicalho
Alexandre Coutinho Pagliarini
André Ramos Tavares
Carlos Ayres Britto
Carlos Mário da Silva Velloso
Cármen Lúcia Antunes Rocha
Cesar Augusto Guimarães Pereira
Clovis Beznos
Cristiana Fortini
Dinorá Adelaide Musetti Grotti
Diogo de Figueiredo Moreira Neto (in memoriam)
Egon Bockmann Moreira
Emerson Gabardo
Fabrício Motta
Fernando Rossi
Flávio Henrique Unes Pereira

Floriano de Azevedo Marques Neto
Gustavo Justino de Oliveira
Inês Virgínia Prado Soares
Jorge Ulisses Jacoby Fernandes
Juarez Freitas
Luciano Ferraz
Lúcio Delfino
Marcia Carla Pereira Ribeiro
Márcio Cammarosano
Marcos Ehrhardt Jr.
Maria Sylvia Zanella Di Pietro
Ney José de Freitas
Oswaldo Othon de Pontes Saraiva Filho
Paulo Modesto
Romeu Felipe Bacellar Filho
Sérgio Guerra
Walber de Moura Agra

CONHECIMENTO JURÍDICO

Luís Cláudio Rodrigues Ferreira
Presidente e Editor

Coordenação editorial: Leonardo Eustáquio Siqueira Araújo
Aline Sobreira de Oliveira

Av. Afonso Pena, 2770 – 15º andar – Savassi – CEP 30130-012
Belo Horizonte – Minas Gerais – Tel.: (31) 2121.4900 / 2121.4949
www.editoraforum.com.br – editoraforum@editoraforum.com.br

Técnica. Empenho. Zelo. Esses foram alguns dos cuidados aplicados na edição desta obra. No entanto, podem ocorrer erros de impressão, digitação ou mesmo restar alguma dúvida conceitual. Caso se constate algo assim, solicitamos a gentileza de nos comunicar através do *e-mail* editorial@editoraforum.com.br para que possamos esclarecer, no que couber. A sua contribuição é muito importante para mantermos a excelência editorial. A Editora Fórum agradece a sua contribuição.

Dados Internacionais de Catalogação na Publicação (CIP) de acordo com a AACR2

K88	Koury, Suzy Elizabeth Cavalcante
	   Direito Econômico e concorrência: estudos e perspectivas / Suzy Elizabeth Cavalcante Koury, Felipe Guimarães de Oliveira.– Belo Horizonte : Fórum, 2021.
	
	   273 p.
	
	   ISBN: 978-65-5518-155-5
	
	   1. Direito Econômico. 2. Teoria Econômica. 3. Direito Concorrencial. I. Oliveira, Felipe Guimarães de. II. Título.
	
	                                                            CDD 341.378
	                                                            CDU 346

Elaborado por Daniela Lopes Duarte - CRB-6/3500

Informação bibliográfica deste livro, conforme a NBR 6023:2018 da Associação Brasileira de Normas Técnicas (ABNT):

KOURY, Suzy Elizabeth Cavalcante; OLIVEIRA, Felipe Guimarães de. *Direito Econômico e concorrência*: estudos e perspectivas. Belo Horizonte: Fórum, 2021. ISBN 978-65-5518-155-5.

Ao Professor Washington Peluso Albino de Souza, precursor do Direito Econômico no Brasil e grande inspirador desta obra.

SUMÁRIO

PREFÁCIO
Fernando Facury Scaff 13

CAPÍTULO 1
O PRINCÍPIO DA ECONOMICIDADE NA OBRA DE
WASHINGTON PELUSO ALBINO 21
1 O professor Washington Albino 21
2 A origem do princípio da economicidade 25
3 A aplicação do conceito de economicidade 30
4 A aplicação jurisprudencial da economicidade 34
5 À guisa de conclusão: economicidade: a atualidade da
ideia de ética na economia 37
Referências 38

CAPÍTULO 2
A CRFB/88, O CAPITALISMO E A INTERVENÇÃO
DO ESTADO NO DOMÍNIO ECONÔMICO: A BUSCA
PELO DESENVOLVIMENTO ECONÔMICO, SOCIAL
E HUMANO 39
Introdução 39
1 Os diversos capitalismos e o direito econômico 40
2 A ideologia constitucionalmente adotada no ordenamento
jurídico brasileiro: o direito ao desenvolvimento e a
dignidade da pessoa humana 46
Conclusão 52
Referências 53

CAPÍTULO 3
INTERVENÇÃO DO ESTADO NO DOMÍNIO
ECONÔMICO: POR UMA POLÍTICA
PÚBLICA DE PREVENÇÃO E COMBATE AO
SUPERENDIVIDAMENTO NO BRASIL 57

1	Introito	57
2	O fenômeno do superendividamento e a defesa do consumidor: uma imposição constitucional	59
3	As possíveis "válvulas de escape" na prevenção e combate ao superendividamento do consumidor de crédito no Brasil: existem novos instrumentos?	67
	Conclusão	75
Referências		76

CAPÍTULO 4
GLOBALIZAÇÃO ECONÔMICA E SUPERENDIVIDAMENTO DO CONSUMIDOR NA ERA DA HIPERMODERNIDADE ... 79

1	Introdução	79
2	Capitalismo, mercado de massas e globalização econômica	81
3	O fenômeno do superendividamento na era da hipermodernidade e o direito do consumidor no Brasil	86
4	Considerações finais	95
Referências		97

CAPÍTULO 5
DIREITO ECONÔMICO DO TRABALHO: A TERCEIRIZAÇÃO E O INCREMENTO DOS ACIDENTES DE TRABALHO NO SETOR ELÉTRICO ... 99

1	Introdução	99
2	As revoluções industriais e o capitalismo: as mudanças no mundo do trabalho	101
3	A precarização do trabalho e suas consequências no meio ambiente laboral	108
4	A legislação e a jurisprudência trabalhista quanto aos acidentes de trabalho no setor elétrico	114
5	Conclusão	120
Referências		121

CAPÍTULO 6
APONTAMENTOS HISTÓRICOS SOBRE A
DEFESA DA CONCORRÊNCIA E DO DIREITO
ANTITRUSTE.. 125
1   O pensamento econômico....................................... 125
1.1 Corporações de ofício e a Idade Média................. 125
2   Adam Smith e o liberalismo econômico................ 129
3   Joseph Alois Schumpeter e a escola schumpeteriana da
concorrência... 133
4   John Maynard Keynes e o intervencionismo estatal.......... 137
5   The Sherman Antitrust Act, de 1890 (*Sherman Act*)............. 142
6   The Clayton Antitrust Act, de 1914 (*Clayton Act*)................ 148
7   A Teoria dos Jogos (The Theory of Games) e o
"Equilíbrio de Nash"... 149
Referências 152

CAPÍTULO 7
PODER ECONÔMICO DE MERCADO E DIREITO
CONCORRENCIAL... 155
1   O poder econômico de mercado............................. 155
1.1 Conceito e definição... 155
2   O mercado relevante (*relevant market*).................... 158
2.1 Mercado relevante material.................................... 159
2.2 Mercado relevante geográfico................................ 161
2.3 Mercado relevante temporário............................... 164
3   O mercado competitivo (*competitive market*)......... 165
3.1 Mercado perfeitamente competitivo (concorrência
perfeita)... 165
3.2 Mercado imperfeitamente competitivo (concorrência
imperfeita).. 167
4.   O mercado soberano (*sovereign market*)................ 169
4.1 Monopólio... 169
4.1.1 Monopólio convencional.. 169
4.1.2 Monopólio natural 174
4.1.3 Monopólio decorrente de inovação tecnológica.......... 176

4.1.4	Monopólio legal	178
4.2	Oligopólio	181
4.3	Monopsônio	184
4.4	Oligopsônio	184
Referências		185

CAPÍTULO 8
BACEN *VS.* CADE: POR UMA COMPETÊNCIA REGULATÓRIA COMPLEMENTAR NA ANÁLISE DOS ATOS DE CONCENTRAÇÃO ECONÔMICA DO SETOR BANCÁRIO ... 187

	Introito	187
1	Os atos de concentração econômica no setor bancário	189
2	Sistema Financeiro Nacional, BACEN e CADE: competências em matéria de concentração bancária	193
3	O Parecer nº 20/2001 da Advocacia-Geral da União e a judicialização do conflito de competência	197
4	A competência regulatória complementar na análise dos atos de concentração econômica do setor bancário	201
	Conclusão	209
Referências		210

CAPÍTULO 9
CONCENTRAÇÕES EMPRESARIAIS NA PRÁXIS MERCANTIL E O DIREITO DA CONCORRÊNCIA ... 213

1	Concentrações empresariais e mercado	213
1.1	Fusão	217
1.2	Incorporação de sociedades	220
1.3	Incorporação total de ações e subsidiárias integrais	223
1.4	Cisão	226
1.5	*Drop Down*	229
1.6	Consórcio societário	231
1.7	*Joint venture*	233
1.8	*Holding*	235
Referências		236

CAPÍTULO 10
O DIREITO PROCESSUAL DA CONCORRÊNCIA E O CONTROLE DAS CONCENTRAÇÕES EMPRESARIAIS NO BRASIL 239

1   Breve introito 239
2   A análise prévia (*prior review*) em atos de concentração econômica 241
2.1 Definição 241
2.2 A legislação comparada: os regimes norte-americano e europeu no sistema da *prior review* 242
2.3 O prazo para a aprovação do ato de concentração e a aprovação tácita pós-veto presidencial do art. 64 da Lei nº 12.529/11 245
2.4 Aplicação de multa pecuniária em casos de descumprimento ao sistema da *prior review*: o *gun jumping* 247
2.5 Da exigência de submissão de atos de concentração não enquadrados na análise prévia 249
3   Do processo administrativo de concentração 250
3.1 Do processo administrativo na Superintendência-Geral 250
3.2 Do processo administrativo no Tribunal Administrativo 254
3.3 Procedimento sumário 258
3.4 A possibilidade de relativização da ilegalidade *per se* pela regra da razão (*rule of reason*) 263
4   Das execuções judiciais de decisões do CADE 268
     Conclusão 271
Referências 273

PREFÁCIO

Diz o poeta Ruy Barata *que o partir é a raiz do voltar*. As voltas que o mundo dá muitas vezes nos conduzem a pontos de partida. Conheci Suzy nos bancos da Faculdade de Direito da Universidade Federal do Pará. Irmã de um colega de turma, Ophir Cavalcante Júnior, e filha de um emérito Professor de Direito Processual Civil da Faculdade, Ophir Cavalcante. Ao final da graduação, seguiu para a Universidade Federal de Minas Gerais para estudar com o eminente Professor Washington Peluso Albino de Souza, nome de referência na área do Direito Econômico, com quem obteve seu doutorado com a tese *A Desconsideração da Personalidade Jurídica nos Grupos de Empresas*, posteriormente lançada pela Editora Forense, atualmente em sua 4ª edição, pela Editora LTR.

Nesse meio tempo, também conclui o bacharelado em Direito pela UFPA e prossegui meus estudos pós-graduados em Direito Econômico, na Universidade de São Paulo, orientado pelo Professor Fábio Nusdeo, tendo me doutorado com a tese *Responsabilidade do Estado Intervencionista*, posteriormente lançada pela Editora Saraiva e reeditada pela Editora Renovar.

Tinha notícias da Suzy através de docentes que transitavam entre as duas Universidades, ministrando aulas e conferências, como Eros Roberto Grau, que muitos anos depois foi nomeado Ministro do STF.

Após o término de nossos doutorados, retornamos a Belém, onde seguimos na carreira advocatícia. Suzy tornou-se destacada Procuradora do Estado do Pará, tendo sido posteriormente indicada pelo quinto da OAB como Desembargadora do Trabalho, junto ao TRT da 8ª Região. Tornei-me Procurador da Fazenda Nacional até 1993, quando optei por me dedicar com mais afinco à advocacia privada e à docência na Universidade Federal do Pará. Suzy ministrou aulas na FACI – Faculdades Ideal e hoje o faz no Centro de Estudos Superiores do Pará – CESUPA.

Passei a me dedicar mais fortemente ao Direito Tributário e Financeiro, entre aulas e advocacia. Suzy passou a olhar com mais atenção o Direito do Trabalho, por força de seus compromissos na magistratura.

Passam os anos e encontro seu filho, Paulo Arthur, trabalhando em meu escritório, logo após sua formatura. Hoje já é doutorando e mestre em Direito Tributário pela Faculdade de Direito da Universidade de São Paulo, instituição que passei a compor, hoje na condição de Professor Titular de Direito Financeiro.

Estivemos juntos em incontáveis eventos acadêmicos e profissionais ao longo de toda essa trajetória, tratando de diversos temas afins, uma vez que o Direito Econômico, nosso berço de formação acadêmica, sempre nos uniu.

Eis que recebo um e-mail da Suzy, tímido, cordialíssimo e gentil, como só ela sabe ser, perguntando se poderia fazer o prefácio dessa obra que escreve em conjunto com Felipe Guimarães de Oliveira, mestre em Direito, Políticas Públicas e Desenvolvimento, com ênfase em Direito do Consumidor pelo Centro Universitário do Pará – CESUPA, Instituição da qual é também professor, ministrando as disciplinas Direito Econômico e Direito do Consumidor. Sua dissertação foi sobre *O Superendividamento na Sociedade Brasileira e os Desafios para uma Tutela Jurídico-Econômica de Proteção ao Consumidor no Século XXI*, publicada pela Editora Lumen Juris, e orientado pela coautora.

Desnecessário dizer da minha alegria e de como me senti honrado pelo convite formulado. No mesmo instante lembrei-me do verso do poeta paraense Ruy Barata, que encima este texto. Afinal, tal como a Suzy, a despeito de navegar por mares jurídicos muito revoltos, o Direito Econômico faz parte de nossa gênese acadêmica. Venho trabalhando em artigos acadêmicos com questões voltadas ao Direito da Concorrência e o Direito Tributário, especialmente por conta da guerra fiscal que assola o país. Suzy, em conjunto com Felipe, permanece trabalhando em grande estilo, com mais uma obra completa sobre Direito Econômico, que seguramente merece fazer parte das estantes mais consultadas acerca da matéria.

Neste livro, a dupla de coautores se debruça sobre temas importantíssimos acerca da matéria jus-econômica, como *O Poder Econômico de Mercado*; sobre aspectos muito pouco analisados no âmbito jurídico, como os *Monopólios, Oligopólios, Monopsônios e Oligopsônios*; a trajetória das normas *antitruste*, passando pelo *Sherman Antitrust Act* (de 1890), pelo *Clayton Antitrust Act* (de 1914)

PREFÁCIO | 15

e chegando à *Teoria dos Jogos e o Equilíbrio de Nash*; analisa também o importantíssimo conceito de *Mercado Relevante*, tema fulcral para o Direito da Concorrência; e trata ainda do *Processo Administrativo de Concentração*, instrumental necessário para a litigância perante o CADE – Conselho Administrativo de Defesa Econômica. Os temas são relevantes por diversos motivos, que tentarei expor em breves palavras.

Vigora atualmente no Brasil uma compreensão *iluminista*, considerando ser o mercado um instrumento que vigora ao sabor de uma *mão invisível* que o administra. Adam Smith, considerado o *pai da economia liberal*, entendia que a sociedade de mercado é governada pelos agentes econômicos privados, e não pela política.[1] Vê-se a ideia de retração e limitação dos poderes do Estado de forma bem clara nesse autor, que acreditava que o sistema de liberdade natural se estabelecia por si próprio, pois, *"todo homem, desde que não viole as leis da justiça, tem direito a lutar pelos seus interesses como melhor entender e a entrar em concorrência, com sua indústria e capital, com os de qualquer outro homem, ou ordem de homens"*. O soberano, nesse caso correspondente ao Estado, *"fica totalmente liberado de um dever, (...) o dever de superintender o trabalho das pessoas privadas e de o dirigir para as atividades mais necessárias à sociedade"*.[2]

Nesse sistema de liberdade natural, o Estado teria apenas três deveres a cumprir: o de proteger a sociedade da violência e das invasões de outras sociedades; o de proteger todos os membros da sociedade das injustiças ou opressão de qualquer outro membro, que seria o de prestar justiça; e o de criar e preservar certos serviços e instituições públicas que nunca poderiam ser criadas ou preservadas no interesse de um indivíduo, ou pequeno número de indivíduos, já que o lucro daí advindo não justificaria seu interesse nelas.

---

[1] "Não é da benevolência do açougueiro, do cervejeiro ou do padeiro que esperamos nosso jantar, mas da consideração que eles têm pelo seu próprio interesse. Dirigimo-nos não à sua humanidade, mas à sua autoestima, e nunca lhes falamos das nossas próprias necessidades, mas das vantagens que advirão para eles. Ninguém, a não ser o mendigo, sujeita-se a depender sobretudo da benevolência dos semelhantes". SMITH, Adam. *Uma investigação sobre a natureza e as causas da riqueza das nações*. São Paulo: Nova Cultural, 1996. v. I, p. 74.

[2] SMITH, Adam. *Uma investigação sobre a natureza e as causas da riqueza das nações*. 3. ed. Lisboa: Fundação Calouste Gulbenkian, 1999. Livro II, p. 284.

Dessa compreensão de Adam Smith sobre a liberdade natural e a contenção das atividades do Estado é que advém a famosa *mão invisível do mercado*, que limita a atuação do Estado às funções de garantidor da ordem internacional, da segurança interna e da paz entre os homens.

Adam Smith publicou essa obra em 1776; a declaração de independência dos Estados Unidos da América ocorreu naquele mesmo ano; a Constituição norte-americana surgiu em 1787; a coletânea de artigos denominada *O Federalista*, que desempenhou importante papel na revolução americana, surgiu em 1788; e no ano seguinte, em 1789, ocorreu a Revolução Francesa – eventos que sofreram forte influência das *ideias liberais* que circulavam pelo mundo, bem como das ideias de Rousseau. Em dezembro de 1791 entra em vigor o *Bill of Rights* estadunidense, que havia sido aprovado em 1789. A tônica era o *fim dos Estados Absolutos* e o surgimento de uma nova era na qual eram pregados os ideais de *liberdade, igualdade* e *fraternidade*, lema que se tornou a marca da Revolução Francesa.

Ocorre que a liberdade generalizada protagonizada nos mercados do século XVIII propiciou o surgimento de economias de escala que favoreciam posições *monopolísticas*, o que contrariava a filosofia liberal de mercado. Para que a lei da oferta e da procura pudesse fluir naturalmente, para a qual seria necessário haver uma *pulverização de agentes econômicos*, surgiu uma *barreira* com o advento dos *monopólios* e *oligopólios* nascentes. Daí terem sido aprovadas no final do século XIX, nos Estados Unidos da América (considerada a pátria do liberalismo), *leis antitruste*[3] que objetivavam combatê-los, *sendo necessário modificar a ordem jurídica para que fosse possível tentar manter o sistema econômico liberal*, que, por si só, não se manteria, *pois o mercado seria dominado por um punhado de grandes empresas.*[4]

---

[3] Para análise do contexto histórico destas normas, ver, dentre outros, FORGIONI, Paula. *Os Fundamentos Jurídicos do Antitruste*. São Paulo: RT, 1998, em especial o item 1.2.

[4] Nesse sentido, vide a seção 2 da lei: *"Every person who shall monopolize, or attempt to monopolize, or combine or conspire with any other person or persons, to monopolize any part of the trade or commerce among the several States, or with foreign nations, shall be deemed guilty of a felony, and, on conviction thereof, shall be punished by fine not exceeding $10,000,000 if a corporation, or, if any other person, $350,000, or by imprisonment not exceeding three years, or by both said punishments, in the discretion of the court".*

Daí advém a ideia do *Estado Intervencionista*, através do qual, para manter a ordem econômica capitalista, será necessária a intervenção *jurídica* do Estado.

O primado das *ideias* liberais pertence ao século XVIII, que foram implantadas no século XIX, e que não necessariamente se coadunam ao atual século XXI. Nesse entretempo diversos fatos modificaram o mundo em que vivemos, entre eles duas Guerras Mundiais e uma Revolução Tecnológica. A intensificação da globalização é um fato a ser considerado e o mundo se tornou *mais plano*,[5] no sentido de facilitar o livre acesso de pessoas à informação e aos bens e serviços fornecidos em qualquer lugar do planeta.

Daí se pode afirmar que, atualmente, o mercado não decorre apenas do livre jogo das forças de mercado, e sim que *o Direito regula o mercado*, dentro do qual as forças econômicas atuam. É o Direito que estabelece os limites do mercado econômico. O mercado é uma instituição *jurídica*, que delimita a atuação dos agentes econômicos.

Portanto, é o Direito que regula as condições de mercado, não mais sendo possível, nos dias atuais, se falar de um mercado que seja guiado pela mão invisível.

Essa compreensão permite afirmar que a *liberdade de iniciativa econômica* decorre de um primado de *Liberdade*, que permite a todo agente econômico, público ou privado, pessoa física ou jurídica, exercer livremente, nos termos das leis, atividade econômica em sentido amplo. Parte de um conceito de liberdade de exercício da profissão, para os trabalhadores; e da liberdade do exercício de uma atividade econômica, para as empresas.

Por outro lado, a *livre concorrência* se funda primordialmente na *Isonomia*, e não na *Liberdade* (a qual, embora não esteja afastada, não é o ponto central). Busca-se criar as condições para que se realize um sistema de concorrência mais saudável, dentro dos objetivos propostos pela Constituição da República brasileira em seu art. 3º, e respeitando os Princípios da Ordem Econômica. Trata-se de uma isonomia controlada, na qual monopólios, oligopólios e outros mecanismos de domínio de mercado por meio de práticas

---

[5] Para esse conceito, ver FRIEDMAN, Thomas. *O mundo é plano:* uma breve história do século XXI. São Paulo: Companhia das Letras, 2005.

anticoncorrenciais sejam evitados. O papel do Estado não é acabar com a concorrência, mas o de evitar que posições dominantes levem à morte da concorrência. Assim, a isonomia de que se fala não é uma pasteurização do mercado, mas o combate à força e aos procedimentos desmesurados de *players* que dominem o mercado e acabem com ele, fazendo predominar a concorrência. Para que possa existir livre concorrência é imperioso que haja Isonomia entre os contendores na arena do mercado. A livre concorrência repudia os monopólios, pois eles são sua antítese, sua negação. Cabe ao Estado criar condições para que haja livre concorrência, não apenas com sua inação (exercício da *Liberdade*), mas com ações concretas, por exemplo, reprimindo o abuso do poder econômico que vise à dominação dos mercados e à eliminação da concorrência (cuja base é a *Isonomia*).

Exatamente por ser uma questão isonômica é que a Constituição brasileira consagra a livre iniciativa como um princípio fundamental da ordem econômica (art. 170, IV) e estabelece um imperativo ao Estado no sentido de controlar o abuso do poder econômico, conforme consta do art. 173, §4º.

Daí que o Estado, através da Constituição e das leis, pode regular o mercado de duas formas: ou atuando diretamente na economia (*no* domínio econômico) através de empresas estatais, conforme o permissivo do art. 173 da Constituição; ou através de regulação normativa (*sobre* o domínio econômico), utilizando-se de normas de indução ou de direção econômica.[6]

Isso aponta para o fato inconteste de que, atualmente, a participação do Estado enquanto agente econômico, intervindo *no* domínio econômico, através de empresas estatais, arrefeceu, enquanto a intervenção *sobre* o domínio econômico, como agente regulador, foi bastante intensificada.

Essa análise aponta para algumas razões pelas quais a presente obra seja lida e estudada, pois se insere nessa *virada hermenêutica* de compreensão do mercado como uma instituição jurídica, e não meramente econômica, devendo ser controlado pelo Direito, a fim de

---

[6] GRAU, Eros Roberto. *A Ordem Econômica na Constituição de 1988.* 3. ed. SP: Malheiros, 1997, p. 157-158.

que todos possam nele atuar *livremente*, da maneira mais *isonômica* possível. Colocados ao livre jogo das forças do mercado econômico, sem o Direito, os grandes aumentarão de tamanho, e certamente engolirão os pequenos, acabando com o próprio mercado. É um paradoxo que o Direito deve evitar.

Tudo isso, e muito mais, se encontra melhor exposto nesta obra de referência, escrita a quatro mãos por dois qualificadíssimos autores, que seguramente marcará os estudos acerca do Direito Econômico e seu consectário, o Direito da Concorrência.

O leitor só terá a ganhar com a leitura dessa obra, que tem muito a agregar aos estudos desses temas e traz luzes a aspectos pouco debatidos na matéria.

São Paulo, setembro de 2019.

Fernando Facury Scaff

Professor Titular de Direito Financeiro da Universidade de São Paulo. Professor Titular de Direito Financeiro e Tributário da Universidade Federal do Pará (1988-2019). Livre Docente pela Universidade de São Paulo e Doutor em Direito Econômico pela mesma Instituição. Advogado.

CAPÍTULO 1

O PRINCÍPIO DA ECONOMICIDADE NA OBRA DE WASHINGTON PELUSO ALBINO

SUZY ELIZABETH CAVALCANTE KOURY

1 O professor Washington Albino

Tive a honra de conviver com um mestre. Até então, eu nunca achei que isso fosse me acontecer um dia. Cheguei a Belo Horizonte em 1985, no mês de março, vinda de Belém do Pará. Tinha recebido meu diploma da graduação um dia antes da viagem e nunca tinha ouvido falar em Direito Econômico, o que, descobri, não era exclusividade minha.

Conheci o Professor Washington Albino na Faculdade de Direito da UFMG, que todos chamávamos de "Escola". Ele tinha sido o Coordenador dos Cursos de pós-graduação (Mestrado e Doutorado) e, na ocasião, era Diretor da Faculdade e eu, bolsista da CAPES, passava os dias lá, no 12º andar. Tínhamos horário de trabalho e cartão de ponto, compensados pelo livre acesso a ele, à sua sala, à sua vida.

Muito me marcou a sua paixão pelo estudo do direito e pelo Direito Econômico. Só o via muito aborrecido quando diziam que, na verdade, o Direito Econômico era o "Direito do Washington", dando a entender que não existia.

Isso é verdade, de certo modo, pois, no ordenamento jurídico brasileiro, só passou a existir depois dele, que se preocupou em o conceituar, estabelecer sua regras, seu objeto, seus sujeitos.

Incansável, presidiu o I Seminário de Professores de Direito Econômico, que teve, como ponto culminante, a elaboração da Carta do Caraça,[1] assinada por ele, Esteban Cottely, Ana Maria Ferraz Augusto, Geraldo de Camargo Vidigal, Afonso Insuela Pereira, Fábio Nusdeo, Alberto Venâncio Filho, Maurício Lourenço da Costa, Eros Roberto Grau, José Alfredo de Oliveira Baracho, Modesto Carvalhosa e Antônio Angarita Silva, na qual se concluiu, entre outros pontos, "que os imperativos éticos dos ideais do Desenvolvimento Nacional e do Bem-Estar Social reclamam o ensino do Direito Econômico nas Faculdades de Direito".[2]

Para livrar o Direito Econômico da "pecha" de "*Direito do Washington*", convocou alguns bolsistas, como eu, para reativar a Fundação Brasileira de Direito Econômico, em meio a uma grande cerimônia na "escola", na qual fui eleita Diretora de Pesquisas e Traduções, só porque falava inglês e um pouco de francês e italiano.

O professor Washington não discriminava os mais jovens, acreditava na juventude e que poderíamos construir um país melhor, e nós os cercávamos e seguíamos suas orientações.

Isso aconteceu por ocasião da Assembleia Constituinte, que estava incumbida de escrever o novo texto constitucional brasileiro e a primeira missão dos novos "jovens diretores" da FBDE, sempre dirigidos pelo mestre, foi a de convencer os constituintes da necessidade de o Direito Econômico passar a constar do texto constitucional.

Redigiu uma carta aos constituintes, defendendo a inclusão do Direito Econômico no texto constitucional que, naquela ocasião, não cogitei guardar, deixando de manter um registro histórico acerca da disciplina que, hoje, ministro no curso de graduação e no programa de mestrado do Centro Universitário do Pará.

Remetemos essas cartas para cada um dos constituintes. Falamos com políticos, com membros da sociedade civil, envolvemos

---

[1] O Colégio do Caraça era um antigo seminário-escola, localizado na Serra do Caraça, no qual estudaram várias personalidades do país, inclusive os ex-presidentes Afonso Pena e Artur Bernardes, conhecido por sua excelência acadêmica e ensino humanístico. Maiores informações em www.santuariocaraca. fot.br/textos/história.htm.

[2] I SEMINÁRIO DE PROFESSORES DE DIREITO ECONÔMICO. Belo Horizonte: UFMG, 1977, p. 11.

a Ordem dos Advogados do Brasil, fizemos com que o Direito Econômico ficasse em destaque, ministrando palestras e minicursos. Não que ele achasse que isso era imprescindível. Muito pelo contrário, mas afirmava que, no Direito brasileiro, vinculado ao sistema romano-germânico, um ramo do Direito só existia se constasse da Carta Constitucional e que iam parar de tratá-lo como o "Direito do Washington".

Finalmente, em 5 de outubro de 1988, vimos o artigo 24, inciso I, da CRFB consagrar que é de competência concorrente da União, dos Estados e do Distrito federal, legislar sobre Direito Econômico. Comemoramos em um barzinho, perto da nossa Escola, ele, o mais jovem de todos nós, o mais entusiasmado. Tempos depois, consignou na revisão do seu livro *Primeiras Linhas de Direito Econômico*:

> O principal momento da consagração definitiva do Direito Econômico no Brasil, com a sua autonomia expressamente cunhada como direito positivo, registrou-se no texto da Constituição Federal de 1988 (Tít. III, Cap. II, Art. 24, F). Damos tal importância ao fato em virtude de boa parte dos que militam na área jurídica em nosso país insistirem em desconhecer a eloquência da realidade social e o significado das razões científicas, prendendo-se a legalismo tão pernicioso como o seu efeito de atribuir aos Poderes Legislativos, compostos, em sua maioria, de leigos, a missão de conferir 'existência' a novos ramos do Direito, fazendo-o por consignação em texto legal.[3]

Os quatro anos em que morei em Belo Horizonte marcaram muito a minha vida. Aprendi, com ele, principalmente, a duvidar de tudo, a ser consciente de que havia muito a aprender e de que não sabia nada, o que persiste até hoje, graças a Deus.

Quando eu chegava, mesmo quando ele já era Diretor da Escola, dizia, *"ei, menina"*, com seu sotaque mineiro, mandava entrar no seu gabinete e se sentava para me ouvir ler a minha tese, página a página. Interrompia-me para dizer: "isso me lembra a teoria da coetaneidade do não coetâneo", e lá ia eu em busca de bases científicas que sequer sabia existirem.

---

[3] SOUZA, Washington Peluso Albino de. *Primeiras Linhas de Direito Econômico*. Belo Horizonte: Fundação Brasileira de Direito Econômico, 1977, p. 46.

Dei-me conta, ao rever vários de seus textos para escrever esse texto, que, sem que eu tivesse percebido, fez-me estudar textos de sociólogos, filósofos e economistas, além de juristas, o que se revela, principalmente, nos dois primeiros capítulos de minha tese, nos quais destaco que o conceito de personalidade jurídica é pautado pela historicidade e pela relatividade e estudo a empresa e a sua personalização como imperativos da realidade social.[4]

Depois de eu ler todo o meu trabalho, ele disse que um trecho de Eça de Queiroz, que se lembrou de memória, resumia a teoria da desconsideração da personalidade jurídica e ditou: "Sob o manto diáfano da fantasia, a nudez crua da verdade".

Aceitou ser nosso padrinho de casamento e veio a Belém só para isso. Achou tudo maravilhoso. Quis levar a ideia do túnel de mangueiras que cobre as ruas dessa quente cidade na linha do Equador para sua querida Ubá, onde tinha uma fazenda e ficou muito aborrecido quando o prefeito não concordou porque as mangas poderiam quebrar os vidros dos carros (e quebram mesmo, mas como as mangueiras refrescam!).

Envolvia-se e se empolgava com tudo. Revolucionou a "Escola" (Faculdade de Direito da UFMG) quando foi seu Diretor. Tinha autoridade, mas não era autoritário. Viveu sempre à frente do seu tempo e era muito querido por todos os alunos, o que, convenhamos, é difícil quando se ocupa um cargo de direção.

Frequentava nosso apartamento *"kitnet"* para provar comidas do Pará, cujos ingredientes eu sempre levava quando voltava das férias. Comia em pratos simples, sentava em bancos e nos fazia pensar que estávamos lhe proporcionando um banquete, em um castelo medieval.

A penúltima vez em que o vi foi por ocasião da defesa da tese de doutoramento de Ângela Bueno de Carvalho. Eu compunha a Banca examinadora, juntamente com Taísa Maria Macena de Lima, sua orientadora, os Professores-Doutores Aroldo Plínio Gonçalves, Moema Augusta Soares de Castro e Manoel Galdino da Paixão Júnior.

Eu, Ângela, Taísa e Moema fôramos contemporâneas no Doutorado, dividindo angústias e alegrias, além das mesmas salas

---

[4] KOURY, Suzy Elizabeth Cavalcante. *A desconsideração da personalidade jurídica (disregard doctrine) e os grupos de empresas*. 3. ed. Rio de Janeiro: Forense, 2011, p. 17-65.

no 12º andar. Era um reencontro com antigos mestres, como o Professor Aroldo, e entre amigas de longa data. De repente, no meio da arguição, ele entrou, altaneiro, com seu sorriso e os olhos brilhando. Todos se calaram. A sua presença nos impunha mais do que respeito, imensa admiração. Pareceu-me que todos os antigos mestres da Escola de Direito estavam entrando junto com ele e que eu já não estava mais ali, e sim em outro plano, um lugar onde não merecia estar, mas estava.... Ele dizia que a Escola tinha alma e, naquele dia, pude sentir isso. A última vez que o vi foi há cerca de dois anos depois da defesa da Ângela. Fui à Escola especialmente para isso. Rosali Diniz, sua melhor amiga, filha, anjo que cuidou dele até o último momento, fez com que ele fosse me encontrar na sede da Revista da Faculdade de Direito da UFMG, que dirigia até duas semanas antes de seu falecimento, em 16 de junho de 2011, aos 94 anos.

Foi especial, como sempre... Lembrou-se de cada um de meus filhos, dos cartões de Natal, do Paulo, meu marido, e me disse que minha família era linda e um pouco a dele. Entusiasmado, pediu um artigo meu para publicar e me falou da revista, do *blind review* que ia implantar (e implantou), cheio de planos.

Várias gerações de estudiosos e cultores do Direito devem a Washington Albino conceitos que hoje, na pena de alguns, parecem novidade.

Eu, de minha parte, ministro aulas a partir de textos do Professor Washington, de surpreendente atualidade e, cada vez que um aluno escreve o nome dele em uma prova ou estuda esses textos, tenho certeza de que a missão dele foi cumprida e que é imortal, como só os grandes mestres são.

2 A origem do princípio da economicidade

Nesse artigo em sua homenagem, decidi escrever sobre o princípio da economicidade, por ele desenvolvido e que é fundamental em sua obra, pois toma o Direito Econômico em face do "sentido de economicidade", princípio hermenêutico, ligado ao sentido mais elevado do justo, significando uma linha de maior vantagem nas decisões de política econômica.

Busquei descobrir como tudo começou e encontrei a resposta em conferência pronunciada por ele na Faculdade de Direito de Ubá, sua terra natal, publicada na *Revista da Faculdade de Direito*, da qual transcrevo o seguinte trecho:

> Diremos que tudo começou no concurso para a cátedra de Economia Política, em 1942, na Faculdade de Direito da Universidade Federal de Minas Gerais. Então apresentamos a tese 'Ensaio da Conceituação Jurídica do Preço'. Imprensa oficial. Belo Horizonte, 1949'.[5]

Foi nessa tese que o Professor, pela primeira vez, de modo formal, defendeu a necessidade de estudo e codificação do Direito Econômico. Afirmou ele:

> Se por motivo de qualquer natureza não é chegado o instante da codificação do Direito Econômico, se os tribunais especializados ainda não se justificam, se a composição dos corpos julgadores ainda não se deve fazer com a participação de especialistas no trato diários dos atos e fatos econômicos, que, então, os laudos periciais e os estudos profundos sirvam de orientação e enriqueçam os arrazoados e a fundamentação das sentenças e dos julgados. Daí por diante, a marcha do próprio direito para a tradução da realidade econômica sob a forma de justiça não se fará esperar mais e percorrerá todas as etapas da sua emancipação. Daí, a presente tese".[6]

E seu vaticínio se cumpriu. A marcha do Direito Econômico percorreu todas as suas etapas, sempre sob sua condução firme, até sua previsão na Carta de 1988.

O caminho foi longo e profícuo. O segundo passo importante foi representado pelo pioneirismo da Faculdade de Direito em adotar, oficialmente, o Direito Econômico na grade curricular da graduação, em 1972, tendo sua regência sido atribuída ao mestre, em grau de Professor Titular.

A partir de então, foi intensificada a luta pela sistematização do Direito Econômico, formado "a partir da reunião DIREITO-POLÍTICA-ÉTICA".[7]

---

[5] SOUZA, Washington Peluso Albino de. Breve depoimento sobre a introdução do Direito Econômico no ensino jurídico, enquanto disciplina curricular. *Revista da Faculdade de Direito da UFMG*, Belo Horizonte, n. 49, p. 225 a 236, p. 225, jul./dez. 2006.

[6] *Id. ibid.*, p.226.

[7] *Id ibid.*, p. 228.

Foi da obra de Hermann Heller (*Teoria del Estado*) que tomou emprestada a expressão economicizar, pela qual Heller procurou explicar o interesse predominante nas apreciações de valores sociais. Isso se deu por volta de 1951/1952, tendo concluído:

> Pesquisando neste sentido, foi que vimos a necessidade de procurar um elemento ainda mais simples, que se libertasse da expressão mensurável de horizontes restritos e tomasse a "maior vantagem" de maneira mais ampla, caracterizada mesmo pela vontade que se pode até antepor aos interesses vitais básicos. E, assim, destacamos o conceito de 'economicidade' cujos estudos, ainda em início, poderão vir a ser até mesmo, abandonados, por inexpressivos, mas, no momento, constituem nossa preocupação.[8]

Lembrando que a observação histórica revela com facilidade que a ideia de justiça sempre tivera um fundamento econômico, afirmava ele:

> Com a aplicação do conceito de economicidade, porém, ainda mais nos aprofundaremos neste terreno, porque, então, a ideia de justiça como tal, permanecerá livre dos limites estreitos de caracterização, ao mesmo tempo que o sentido de maior vantagem garantirá pela complementariedade, a composição indivíduo-meio, em todos os seus âmbitos, quer integrando-o neste meio, quer o expulsando, tal como o provam especialmente os fatos sociais e a aplicação a coação jurídica.[9]

Em artigo publicado em 1954, em uma revista estudantil, posteriormente, reeditado na obra *Teoria da Constituição Econômica*, intitulado "Economicidade", esclareceu, em nota:

> O presente trabalho reproduz artigo publicado em 1954 e marca o início das nossas pesquisas na procura de fixar elemento valorativo para a interpretação das manifestações jurídicas, políticas e econômicas que redundariam, posteriormente, em sua aplicação à interpretação do Direito Econômico e, em especial, da Constituição Econômica. Sua leitura deve ater-se a elementos referenciais da época de sua elaboração para que seja formulada idéia da sequência de passos seguidos até chegar à 'economicidade', como instrumento hermenêutico portador das

---

[8] SOUZA, Washington Peluso Albino de. *Lições de Direito Econômico*. Porto Alegre: Sergio Fabris, 2002, p. 38-9.

[9] *Id. ibid.* p. 40.

caracteristicas de flexibilidade e de maleabilidade, sendo posteriormente incluído como 'princípio', no nosso conceito de Direito Econômico.[10]

Tomou o conceito cultural de valor, desenvolvido na Sociologia e na Filosofia, para desenvolver o de economicidade. Refinou o conceito de valoração para tomá-lo com o sentido de uma vantagem assegurada pela realização do ato, que pode ser moral, estética, política, religiosa, etc., liberando-o do conceito primitivo de rentabilidade econômica, de lucro materialmente traduzido.

Chegou, assim, ao substrato da economicidade, que extravasa o simples modo de ser econômico, o que justifica a tomada de decisões que seriam até mesmo antieconômicas, como, por exemplo, a fixação pelo governo de salários assistenciais e a concessão, pelo empregador, de participação nos lucros, atitudes antieconômicas, mas que atendem à economicidade sociopolítica.

Defendeu a amplitude do conceito de economicidade como conceito básico de interpretação que, extrapolando a simples concepção corrente do econômico, de rentabilidade e de lucro e concluiu que "(...) tomando a economicidade, iremos dar com um rico material de interpretação jurídica consubstanciado no *standard jurídico*. Em vez da rigidez do texto legal, um sentido mais amplo do *justo* passa a cobrir toda uma área de interpretação dos fatos, acolhendo-os quando se identificam nesta atmosfera de justiça".[11]

Aplicou o conceito de economicidade para identificar as características ideológicas definidas em cada uma das dezenas de Constituições pesquisadas para a elaboração, em dois volumes, da obra *Do Econômico nas Constituições Vigentes*, publicada em 1961 pela *Revista Brasileira de Estudos Políticos*, à qual, infelizmente, não pude ter acesso ao escrever este artigo.

No obra *Primeiras Linhas de Direito Econômico*, lançada pela Fundação Brasileira de Direito Econômico no ano de 1977, assim conceituou o Direito Econômico:

> *Direito Econômico* é o conjunto de normas de conteúdo econômico que, pelo princípio da *economicidade*, assegura a defesa e harmonia dos

---

[10] SOUZA, Washington Peluso Albino de. *Teoria da Constituição Econômica*. Belo Horizonte: Del Rey, 2002, p. 297-8.

[11] *Id. ibid.*, p. 309.

interesses individuais e coletivos definidos pela *ideologia* adotada na ordem jurídica e que regulamenta a atividade dos respectivos sujeitos na efetivação da *política econômica* posta em prática para a concretização daquela ideologia.[12]

Esclareceu que considerava muito limitado entender a economicidade como o mesmo que *econômico* ou *procedimento de maneira econômica.*

Partiu da ideia de "linha de maior vantagem", de Max Weber, para, ampliando o campo de seu entendimento pela afirmação de que esta vantagem pode ser das mais diversas espécies, afirmar: "Sempre teremos uma *linha de maior vantagem* como a verdadeira característica do *econômico*".[13]

Adotou, então, o termo economicidade para representar a linha de maior vantagem e assim a explicitou:

> Assim, pela *economicidade*, pode-se entender a atitude de alguém que, diante da possibilidade de lucro, decida conscientemente por uma orientação que lhe cause prejuízo, no sentido do entendimento corrente. Quem faz doação de uma parte de seu patrimônio a outrem, por exemplo, sem impor qualquer condição, não procede economicamente, mas, poder-se-ia dizer, anti-economicamente. No entanto, o seu gesto pode ser juridicamente válido. Assim, conceito de economicidade por nós fixado, independe do sentido econômico vulgarmente aplicado à ideia comum de lucro, para traduzir a *linha de maior vantagem* que o Direito Econômico vem legitimar. Em nosso conceito de Direito Econômico esta linha de maior vantagem, isto é, a *economicidade*, conduz ao justo na prática da atividade econômica.[14]

No livro *Direito Econômico*, de 1980, demonstrou ter avançado no conceito de Direito Econômico para considerá-lo "o ramo do Direito, composto por um conjunto de normas de conteúdo econômico e que tem por objeto regulamentar as medidas de política econômica referentes às relações e interesses individuais e coletivos, harmonizando-as – pelo princípio da 'economicidade' – com a ideologia adotada na ordem jurídica".[15]

---

[12] *Op. cit.*, p. 1.

[13] *Id. ibid.*, p. 3.

[14] *Id. ibid.*, p. 3-4.

[15] SOUZA, Washington Peluso Albino de. *Direito Econômico*. São Paulo: Saraiva, 1980, p. 3.

Esclareceu que usava o neologismo economicidade para traduzir um sentido que o termo "econômico", ligado ao prisma exclusivo da ideologia capitalista, ou seja, à ideia do lucro, não era mais capaz de atender ao tratamento científico do tema e que o novo termo traz em si a sugestão de uma vantagem que não se limita à material ou patrimonial, incluindo, também, a desapegada do compromisso de lucro.

3 A aplicação do conceito de economicidade

Com o advento da CRFB/88 e o reconhecimento do Direito Econômico como ramo do Direito, houve por bem atualizar seu livro *Primeiras Linhas*, de muito esgotado, com a contribuição da Professora Teresinha Helena Linhares, com segunda edição em 1992, também logo esgotada, e uma terceira, revista e ampliada, publicada em 1994, com o objetivo de "oferecer a estudantes e profissionais os conhecimentos introdutórios deste moderno ramo do Direito".

Conceituou o Direito Econômico como "(...) o ramo do Direito que tem por objeto a regulamentação da política econômica e por sujeito o agente que delas participe. Como tal, é um conjunto de normas de conteúdo econômico que assegura a defesa e harmonia dos interesses individuais e coletivos, de acordo com a ideologia adotada na ordem jurídica. Para tanto, utiliza-se do 'princípio da economicidade'".[16]

Explicou a economicidade[17] quanto ao entendimento e quanto à função.

Quanto ao entendimento, esclareceu que o termo significa a medida do econômico, determinada pela valoração jurídica dada ao fato de política econômica pela Constituição, tendo destacado que "a decisão pela aplicação da economicidade tem o caráter de

---

[16] SOUZA, Washington Peluso Albino de. *Primeiras Linhas de Direito Econômico*. 3. ed. São Paulo: LTr, 1994, p. 23.

[17] Note-se que há referência ao princípio da economicidade no artigo 70 da CRFB, que trata da fiscalização contábil, financeira e orçamentária exercida pelo Congresso Nacional, como instrumento de controle externo, implicando a eficiência na gestão financeira e na execução orçamentária para alcançar a justa adequação e o equilíbrio entre custos e benefícios à sociedade (desempenho qualitativo).

circunstancialidade, ou seja, obedece às peculiaridades do fato tal como se lhe apresenta no tempo e no espaço". Afastou qualquer possibilidade de incoerência ou contradição ao ressaltar que, fatos diferentes, em circunstâncias diferentes, podem conduzir a decisões diferentes, o que nada mais é do que "seu correto ajustamento ao dispositivo ideológico constitucionalmente definido".[18]

No sentido funcional, destacou ser a economicidade "instrumento hermenêutico que a flexibilidade das opções impõe ao direito moderno de modo geral...", para concluir que se afirma como:

> (...) instrumento de interpretação e decisão para harmonizar dispositivos ideológicos originariamente passíveis de contradição, porém que adotados e admitidos pelo legislador constituinte passam a ter convivência indiscutível sob pena de se resvalar para a admissão da 'inconstitucionalidade' da própria Constituição, o que significaria o abalo da lei Magna em seus próprios alicerces.[19]

Giovani Clark e Leonardo Alves Correa,[20] ao estudarem o que denominaram de "diálogo entre a teoria das normas da Filosofia do Direito e a Divisão de Regras, princípios e normas de Washington Albino Peluso de Souza", observam que o mestre utilizava a expressão princípio em duas dimensões diferentes, explicitando sua percepção de economicidade quanto ao entendimento e quanto à função.

Na primeira concepção, o princípio encerra o elemento ideológico, ou seja, a forma pela qual a ideologia adotada se traduz no texto constitucional.

Washington Albino aplicou-a ao artigo 170 da CRFB/88, para defender que, pela aplicação da economicidade, "poderão ser harmonizados, de acordo com as circunstâncias, atendidos os parâmetros do *caput*, o nacionalismo econômico com o capital estrangeiro (art. 177), seja este por investimentos, pelas empresas

---

[18] *Id. ibid*, p. 28.
[19] *Id. ibid.*, p. 29.
[20] CLARK, Giovani; CORRÊA, Leonardo Alves. Direito Econômico e Pós-Positivismo: o diálogo entre a teoria das normas da Filosofia do Direito e a divisão de regras, princípios e normas de Washington Albino Peluso de Souza. *Anais do XVIII Congresso Nacional do CONPEDI*, realizado em São Paulo, nos dias 04, 05, 06 e 07 de novembro de 2009. *In*: www.publicadireito.com.br/conpedi/manaus/arquivos/.../1979.pdf. Acesso em: 13 fev. às 16:15.

multinacionais ou pelas diversas formas de associação com o capital e as empresas nacionais".[21] Preconizou a utilização do princípio pela doutrina, bem como pelo Legislativo, pelo Executivo e pelo Judiciário na elaboração de leis e/ou na circunstancialidade de sua aplicação em decisões judiciais, o que se materializou, inclusive, no âmbito do Supremo Tribunal Federal.

Entre os doutrinadores, Modesto Carvalhosa foi o primeiro a incorporar a economicidade à conceituação de Direito Econômico, entendendo-o como "(...) o conjunto de normas que, com o conteúdo de economicidade, vincula as entidades econômicas, privadas e públicas, aos fins cometidos à Ordem Econômica", o que foi destacado por Washington Albino.[22]

No mesmo sentido, Eros Roberto Grau afirma que "(...) o Direito Econômico – suas normas – é expressão de uma determinada ideologia. Quando nos reportamos ao Direito Econômico vigente entre nós, vemos que esta ideologia está sumularmente inscrita no texto constitucional, precisamente na norma-objetivo do art. 160 da Emenda Constitucional n. 1/69. Parece-me inútil tentarmos explica-lo adequadamente sem a consideração dessa circunstância. Não é possível a compreensão do Direito Econômico sem a consideração do seu conteúdo, marcado pela ideologia que o tange".[23]

No que diz respeito à função, os princípios devem ser entendidos como instrumentos hermenêuticos e, dentre eles, destaca-se, precisamente, o da economicidade, que permite que se harmonizem relações e interesses com a ideologia adotada na ordem jurídica, tendo ampla aplicação doutrinária e jurisprudencial.

Ao estudar as *Normas Gerais de Direito Econômico*, mormente no que diz respeito à sua estrutura, reafirmou que, para ele, a norma, enquanto forma de conduta, "é a encarregada de conter o sentido jurídico do dever ser a partir dos princípios e das regras que a compõem",[24] analisou as obras de Dworkin e Alexy e esclareceu não

---

[21] *Id. ibid.*, p. 30.
[22] *Id. ibid.*, p.38.
[23] GRAU, Eros Roberto. *Elementos de Direito Econômico*. São Paulo: Revista dos Tribunais, 1981, p. 23.
[24] *Teoria...* , p. 250.

concordar com o último, no que diz respeito à lei da colisão, método adotado para a solução de conflito entre princípios, exatamente em virtude da economicidade. Afirmou ele:

> Resta considerar as hipóteses que estes autores analisam, a respeito de conflitos entre 'princípios' e 'regras'. No primeiro caso, para Alexy, um dos 'princípios' tem de ceder, sem que o outro seja excluído do ordenamento jurídico. De nossa parte, defendemos o ponto de vista da inexistência de conflitos, tanto que, em nosso conceito de Direito Econômico, incluímos o recurso hermenêutico da 'economicidade', que se contrapõe à possibilidade de tais conflitos pela maneira que, na circunstância verificada, melhor atenda à realidade dentro dos parâmetros constitucionais, sem anular a possibilidade, em outras circunstâncias, de adoção do 'princípio' relegado.[25]

Destacou, ao longo de sua obra, que atribuiu à economicidade "a função de ajustamento das medidas de política econômica aos princípios ideológicos adotados na Constituição" para concluir que "*economicamente justo*, segundo o princípio da *economicidade* introduzido nesse conceito, é o que se põe em prática por medidas de política econômica, visando realizar o que a sua soberania democrática tenha definido na Constituição, como o fundamento dos princípios ideológicos que a inspiram".[26]

Em relação à harmonização de princípios que chama de ambíguos, e não de contraditórios, em termos de ideologias puras, deixou claro que o Direito Econômico não atenta para a sua existência nesses casos, mas, ao contrário, "(...) procura encontrar o ponto de funcionalidades destes princípios harmonizados nas medidas de política econômica",[27] recorrendo, para isso, à economicidade.

Em Conferência pronunciada em Natal, em outubro de 1990,[28] referiu que a convivência harmônica desses princípios, que poderiam ser tomados por conflitantes, deve-se ao "princípio da ambiguidade", que é intrínseco à própria natureza e à estrutura das constituições que têm implementado princípios originários de ideologias puras diferentes.

---

[25] *Id. idib.*, p. 251.
[26] *Direito...*, p. 32.
[27] *Id. ibid.*, p. 34.
[28] *Teoria...*, p. 360-384.

Apontou, então, sua aplicação à Carta Constitucional de 1988, nos seguintes termos:

> A determinação desta convivência circunstancial é dada pela adoção do 'princípio da economicidade' aplicável à decisão jurídica de política econômica recomendável. No conceito maxweberiano pode ser tomado pela 'linha de maior vantagem', ao que acrescentamos ser esta representada pelo valor 'justiça', atingido a partir da decisão por um dos 'princípios' constitucionais definidores daquela política econômica. Na hipótese da Carta de 1988, estes valores estão definidos nos 'Princípios Fundamentais' (Título I), e em se tratando da 'Ordem Econômica e Financeira', compõem os 'Princípios Gerais da Atividade Econômica' (Título VII), fundamentados no 'caput' e enumerados nos itens do art. 170. Temos, assim, os valores jurídicos referenciais para a opção, contidos dentro do próprio texto constitucional. Aplica-se o 'princípio da economicidade', na efetivação da ideologia, tal como adotada no texto constitucional.

Esse foi o último registro que encontrei acerca da aplicação do princípio da economicidade, que, como visto, começou a ser investigado por Washington Albino em 1951.

4 A aplicação jurisprudencial da economicidade

A Constituição da República Federativa de 1988, como de resto as demais constituições do século XX, não adotou ideologia pura; "pelo contrário, o que se encontra de maneira cada vez mais frequente é a combinação de elementos ideológicos procedentes de modelos 'puros' e reunidos em um mesmo discurso, ainda que os consideremos conflitantes em sua pureza originária".[29]

É exatamente por essa razão que o Supremo Tribunal Federal tem sido acionado para decidir frente a hipóteses concretas de aparentes conflitos entre os diversos princípios pelos quais a ideologia adotada pelo legislador constituinte traduz-se em nosso ordenamento jurídico.

No que diz respeito à Constituição Econômica, entendida como componente do conjunto da Constituição Geral, caracterizada

---

[29] *Id. ibid.*, p. 34.

pela presença do econômico no texto constitucional,[30] Washington observa que a sua feição plural impõe a aplicação do princípio da economicidade para que se proceda à leitura do artigo 170 do texto constitucional, de tal forma que "os princípios ficam à disposição do intérprete que, ao optar por um deles, não elimina os demais, podendo vir a ser utilizados em outras circunstâncias".[31]

Destaca ela que a opção concedida ao intérprete não pode ser confundida com arbítrio, vez que está contida pelos parâmetros dos fundamentos e das finalidades às quais estão atrelados os princípios.

Na ADI nº 319-4, Distrito Federal, julgada em 03.03.1993, que teve como relator o Min. Moreira Alves, a Confederação Nacional dos Estabelecimentos de Ensino propôs a ação visando à declaração de inconstitucionalidade da Lei nº 8.039/90, que dispunha sobre critérios de reajuste das mensalidades escolares, sob os seguintes argumentos:

> 1º) a escola particular seria livre à iniciativa privada, só podendo sofrer a interferência do Poder Público nos limites do artigo 209 da Constituição Federal, que não compreende o controle ou tabelamento de preços;
>
> 2º) o congelamento ou tabelamento dos valores das mensalidades escolares levam os estabelecimentos de ensino à insolvência, contrariando os princípios da livre iniciativa e da livre concorrência, contemplados os arts. 209 e 170, II e IV, e seu parágrafo único da Constituição Federal e
>
> 3º) o intervencionismo só se justifica *a posteriori*, para conter o aumento arbitrário da lucratividade, através da avaliação dos custos, preços e lucros, na forma admitida no §4º do art. 175 da Lei maior.

Destacou o Relator, Min. Moreira Alves, em apertada síntese, que o controle de preços, que consubstancia modalidade de intervenção do Estado no domínio econômico, é admitido pela Constituição para conciliar o fundamento da livre iniciativa e do princípio da livre concorrência com os da defesa do consumidor e da redução das desigualdades sociais, em conformidade com os ditames da justiça social.

---

[30] *Cf. Teoria* ..., p. 23.

[31] *Id. ibid.*, p.277.

SUZY ELIZABETH CAVALCANTE KOURY, FELIPE GUIMARÃES DE OLIVEIRA
DIREITO ECONÔMICO E CONCORRÊNCIA

Esclareceu, na fundamentação, que:

> *Para se alcançar o equilíbrio da relatividade desses princípios – que, se tomados em sentido absoluto, como já salientei, são inconciliáveis – e, portanto, para se atender aos ditames da justiça social que pressupõe esse equilíbrio, é mister que se admita que a intervenção indireta do Estado na ordem econômica não se faça apenas a posteriori, com o estabelecimento de sanções às transgressões já ocorridas, mas também a priori,* até porque a eficácia da defesa do consumidor fica sensivelmente reduzida pela intervenção somente a posteriori, que, às mais das vezes, impossibilita ou dificulta a recomposição do dano sofrido. (Grifei)

Por assim ser, o STF, por maioria, vencido o Min. Marco Aurélio, que entendeu ser a medida dissonante com a liberdade de mercado, julgou improcedente a ação.

A ADI nº 1.950-3, São Paulo, foi ajuizada pela Confederação Nacional do Comércio, requerendo a declaração de inconstitucionalidade do artigo 1º da Lei nº 7.844/92 do Estado de São Paulo, que assegurou aos estudantes regularmente matriculados em estabelecimentos de ensino de primeiro, segundo e terceiro graus o pagamento de meia-entrada do valor efetivamente cobrado para o ingresso em casas de diversão, espetáculos teatrais, musicais e circenses, cinemas, praças esportivas e similares.

Afirmou que o preceito impugnado colidiria com os artigos 170 e 174 da CRFB/88, representando indevida medida de intervenção do Estado no domínio econômico.

Sob a Relatoria do então Ministro Eros Grau, por maioria, vencidos os Exmos. Ministros Marco Aurélio e Cezar Peluso, o C. STF julgou improcedente a ação, tendo constado da sua Ementa:

> Se de um lado a Constituição assegura a livre iniciativa, de outro determina ao Estado a adoção de todas as providências tendentes a garantir o efetivo exercício do direito à educação, à cultura e ao desporto [artigos 23, inciso V, 205, 208, 215 e 217 §3º, da Constituição]. *Na composição entre esses princípios e regras há de ser preservado o interesse da coletividade, interesse público primário.* (Grifei)

Assim, a economicidade tem permitido ao Supremo Tribunal Federal harmonizar os princípios relacionados com a vida econômica para ajustar as medidas de política econômica aos princípios ideológicos adotados na Constituição.

5 À guisa de conclusão: economicidade: a atualidade da ideia de ética na economia

Lendo, recentemente, as preocupações de Amartya Sen[32] sobre o distanciamento entre a economia moderna e a ética, tendo, como consequência, o empobrecimento desta, constatei que Washington Albino já expressava sua preocupação com a tendência a se apartar a economia política da ética econômica, o que sempre combateu. Com efeito, em texto publicado em 1951, em que tratou da correlação Economia-Direito, destacou:

> Sendo a Justiça um dos valores puros que encontramos para o delineamento dos traços básicos do direito, por certo que ditará, mesmo dentro do campo econômico, os caminhos do dever ser, pelos quais o homem pauta a sua atividade nesse ramo. Seria certo indagar, pois, se os modernos economistas aceitam a introdução do elemento ético nos conceitos de sua Ciência. Se o homem é o sujeito econômico por excelência e se os valores éticos estão estreitamente ligados ao seu discernimento, por acaso os excluiríamos do fato econômico, desconhecendo-os completamente ao analisarmos tal atividade?[33]

Nesse contexto, a aplicação do conceito de economicidade, segundo ele, facilita a introdução do elemento ético no raciocínio econômico, "(...) porque, então, a idéia de justiça como tal, permanecerá livre dos limites estreitos de caracterização, ao mesmo tempo que o sentido de maior vantagem garantirá pela complementariedade, a composição indivíduo-meio, em todos os seus âmbitos, quer integrando-o neste meio, quer o expulsando, tal como o provam os fatos sociais e a aplicação da coação jurídica".[34]

Tem-se, pois, na economicidade um importante instrumento para alcançar a justiça econômica, na medida em que o Direito Econômico se fundamenta na ética e na política.

Nessas duas últimas semanas, dediquei-me a revisitar a obra de Washington Albino, viajei no tempo e revivi grandes momentos de minha trajetória nesse mundo.

---

[32] *Cf.* SEN, Amartya. *Sobre ética e economia.* Tradução de Laura Teixeira Motta. São Paulo: Companhia das Letras, 1999.

[33] *Lições...*, p. 21.

[34] *Id. ibid.*, p.40.

Voltei e sempre voltarei a reler seus ensinamentos, que são absolutamente atuais, não podendo ser sonegados às gerações futuras. É esse o mister daqueles que, como eu, são e serão sempre discípulos de Washington Albino; é esse o nosso compromisso e a nossa glória, tarefa a que devemos nos dedicar para difundir o Direito Econômico em nosso ordenamento jurídico.

Ao padrinho, professor, ao homem íntegro, elegantemente simples, culto e refinado, agradeço e, certamente, agradecem também a academia e a cátedra. Quanta saudade!

Referências

CLARK, Giovani; CORRÊA, Leonardo Alves. Direito Econômico e Pós-Positivismo: o diálogo entre a teoria das normas da Filosofia do Direito e a divisão de regras, princípios e normas de Washington Albino Peluso de Souza. *Anais do XVIII Congresso Nacional do CONPEDI*, realizado em São Paulo, nos dias 04, 05, 06 e 07 de novembro de 2009. *In*: www.publicadireito.com.br/conpedi/manaus/arquivos/.../1979.pdf. Acesso em: 13 fev. 2013.

GRAU, Eros Roberto. *Elementos de Direito Econômico*. São Paulo: Revista dos Tribunais, 1981.

KOURY, Suzy Elizabeth Cavalcante. *A desconsideração da personalidade jurídica* (disregard doctrine) *e os grupos de empresas*. 3. ed. Rio de Janeiro: Forense, 2011.

I SEMINÁRIO DE PROFESSORES DE DIREITO ECONÔMICO. Belo Horizonte: UFMG, 1977.

SEN, Amartya. *Sobre ética e economia*. Tradução de Laura Teixeira Motta. São Paulo: Companhia das Letras, 1999.

SOUZA, Washington Peluso Albino de. Breve depoimento sobre a introdução do Direito Econômico no ensino jurídico, enquanto disciplina curricular. *Revista da Faculdade de Direito da UFMG*, Belo Horizonte, n. 49, p. 225 a 236, jul./dez. 2006, p. 225.

SOUZA, Washington Peluso Albino de. *Direito Econômico*. São Paulo: Saraiva, 1980

SOUZA, Washington Peluso Albino de. *Lições de Direito Econômico*. Porto Alegre: Sergio Fabris, 2002.

SOUZA, Washington Peluso Albino de. *Primeiras Linhas de Direito Econômico*. Belo Horizonte: Fundação Brasileira de Direito Econômico, 1977.

SOUZA, Washington Peluso Albino de. *Primeiras Linhas de Direito Econômico*. 3. ed. São Paulo: LTr, 1994.

SOUZA, Washington Peluso Albino de. *Teoria da Constituição Econômica*. Belo Horizonte: Del Rey, 2002.

SANTUÁRIO CARAÇA. Disponível em: www.santuariocaraca. fot.br/textos/história. html. Acesso em: 10 fev. 2016.

CAPÍTULO 2

A CRFB/88, O CAPITALISMO E A INTERVENÇÃO DO ESTADO NO DOMÍNIO ECONÔMICO: A BUSCA PELO DESENVOLVIMENTO ECONÔMICO, SOCIAL E HUMANO

SUZY ELIZABETH CAVALCANTE KOURY

Introdução

O presente estudo busca verificar se o ordenamento jurídico brasileiro é compatível com a adoção de medidas pelo Estado para regular o sistema econômico capitalista que é adotado no Brasil, de modo a garantir o desenvolvimento econômico, social e humano. Intentar-se-á verificar, a partir da análise dos seus princípios e das suas regras, se a Constituição da República Federativa do Brasil de 1988 respalda a implementação, em nosso país, do capitalismo "humanista", expressão que deve ser melhor explicitada, pois, em rigor, comportaria uma contradição em seus próprios termos.

Na verdade, não se pode pretender que, por vontade própria, os capitalistas decidam diminuir seus lucros, fim principal do capitalismo, deliberadamente, para que as desigualdades existentes na sociedade diminuam, humanizando-se.

Faz-se necessária, para tanto, a intervenção do Estado, a quem compete moldar o capitalismo ao que Washington Peluso Albino de Souza denomina de ideologia constitucionalmente adotada. Afirma ele:

> A ideologia a que nos referimos é aquela definida em direito positivo; no Estado de Direito, pela Constituição vigente, em cada país de direito

escrito; e pelos 'princípios gerais' aceitos, na hipótese do direito consuetudinário. Por isto, a definimos como *ideologia constitucionalmente adotada*. Fica estabelecida, pois, a diferença entre esta e a que se possa entender por ideologia como conjunto de ideias, de princípios ou de teorias, mesmo quando destinadas a explicar a organização social, a estrutura política e assim por diante.[1]

É a possibilidade de intervenção do Estado no domínio econômico, em nosso ordenamento jurídico, que se pretende debater, à luz da Constituição de 1988.

Por primeiro, será enfrentada, ainda que de maneira breve, a evolução da teoria econômica, para deixar claro que o capitalismo se apresenta em diversas formas, partindo de um capitalismo que se costuma denominar de "selvagem', sem qualquer peia e chegando ao que se convencionou chamar de estado do bem-estar.

À guisa de conclusão, será defendida a necessidade de a opção pelo desenvolvimento, clara na Constituição da República Federativa do Brasil de 1988, considerar não apenas o econômico, mas também o social e o humano.

1 Os diversos capitalismos e o direito econômico

Os debates a respeito das relações entre direito e economia não são novos. Eros Roberto Grau[2] alerta para o equívoco que vem sendo repetido de que Marx e Engels teriam concebido o direito como mero reflexo da economia, para destacar ser ele um instrumento de mudança social, na medida em que: "O Direito é produzido pela estrutura econômica, mas, também, interagindo em relação a ela, nela produz alterações. A economia condiciona o direito, mas o direito condiciona a economia".

A relação entre Direito e economia aprofundou-se com a formação da sociedade industrial e o surgimento do capitalismo, em decorrência da Primeira Revolução Industrial, que ocorreu na

---

[1] SOUZA, Washington Peluso Albino de. *Primeiras linhas de Direito Econômico*. 3. ed. São Paulo: LTr, 1994, p. 27.

[2] GRAU, Eros Roberto. *O direito posto e o direito pressuposto*. 8. ed. São Paulo: Malheiros, 2011, p. 51;60.

Inglaterra, por volta de 1820 a 1840 e com a Segunda Revolução Industrial, nos anos de transição entre 1840 e 1870.

O final da Primeira Guerra Mundial (1914-1919) trouxe a necessidade de esforços dos Estados europeus para a sua reconstrução e também marcou o surgimento, na Alemanha, das primeiras discussões sobre o Direito Econômico, que teve como seu precursor Hedemann, o qual criou o Instituto de Direito Econômico da Faculdade de Direito da Universidade de Jena, em 1º de maio de 1919. Hedemann entendia o Direito Econômico como um ramo do direito, mas não um qualquer, na medida em que "(...) tratava de uma nova concepção do papel do Estado e do direito em relação à economia, entendendo a dimensão econômica como elemento de especificidade do direito contemporâneo".[3]

Pode-se, afirmar que o Direito Econômico ganhou relevância quando da necessidade de reestruturação do capitalismo, após a Primeira e a Segunda Guerra Mundial, e a Crise de 1929, com a quebra da Bolsa de Nova York, pois tem uma racionalidade essencialmente macroeconômica, o que demonstra sua estreita ligação com o *keynesianismo*.[4]

Washington Albino[5] destaca, ainda, a importância do reconhecimento pela ONU, em 1948, da existência dos direitos humanos, dentre os quais enunciou os econômicos, sob cuja égide se passou a classificar as nações em desenvolvidas e subdesenvolvidas, ou centrais e periféricas, o que importou uma nova concepção da estrutura internacional.

No Brasil, país de capitalismo tardio,[6] que começou seu processo de industrialização a partir de 1930, com a ascensão de Getúlio Vargas ao poder, adotou-se o desenvolvimentismo como

---

[3] BERCOVICI, Gilberto. As origens do Direito Econômico: homenagem a Washington Peluso Albino de Souza. *Revista da Faculdade de Direito da UFMG*, Número especial em homenagem a Washington Peluso Albino de Souza. 2013, p. 258-259.

[4] *Ibid*, p. 261.

[5] SOUZA, Washington Peluso Albino de. A importância do Direito Econômico na atualidade. Disponível em: http://www.egov.ufsc.br/portal/conteudo/import%C3%A2ncia-do-direito-econ%C3%B4mico-na-atualidade. Postado em 26.03.2012 por julianapr. Acesso em: 25 jul. 2014 às 10:09.

[6] A expressão capitalismo tardio foi cunhada por João Manoel Cardosos de Mello ao se referir ao capitalismo brasileiro na sua tese de doutoramento, que deu origem à obra: MELLO, João Manoel Cardoso de Mello. *Capitalismo tardio*. Campinas: UNESP, 2009.

SUZY ELIZABETH CAVALCANTE KOURY, FELIPE GUIMARÃES DE OLIVEIRA
DIREITO ECONÔMICO E CONCORRÊNCIA

projeto ideológico e prática política, destacando Belluzzo[7] que a onda desenvolvimentista, na periferia e a experiência keynesiana, nos países centrais, nasceram no mesmo berço, como reação contra as misérias e as desgraças produzidas pelo capitalismo dos anos 20.

O Direito Econômico, em nosso país, teve como precursor Washington Peluso Albino de Souza,[8] que se preocupou em estruturar a disciplina, detalhando a sua teoria geral, delineando seus princípios, regras, normas e leis. Como aduz Bercovici:

> (...)Washington Albino Peluso de Souza se caracteriza por compreender o direito econômico como o direito que instrumentaliza a política econômica, atuando como um instrumento de transformação das estruturas socioeconômicas brasileiras, com o objeto de promover o desenvolvimento nacional.[9]

A análise que se pretende realizar neste trabalho é objeto de estudo do Direito Econômico, na medida em que diz respeito à ordenação dos processos econômicos, que visa a tratar a realidade econômica para além dos limites dos interesses privados ou destes em conflito com os interesses públicos.

Cabe ressaltar que o Direito Econômico não se confunde com a Análise Econômica do Direito (AED) ou *Law and Economics*, corrente acadêmica surgida nos Estados Unidos da América, na década de 1960, como uma vertente das escolas liberais, nos termos preconizados por Coase e, mais recentemente, por Richard Posner, que se ocupa de aspectos microeconômicos, aplicando o instrumental analítico e empírico para analisar os efeitos e as consequências das normas jurídicas no mundo fático com base em noções como a de eficiência nos custos da transação.

Note-se que a AED só é cabível na medida em que observe os princípios informadores da ordem econômica, e desde que haja clareza quanto à impossibilidade de a proceder quando se trate de matéria de ordem pública, relativa a questões de direitos

---

[7] BELLUZZO, Luiz Gonzaga de Mello. *Ensaios sobre o capitalismo no século XX*. Campinas: UNESP, 2004, p. 38.

[8] Washington Peluso Albino de Souza escreveu diversas obras, em que manifestou sua preocupação epistemológica em estruturar o Direto Econômico, tendo sido seu precursor no Brasil, e o introduziu no currículo da Faculdade de Direito da UFMG.

[9] BERCOVICI, *op. cit.*, 2013, p. 261.

fundamentais, vez que, em certa medida, algumas de suas propostas apresentam conteúdo aético ao procurar vincular o atingimento da justiça à eficiência econômica.

Atualmente, é difícil a adoção pelas nações de uma forma padrão de capitalismo, o que explica a necessidade de analisar, nos Estados democráticos de direito, os princípios que informam a Constituição para que se possa chegar à compreensão da forma de capitalismo adotada, o que leva Grau a referir à existência de capitalismos, pois

> (...) em cada sociedade estatal coexistem vários modos de produção social, ainda que um deles seja característico dela; isso porque toda formação social autoriza diversos modos de produção – e relação entre modos de produção; logo, em cada sociedade capitalista se manifesta um capitalismo, resultante da coexistência de todos esses modos de produção.[10]

O modelo de capitalismo liberal, também chamado de *laissez faire*, de Adam Smith, explicitado em sua obra *A Riqueza das Nações* (1776), possibilitou o rompimento com o mercantilismo que imperara até então, através de uma doutrina que negava toda e qualquer intervenção do estado, a não ser nas áreas de segurança e de finanças públicas e na distribuição da justiça.

Em que pese não tenha referido, explicitamente, ao termo "mão invisível", resta clara, no seguinte trecho, sua ideia de que os conflitos no mercado se resolvem naturalmente, sem a intervenção do Estado. Afirma ele:

> Assim, ao eliminar todos os sistemas, sejam eles de preferências ou de restrições, o sistema óbvio e simples de liberdade natural se impõe por conta própria. Todo homem, contanto que não viole as leis de justiça, estará perfeitamente livre para seguir seu próprio interesse à sua maneira, levando sua atividade e seu capital para competir com a indústria de quaisquer outras pessoas ou classe do povo. O soberano fica totalmente desobrigado de um dever que, se tentar cumprir, sempre o deverá expor a inúmeras desilusões, sendo que jamais teria sabedoria ou conhecimentos humanos suficientes para a sua devida realização, bem para o dever de superintender a indústria de pessoas privadas

---

[10] GRAU, *op. cit.*, 2011, p. 116.

e de direcioná-las aos empregos mais indicados para o interesse da sociedade.[11]

Posteriormente, Alfred Marshall[12] foi precursor de um movimento conhecido como marginalista, que agregou ao liberalismo econômico de Adam Smith a ética utilitária, consoante a qual o preço de uma mercadoria seria definido por sua utilidade, de tal sorte que os indivíduos fariam escolhas racionais, considerando a maximização de seus ganhos e a diminuição de suas perdas.

Os liberais ou ortodoxos, como Smith e Marshall, não sugeriram medidas para as épocas de crises, pois entendiam que o mercado sempre tenderia a funcionar em equilíbrio e que, desde que o Estado não interferisse, os eventuais problemas seriam, automaticamente, corrigidos.

Todavia, no fim da Primeira Guerra Mundial, a teoria do liberalismo econômico já se mostrava insuficiente para a recuperação da economia mundial.

Com efeito, logo após o fim da Primeira Guerra, Keynes (2002) sugeria que as condições estabelecidas pelo Tratado de Versailles impossibilitariam que o sistema do *laissez faire* gerasse o progresso econômico no pós-guerra, defendendo, ao contrário, um empréstimo internacional, cujo ônus caberia, em sua maior parte, aos Estados Unidos, que o deveriam fazer em nome do progresso e da civilização de toda a humanidade, evitando uma nova guerra, o que, efetivamente, veio a ocorrer. Aduziu ele:

> Se buscarmos deliberadamente o empobrecimento da Europa Central, nossa vingança caminhará com passos firmes – esta é a minha previsão. Nada poderá evitar, então, a guerra civil entre as forças da reação e as convulsões desesperadas da revolução, hostilidades diante das quais os horrores da guerra provocada pela Alemanha empalidecerão, e que podem destruir a civilização e o progresso da nossa geração, qualquer que seja o seu vencedor.[13]

---

[11] SMITH, Adam. *A Riqueza das Nações:* uma investigação sobre a natureza e as causas da riqueza das nações. Tradução de Getulio Schanoski Jr. São Paulo: Madras, 2009, p. 530.

[12] HUNT, E. K. *História do pensamento econômico.* 2. ed. 7 t. Tradução de José Ricardo Brandão Azevedo e Maria José Chylar Monteiro. São Paulo: Campus/Elsevier, 2005, p. 273-301.

[13] KEYNES, John Maynard. *As consequências econômicas da Paz.* Tradução de Sérgio Bath. São Paulo: Universidade de Brasília, 2002, p. 186.

CAPÍTULO 2

A CRFB/88, O CAPITALISMO E A INTERVENÇÃO DO ESTADO NO DOMÍNIO ECONÔMICO: A BUSCA...

Mas foi a crise do capitalismo nos anos 20 que culminou com a quebra da Bolsa de Nova Iorque, evento que marcou a grande depressão de 1929, que levou Keynes a perceber que o liberalismo econômico pouco tinha a oferecer nos momentos de crise, pois se limitava a defender a autorregulação do mercado, que, no momento certo, conduziria à recuperação da economia e à criação de empregos.

Ao contrário do que pregava o liberalismo, os governos, especialmente o da Inglaterra, passaram a desenvolver políticas públicas para amenizar o desemprego, sem que, contudo, houvesse qualquer teoria econômica consistente a justificá-las.

A única alternativa à economia clássica, então, era o marxismo, segundo o qual, dentro de uma economia capitalista, nada seria possível fazer para superar as depressões que eram próprias do capitalismo, transformando-se, assim, em não alternativa, pois pregava o seu abandono.

Foi nesse contexto, precisamente no sétimo ano da crise que se iniciara em 1929, que Keynes (1996) lançou sua obra revolucionária *A Teoria Geral da Moeda, do Juro e do Emprego*,[14] em 1936, na qual forneceu uma alternativa intelectual e de prescrição de políticas para as visões sombrias de tradicionalistas e marxistas, como destacou Minsky.[15]

Após a Segunda Guerra Mundial, as ideias defendidas por Keynes foram adotadas por diversos países, tendo-se iniciado a chamada "idade de ouro do capitalismo", na qual restou configurado um sistema híbrido, que combinava uma face empresarial e uma, social, o *welfare state* ou Estado do bem-estar social, que se estendeu até o início da década de 1970, quando foi abandonada, tanto pelos economistas, quanto pelos governos dos Estados Unidos e da Inglaterra.

De fato, após 1980, passou a prevalecer um modelo neoliberal de crescimento econômico, com "o enfraquecimento da posição dos trabalhadores, o fortalecimento da posição das corporações e a liberação dos mercados financeiros para servir aos interesses das elites financeiras e empresariais",[16] modelo este que, contudo, não

---

[14] KEYNES, John Maynard. *A teoria geral do emprego, do juro e da moeda*. Tradução de Mário R. da Cruz. São Paulo: Nova Cultural, 1996.

[15] MINSKY, Hyman P. *John Maynard Keynes*. Tradução de Beatriz Sidou. Campinas: Editora da UNICAMP, 2011, p. 21.

[16] PALLEY, Thomas I. Interpretações alternativas sobre a crise econômica: a luta pelo futuro. *In*: MODENESI, André de Melo *et al* (Coord.). *Sistema financeiro e política econômica em uma*

foi o eleito pelo legislador constituinte brasileiro de 1988, apesar de, em grande medida, ter sido adotado nos anos 1990 em nosso país.

Passa-se, neste ponto, à análise do que Grau denomina de Direito posto[17] em nosso ordenamento jurídico, ou, como quer Washington Albino, da ideologia constitucionalmente adotada.

2 A ideologia constitucionalmente adotada no ordenamento jurídico brasileiro: o direito ao desenvolvimento e a dignidade da pessoa humana

Há certa polêmica entre os doutrinadores quanto à ideologia adotada pela CRFB/88, entendida, por alguns, como responsável pelo que chamam de crise de governabilidade[18] e, por outros, como uma Constituição que consagra um Estado Democrático de bem-estar social.

A fim de adotar posicionamento, buscarei realizar a análise proposta por Bonavides, para, no constitucionalismo democrático, verificar a existência jurídica de um Estado Social:

> Quando o Estado, coagido pela pressão das massas, pelas reivindicações que a impaciência do quarto estado faz ao poder político, confere, no Estado constitucional ou fora deste, os direitos do trabalho, da previdência, da educação, intervém na economia como distribuidor, dita o salário, manipula a moeda, regula os preços, combate o desemprego, protege os enfermos, dá ao trabalhador e ao burocrata a casa própria, controla as profissões, compra a produção, financia as exportações, concede crédito, institui comissões de abastecimento, prevê necessidades individuais, enfrenta crises econômicas, coloca na sociedade todas as classes na mais estreita dependência de seu poderio econômico, político e social, em suma, estende sua influência a quase todos os domínios que dantes pertenciam, em grande parte, à área da iniciativa individual, *nesse instante o Estado pode, com justiça, receber a denominação de Estado social.*[19]

---

era de instabilidade: tendências mundiais e perspectivas para a economia brasileira. Rio de Janeiro: Elsevier. São Paulo: Associação Keynesiana brasileira, 2012, p. 18.

[17] GRAU, *op. cit.*, 2011, p. 71.

[18] Nesse sentido, *cf.* FERREIRA FILHO, Manoel Gonçalves. *Constituição e governabilidade:* ensaio sobre a (In)Governabilidade brasileira. São Paulo: Saraiva, 1995.

[19] BONAVIDES, Paulo. *Do Estado Liberal ao Estado Social.* 10. ed. São Paulo: Malheiros, 2011, p. 186. (grifo nosso).

CAPÍTULO 2
A CRFB/88, O CAPITALISMO E A INTERVENÇÃO DO ESTADO NO DOMÍNIO ECONÔMICO: A BUSCA... | 47

Quanto aos direitos do trabalho e previdenciário, a Constituição brasileira permite que o Estado intervenha na economia como distribuidor, inclusive, ditando o salário, como se verifica pela atual política de aumento do salário mínimo,[20] o que encontra respaldo no seu artigo 3º, que alinha os objetivos fundamentais da República, destacando-se, dentre eles, os de erradicar a pobreza e a marginalização e de reduzir as desigualdades sociais, promovendo o bem de todos.

De igual sorte, a Constituição consagra como direitos sociais a educação (arts. 205 a 214), a saúde (arts. 196 a 200), a alimentação (art. 6º), o trabalho (arts. 6º e 7º), a moradia (art. 6º), o lazer (art. 6º), a segurança (art. 6º), a previdência social (arts. 6º, 201 e 202), a proteção à maternidade e à infância e a assistência aos desamparados (arts. 6º, 194, 195, 203 e 204), cabendo ao Estado combater o desemprego (art. 170, inc. VIII), proteger os enfermos e dar ao trabalhador a casa própria, através da adoção de medidas de política econômica, como é o caso do atual programa "Minha Casa, Minha Vida".[21]

Como destaca Nusdeo,[22] o Estado também atua no domínio econômico de forma indireta, através de estímulos ou punições de caráter fiscal, monetário e cambial, manipulando a moeda, regulando os preços, criando programas creditícios, deferindo incentivos fiscais, aumentando ou reduzindo os depósitos compulsórios dos bancos, pois:

> o tributo, os juros (custo do dinheiro) ou a taxa cambial podem aumentar ou diminuir o custo de produzir ou comercializar bens, tornando a atividade mais ou menos atraente e, ainda, influir sobre outras atividades a ela ligadas. Pode ainda determinar o grau de liquidez do sistema, nele injetando ou retirando recursos, o que é fundamental para a política monetária.[23]

A CRFB/88 (art. 174) permite ao Estado controlar, diretamente, preços e salários, variáveis do sistema econômico, comprando a

---

[20] Lei nº 12.382/2011, que dispõe sobre o valor do salário mínimo em 2011 e a sua política de valorização de longo prazo, dentre outras medidas. Disponível em: http://www.planalto. gov.br/ccivil_03/_Ato2011-2014/2011/Lei/L12382.htm. Acesso em: 3 ago. 2014, às 15:05.

[21] Disponível em: http://www.caixa.gov.br/habitacao/mcmv/. Acesso em: 3 ago. 2014 às 15:00.

[22] NUSDEO, Fábio. *Curso de Economia; introdução ao direito econômico*. 6. ed. São Paulo: Revista dos Tribunais, 2010, p. 194.195.

[23] NUSDEO, *op. cit.*, 2010, p. 195.

produção, financiando a exportação e instituindo comissões de abastecimento.[24]

Por outro lado, o Estado pode atuar diretamente na economia, embora de forma subsidiária, na forma do artigo 173, *caput*, da CRFB/88, quando se fizer necessário aos imperativos da segurança nacional ou a relevante interesse coletivo, conforme previsto em lei, o que lhe permite fixar os preços e a quantidade de bens produzidos e, até mesmo, das matérias-primas adquiridas.

A Constituição garante a liberdade de exercício de qualquer trabalho, ofício ou profissão, mas permite seu controle quanto aos requisitos de treinamento, de investidura e de habilitação (art. 5º, inc. XIII e 170, parágrafo único), previstos em lei.

Por fim, é notório que o Estado provê necessidades individuais, estendendo sua influência a quase todos os domínios que antes pertenciam, em grande parte, à iniciativa individual.

Washington Peluso Albino de Souza[25] afirma ser possível detectar na Constituição de 1988 os elementos de uma economia de mercado, "distanciada do modelo liberal puro e ajustada à ideologia neoliberal", na qual se verifica a "presença de operadores privados, particulares, convivendo com elementos intervencionistas institucionalizados, determinando linhas mestras dirigidas no sentido do bem-estar social (...)".

A análise da ideologia constitucionalmente adotada pela CRFB/88 demonstra a clara opção do constituinte pelo Estado do bem-estar social, modelo que, por certo, só poderá ser substituído se houver mudança profunda dos compromissos constitucionais, o que só poderia ser viabilizado por uma nova carta.

Como destaca Eros Grau:

> (...) há um modelo econômico definido na ordem econômica da Constituição de 1988, modelo aberto, porém, desenhado na afirmação de pontos de

---

[24] Cita-se, como exemplo, o financiamento rural a cargo do Ministério da Agricultura, que disponibiliza crédito para investimentos e conta com recursos do Banco Nacional de Desenvolvimento Econômico e Social (BNDES) e dos Fundos Constitucionais de Financiamento do Centro-Oeste, Norte e Nordeste conhecidos, pela ordem, como FCO, FNO e FNE. Disponível em: http://www.agricultura.gov.br/politica-agricola/credito-rural. Acesso em: 3 ago. 2014 às 13:26.

[25] SOUZA, Washington Peluso Albino de. *Teoria da constituição econômica*. Belo Horizonte: Del Rey, 2002, p. 450

CAPÍTULO 2
A CRFB/88, O CAPITALISMO E A INTERVENÇÃO DO ESTADO NO DOMÍNIO ECONÔMICO: A BUSCA... | 49

proteção contra modificações extremas, que descrevo como modelo de bem-estar.[26]

Nesse modelo de bem-estar tem especial relevo a busca pelo desenvolvimento, direito que foi proclamado na Declaração de Direito ao Desenvolvimento da ONU, em 1986, intrinsecamente ligado à observância da dignidade da pessoa humana e à garantia dos direito humanos, que visa não só à erradicação da pobreza, mas também ao respeito e à promoção dos direitos humanos.[27]

No Brasil, a teoria que fundamentou a política de desenvolvimento foi a do subdesenvolvimento da CEPAL (Comissão Econômica para a América Latina), principalmente no período de 1949 a 1964, pois explicava cientificamente a tradição intervencionista e industrialista brasileira.[28]

O sistema econômico defendido pela CEPAL pode ser classificado como capitalista, mas com um forte intervencionismo, representado pela firme planificação por parte do Estado, na medida em que os Estados latino-americanos, em geral, inclusive o brasileiro, são estados capitalistas periféricos ou subdesenvolvidos, fundados na desigualdade e submetidos a fatores externos que afetam as suas atuações, com economias heterogêneas e ênfase nos setores exportadores de produtos primários.

Esse fato demonstra que não há como responder aos desafios do desenvolvimento no Brasil pela adoção da ideia de crescimento, entendida como a erradicação, pura e simples, da pobreza, fazendo-se necessário implementar

(...) uma política deliberada de desenvolvimento, em que se garanta tanto o desenvolvimento econômico, como o social, dada a sua interdependência. Desse modo, o desenvolvimento só pode ocorrer com a transformação das estruturas sociais. Quando não ocorre nenhuma transformação, seja social, seja no sistema produtivo, não se está diante de um processo de desenvolvimento, mas de simples modernização.[29]

---

[26] GRAU, Eros Roberto. *A ordem econômica na Constituição de 1988*. 14. ed. São Paulo: Malheiros, 2010, p. 353.

[27] *Cf.* NWAUCHE, E.S. & NWOBIKE, J.C. *Implementing the right to development*. SUR-International Journal on Human Rights, year 2, number 2, 2005, p. 92-111.

[28] BERCOVICI, Gilberto. *Constituição econômica e desenvolvimento*: uma leitura a partir da Constituição de 1988. São Paulo: Malheiros, 2005, p. 42-52.

[29] *Ibid.*, p. 53.

Pode-se afirmar que, até a Carta de 1988, as constituições brasileiras eram marcadamente liberais, e os centros de decisão econômica eram, em sua maioria, internacionalizados, situação esta que foi profundamente modificada pela sua entrada em vigor. De fato, apesar de já ter constado das Cartas de 1967 e 1969, foi somente com a CRFB/88 que o desenvolvimento nacional foi elencado como objetivo fundamental da República (art. 3º, inc. II), o que levou Nusdeo[30] a afirmar que o constituinte tratou do tema de maneira mais ampla e correta, pois "(...) o desenvolvimento não pode ser restringido ao campo puramente econômico, devendo abarcar, necessariamente, o institucional, o cultural, o político e todos os demais".

Essa análise conduz à discussão que Bercovici[31] denomina de "desenvolvimento *versus* modernização", à qual chamaremos de "desenvolvimento *versus* crescimento", deixando claro que o legislador constituinte brasileiro de 1988 adotou, como ideologia, que as relações econômicas deverão estar fundadas na valorização do trabalho humano e da livre iniciativa, tendo por fim assegurar a todos existência digna, conforme os ditames da Justiça Social, o que demonstra sua opção pelo desenvolvimento.

Faz-se ver que o crescimento econômico corresponde ao mero aumento quantitativo da produção de bens e de serviços, sendo bem representado pelo PIB – Produto Interno Bruto, em relação ao qual o Brasil está em 7º lugar na escala mundial.[32] Como ensina Bercovici, suas preocupações são exclusivamente econômicas:

> O objetivo propugnado pelas teorias do crescimento econômico é fazer com que os países subdesenvolvidos, cujo problema se limita, para estas teorias, a uma maior ou menor capacidade de acumulação, alcancem o mesmo sistema econômico dos desenvolvidos. Em verdade, trata-se de uma aplicação de teorias elaboradas para os países desenvolvidos (neoclássicas ou keynesianas) na realidade socioeconômica completamente distinta dos países subdesenvolvidos.[33]

---

[30] NUSDEO, Fábio. Desenvolvimento econômico; um retrospecto e algumas perspectivas. *In*: SALOMÃO FILHO, Calixto (Coord.). *Regulação e desenvolvimento*. São Paulo: Malheiros, 2002, p. 19.

[31] BERCOVICI, *op. cit.*, 2005.

[32] Disponível em: http://economia.terra.com.br/pib-mundial. Acesso em: 3 ago. 2014 às 12:47.

[33] *Ibid.*, p. 54.

O desenvolvimento econômico, por sua vez, importa o aumento não só quantitativo, mas também qualitativo, conduzindo a um processo de transformação social e à minimização das disparidades de renda em nível pessoal, setorial ou regional. Pode ser depreendido do IDH – Índice de Desenvolvimento Humano, em relação ao qual o Brasil está, na escala mundial, no 85º lugar,[34] entre 187 países, atrás do Chile (40º lugar), Argentina (45º), Uruguai (51º) e Peru (77º). Entre outros vizinhos, fica na frente de Equador (89º) e da Colômbia (91º).

Comparando o Brasil, cuja economia classifica como *de crescimento econômico elevado, sem um êxito compatível em outros campos*, com a Coreia do Sul, cuja economia classifica como *de crescimento econômico elevado, com grande êxito no aumento da duração e da qualidade de vida*, Amartya Sen conclui:

> Por diversas razões históricas, como a ênfase na educação elementar e na assistência básica à saúde, além da conclusão de reformas agrárias eficazes no início do processo, a ampla participação econômica foi mais fácil de obter em muitas das economias do Leste e Sudeste asiático de um modo que não foi possível, digamos, no Brasil, Índia ou Paquistão, onde a criação de oportunidades sociais tem sido muito mais lenta, tornando-se assim uma barreira para o desenvolvimento econômico.[35]

Note-se que o legislador constituinte de 1988 acrescentou à dimensão do desenvolvimento com sustentabilidade social a da sustentabilidade ambiental, como se depreende da leitura dos princípios da ordem econômica, dispostos nos incisos do artigo 170 da CRFB/88, o que nos impede de aderir à ideia de crescimento "selvagem", obtido ao custo de elevadas externalidades negativas, tanto sociais, quanto ambientais, sendo possível afirmar, consoante os resultados do país quanto ao IDH e ao PIB, que o Brasil está bem longe de o alcançar.

Considerando-se o Direito ao desenvolvimento como direito humano inalienável, cuja concretização é de responsabilidade dos Estados, a pessoa humana surge como seu sujeito central, de tal sorte que não pode mais ser considerada como mero "fator de produção",

---

[34] Disponível em: http://g1.globo.com/brasil/noticia/2013/03/brasil-melhora-idh-mas-mantem-85-posic ao-no-ranking-mundial.html. Acesso em: 3 ago. 2014 às 13:02.

[35] SEN, Amartya. *Desenvolvimento como liberdade*. Tradução de Laura Teixeira Motta. São Paulo: Companhia das Letras, 2010, p. 66-67.

pois isso conduziria à possibilidade de lhe serem impostas "(...) condições que se configuram como autênticas violações a esses Direitos, como sejam a pobreza, a fome, a falta de acesso aos serviços básicos de saúde, habitação, educação e outros relacionados com a qualidade mínima da vida com dignidade, quando não com a própria subsistência".[36]

Com base nas considerações até aqui expendidas, parece-nos possível concluir que a Constituição da República Federativa de 1988 fez clara opção por um estado de bem-estar, sendo perfeitamente compatível com a intervenção do Estado no domínio econômico para regular, nortear e direcionar a busca pelo desenvolvimento econômico, social e humano, bem como pela redução das desigualdades.

Conclusão

Em 29 de agosto de 2013, os jornais[37] noticiaram que o semteto americano Dean Alsip, de 50 (cinquenta) anos, fora preso após roubar 1 (um) dólar de uma agência do *Bank of America*, localizada nos arredores de Portland, no Estado de Oregon, nos EUA.

Ao ser preso, Dean esclareceu que o fizera porque se encontrava muito doente e que a prisão era o único meio para que obtivesse acesso a tratamento médico gratuito.

A matéria jornalística dá conta de que não foi o primeiro caso, pois, há dois anos, Richard James Verone, um desempregado que morava na Carolina do Norte, fez o mesmo, tendo justificado que queira ser preso para conseguir fazer uma operação na coluna e nos pés, bem como para obter abrigo até que ficasse velho o suficiente para receber os cheques da Seguridade Social.

Como explicar que no país que é a potência hegemônica do mundo ocorram casos como esses?

Uma das explicações possíveis reside, exatamente, na ideia prevalecente nos EUA de que o Estado não deve intervir, de forma alguma, na economia e nem assegurar o mínimo existencial aos

---

[36] SOUZA, Washington Peluso Albino de. *Lições de Direito Econômico*. Porto Alegre: Sérgio Antônio Fabris, 2002, p. 302.

[37] Disponível em: http://rt.com/usa/oregon-man-bank-robbery-healthcare-126/. Acesso em: 31 jul. 2014 às 12:09.

cidadãos, a qual vem se intensificando e faz com que seja um dos países mais desiguais do mundo.

Cabe referir à recente constatação de Stiglitz de que se repete, na atualidade, a situação enfrentada nos anos 1930, a saber: a grande desigualdade social que conduziu à Segunda Grande Depressão suportada pelo capitalismo mundial.

Com efeito, no livro *The Price of Inequality*, ainda não publicado no Brasil, Stiglitz demonstrou que o 1% mais rico da população mundial se aproxima de possuir 25% da renda, mesma situação experimentada na década de 1930, o que, segundo ele, prenuncia a explosão da "bomba atômica econômica".[38]

Esse tipo de capitalismo que é promotor de desigualdades não é albergado por nosso ordenamento jurídico, na medida em que o legislador constituinte fez clara opção pelo desenvolvimento, tendo feito constar do Preâmbulo da Carta de 1988 que o seu objetivo era "instituir um Estado Democrático, destinado a assegurar o exercício dos direitos sociais e individuais, a liberdade, a segurança, o bem-estar, o desenvolvimento, a igualdade e a justiça como valores supremos de uma sociedade fraterna, pluralista e sem preconceitos, fundada na harmonia social e comprometida, na ordem interna e internacional, com a solução pacífica das controvérsias..."

Por fim, cabe lembrar as considerações de Amartya Sem,[39] no sentido de que há que se alcançar a imediata reaproximação da economia, da ética e da política, buscando-se um equilíbrio entre o crescimento econômico, a modernização e a industrialização, bem como a promoção do pleno emprego e do desenvolvimento social.

Referências

BELLUZZO, Luiz Gonzaga de Mello. *Ensaios sobre o capitalismo no século XX*. Campinas: UNESP, 2004.

BERCOVICI, Gilberto. As origens do Direito Econômico: homenagem a Washington Peluso Albino de Souza. *Revista da Faculdade de Direito da UFMG*, Número especial em homenagem a Washington Peluso Albino de Souza, 2013.

---

[38] *Cf.* BERNABUCCI, Claudio. O estopim das crises: desigualdade. *Carta Capital*, ano 18, n. 752, p. 50, 12 jun. 2013.

[39] SEN, Amartya. *Sobre ética e economia*. Tradução de Laura Teixeira Motta São Paulo: Companhia das Letras, 2008, p. 23.

BERCOVICI, Gilberto. *Constituição econômica e desenvolvimento*: uma leitura a partir da Constituição de 1988. São Paulo: Malheiros, 2005.

BERNABUCCI, Claudio. O estopim das crises: desigualdade. *Carta Capital*, ano 18, n. 752, p. 50, 12 jun. 2013.

BONAVIDES, Paulo. *Do Estado Liberal ao Estado Social*. 10. ed. São Paulo: Malheiros, 2011.

CAIXA ECONÔMICA FEDERAL. Disponível em: http://www.caixa.gov.br/habitacao / mcmv/. Acesso em: 28 jun. 2014.

CONSTITUIÇÃO DA REPÚBLICA FEDERATIVA DO BRASIL DE 1988. Disponível em: http://www.planalto.gov.br/ccivil_03/Constituicao/ConstituicaoCompilado.htm. Acesso em: 4 ago. 2014.

FERREIRA FILHO, Manoel Gonçalves. *Constituição e governabilidade*: ensaio sobre a (In) Governabilidade brasileira. São Paulo: Saraiva, 1995.

GRAU, Eros Roberto. *A ordem econômica na Constituição de 1988*. 14. ed. São Paulo: Malheiros, 2010.

GRAU, Eros Roberto. *O direito posto e o direito pressuposto*. 8. ed. São Paulo: Malheiros, 2011.

HUNT, E. K. *História do Pensamento Econômico*. 2. ed. 7 t. Tradução de José Ricardo Brandão Azevedo e Maria José Chylar Monteiro. São Paulo: Campus/Elsevier, 2005.

KEYNES, John Maynard. *A Teoria geral do emprego, do juro e da moeda*. Tradução de Mário R. da Cruz. São Paulo: Nova Cultural, 1996.

KEYNES, John Maynard. *As consequências econômicas da paz*. Tradução de Sérgio Bath. São Paulo: Universidade de Brasília, 2002.

LEI FEDERAL nº 12.382. Disponível em: http://www.planalto.gov.br/ccivil_03/_Ato2011-2014/2011/Lei/L12382.htm. Acesso em 2 ago. 2014.

MEDIDA PROVISÓRIA Nº 2.152-2. Disponível em: http://www.planalto. gov.br/ccivil_03/MPV/2152-2.htm. Acesso em: 2 ago. 2014 às 13:15.

MELLO, João Manoel Cardoso de Mello. *Capitalismo tardio*. Campinas: UNESP, 2009.

MINISTÉRIO DA AGRICULTURA. Disponível em: http://www.agricultura.gov.br/politica-agricola/credito-rural. Acesso em: 2 ago. 2014 às 13:26.

MINSKY, Hyman P. *John Maynard Keynes*. Tradução de Beatriz Sidou. Campinas: Editora da UNICAMP, 2011.

NUSDEO, Fábio. *Curso de Economia*: introdução ao Direito Econômico. 6 ed. São Paulo: Revista dos Tribunais, 2010.

NUSDEO, Fábio. Desenvolvimento econômico; um retrospecto e algumas perspectivas. *In*: SALOMÃO FILHO, Calixto (Coord.) *Regulação e desenvolvimento*. São Paulo: Malheiros, 2002, p. 11-24.

NWAUCHE, E.S. & NWOBIKE, J.C. *Implementing the right to development. SUR- International Journal on Human Rights,* year 2, number 2, 2005, p. 92- 111, p. 98-105.

PALLEY, Thomas I. Interpretações alternativas sobre a crise econômica: a luta pelo futuro. *In*: MODENESI, André de Melo *et al* (Coord). *Sistema financeiro e política econômica em uma era de instabilidade; tendências mundiais e perspectivas para a economia brasileira*. Rio de Janeiro: Elsevier. São Paulo: Associação Keynesiana brasileira, 2012, p. 15- 25.

SEN, Amartya. *Desenvolvimento como liberdade*. Tradução de Laura Teixeira Motta. São Paulo: Companhia das Letras, 2010.

SEN, Amartya. *Sobre ética e economia*. Tradução de Laura Teixeira Motta. São Paulo: Companhia das Letras, 2008.

SMITH, Adam. *A Riqueza das Nações*: uma investigação sobre a natureza e as causas da riqueza das nações. Tradução de Getulio Schanoski Jr.. São Paulo: Madras, 2009.

SOUZA, Washington Peluso Albino de. A importância do Direito Econômico na atualidade. Disponível em: http://www.egov.ufsc.br/portal/conteudo/import%C3%A2ncia-do-direito-econ%C3%B4mico-na-atualidade. Acesso em: 25 jul. 2014.

SOUZA, Washington Peluso Albino de. *Primeiras linhas de direito econômico*. 3. ed. São Paulo: LTr, 1994.

SOUZA, Washington Peluso Albino de. *Lições de Direito Econômico*. Porto Alegre: Sérgio Antônio Fabris, 2002.

SOUZA, Washington Peluso Albino de. *Teoria da constituição econômica*. Belo Horizonte: Del Rey, 2002.

CAPÍTULO 3

INTERVENÇÃO DO ESTADO NO DOMÍNIO ECONÔMICO: POR UMA POLÍTICA PÚBLICA DE PREVENÇÃO E COMBATE AO SUPERENDIVIDAMENTO NO BRASIL

FELIPE GUIMARÃES DE OLIVEIRA

1 Introito

A globalização e o favorecimento do ingresso do capital estrangeiro no mercado brasileiro, sobretudo a partir da década de 1980, favoreceu uma ampla readequação do novo mercado consumidor brasileiro e, por via de consequência, dos novos instrumentos de acesso ao crédito e incentivo ao consumo, oriundos de um modelo econômico capitalista, amplamente disseminado na política de crédito mundial.

O modelo econômico propagado pelo capitalismo[1] visava consolidar uma economia de mercado, entendida como sistema econômico controlado, regulado e dirigido apenas por mercados,[2]

---

[1] Assim defendido por David Wright, vai além de um mercado autorregulado, importa em verdadeira cultura ou civilização, no qual em média, muito da maior porção econômica, e, particularmente os novos instrumentos líquidos, é sustentado por unidades privadas, sob condição de competição ativa e substancialmente livre e, reconhecidamente pelo menos, sob o incentivo de uma esperança de lucro. *In:* WRIGHT, David McCord. *Capitalismo.* Rio de Janeiro: Fundo de Cultura, 1959, p. 219.

[2] O pleno *laissez-faire* de SMITH, Adam. *A riqueza das nações.* São Paulo: Madras, 2009.

definidor da ordem na produção e na distribuição dos bens, confiada a esse mecanismo autorregulável,[3] trouxe consigo distorções econômicas teratológicas, as quais ensejaram, neste contexto, a Primeira Guerra Mundial, distorções estas amplamente diagnosticadas pelos estudiosos críticos desse modelo, entre os quais citamos John Maynard Keynes.[4] A observação atenta de Keynes do cenário econômico pós-guerra tornou-o consciente das falhas do sistema econômico vigente.[5]

O mercado consumidor e o acesso ao crédito, logicamente, estavam intrinsecamente relacionados e eram afetados por esse desastre econômico vivenciado no pós-guerra. Sua restruturação passara a depender das novas ideologias econômicas consolidadas, diante da insuficiência da autorregulação do mercado, totalmente independente da interferência do Estado, o que, em *ultima ratio*, ocasionou o surgimento do chamado neoliberalismo.[6]

No Brasil, essa perspectiva econômica neoclássica é reafirmada na ideologia constitucionalmente adotada pela CRFB de 1988, sobretudo na ordem econômico-financeira, prevista no artigo 170 e seguintes da Constituição, através do chamado sistema de mercado dual, no qual, de um lado, figura o setor privado, sendo-lhe assegurada a liberdade de iniciativa e, de outro, o setor público, responsável por garantir a observância das normas cogentes e a proteção do consumidor.[7]

O constituinte entendeu, seguindo as modernas correntes do Direito, que um dos elos da economia de mercado é o consumidor e por isso impõe ao Estado a sua proteção. A proteção do consumidor tem duas facetas, importantes ambas: protege-se o consumidor dentro de uma perspectiva microeconômica e microjurídica, mas

---

3   POLANYI, Karl. *A grande transformação:* as origens de nossa época. Rio de Janeiro, Elsevier, 2012, p. 72.

4   KEYNES, John Maynard. *As consequências econômicas da paz.* São Paulo: UNB, 2002.

5   DAVIDSON, Paul. *John Maynard Keynes.* São Paulo: Actual, 2011.

6   Eis o poder total do público: a democracia econômica exercida pelo mercado. *In:* GALBRAITH, John Kenneth. *A economia das fraudes inocentes.* São Paulo: Companhia das Letras, 2004, p. 26.

7   Inclusive com a intervenção do Poder Judiciário, como por exemplo, na mitigação do princípio da intangibilidade dos contratos do conteúdo dos contratos, flexibilizando-o, em sua rigidez pelos princípios da boa-fé, da legalidade e do equilíbrio contratual. *In:* GALDINO, Valéria Silva. *Cláusulas abusivas.* São Paulo: Saraiva, 2001, p. 74.

ao Estado interessa, também, como uma das formas de preservar e garantir a livre concorrência, proteger o consumidor através de políticas econômicas adequadas.[8]

A necessidade de se regulamentar o tratamento jurídico-normativo do consumidor superendividado, também é uma imposição constitucional de salvaguarda dos direitos humanos, que se inicia, por exemplo, com o princípio da dignidade da pessoa humana[9] previsto no artigo 1º, inciso III, da CRFB/88. Porém, a aplicação dos direitos fundamentais envolve grandes interesses econômicos e políticos. Por isso, gera controvérsias que são dificilmente controláveis pelo direito,[10] a exemplo do tratamento do consumidor superendividado, que desde a Constituição Federal de 1988 e do Código de Defesa do Consumidor em 1990 não possui uma tutela jurídica específica.

Portanto, será a partir dos preceitos e princípios insculpidos nas diretrizes traçadas pela Constituição, notadamente, direitos fundamentais, que decorrerá o aparato necessário à defesa e salvaguarda dos interesses dos consumidores, a fim de que a análise e o raciocínio do intérprete se modulem por diretrizes embasadas nesse fim ideológico-constitucional.

2 O fenômeno do superendividamento e a defesa do consumidor: uma imposição constitucional

O superendividamento do consumidor deve ser encarado como um problema social, econômico e jurídico, em que a valorização do ser humano precisa ser o axioma condutor da intervenção do Estado.[11] Por isso, é possível afirmar que a dignidade da pessoa

---

[8] LEOPOLDINO DA FONSECA, João Bosco. *Direito econômico.* 2. ed. Rio de Janeiro: 1998, p. 90.

[9] Com efeito, se é o respeito pela dignidade humana a condição para uma concepção jurídica dos direitos humanos, se trata de garantir esse respeito de modo que se ultrapasse o campo do que é efetivamente protegido, cumpre admitir, como corolário, a existência de um sistema de direito com um poder de coação. *In:* PERELMAN, Chaim. *Ética e direito.* São Paulo: Martins Fontes, 1999, p. 400.

[10] DIMOULIS, Dimitri; MARTINS, Leonardo. *Teoria Geral dos direitos fundamentais.* 2. ed. São Paulo: Revista dos Tribunais, 2009, p. 53.

[11] OLIVEIRA, Juliana Andréa. O Superendividamento do consumidor: aspectos conceituais e mecanismos de solução. *In: Revista de Direito Lex Humana,* v. 3, n. 1, 2011, p. 109.

humana é o princípio mais relevante da nossa ordem jurídica, que lhe confere unidade e sentido de valor, devendo por isso condicionar e inspirar a exegese e aplicação de todo o direito vigente.[12]

> Algumas circunstâncias e problemas que vêm marcando os tempos recentes ajudam a compreender que a aplicação cega da lógica do mercado e da livre empresa, tão cara ao neoliberalismo, longe de conduzir ao pretenso governo democrático da economia, pode conduzir ao confisco do próprio direito à vida. Trata-se de problemas que não cabem na lógica marginalista e que não podem encontrar solução dentro das "leis do mercado", que comparam custos e benefícios privados, mas não são sensíveis aos custos sociais de um "crescimento canceroso e sem sentido", nem são capazes de comparar custos e benefícios sociais, porque eles não são ponderados no comportamento do *homo economicus* (o "tolo racional" de que fala Amartya Sen) nem podem captar-se através do sistema de preços.[13]

Assim sendo, constata-se que essa nova ordem jurídica, pautada na livre iniciativa, facilitou a ascensão do capitalismo no Brasil, mitigando uma série de direitos fundamentais em detrimento da sanha do lucro pelo lucro, apresentando uma estrutura subdesenvolvida em que a plena utilização do capital disponível não é condição suficiente para a completa absorção da força de trabalho[14] e, ainda, com os avanços da tecnologia, das técnicas de publicidade e propaganda, além das formas convencionais de concessão de crédito ao consumidor. O Estado incentivou o consumismo em seu grau máximo, notadamente, nos governos Fernando Henrique Cardoso entre os anos 1995-2002 e atualmente, no governo Dilma Rousseff.

É justamente a partir do momento em que o Brasil, por meio de sua Constituição Federal de 1988, propondo-se a fundamentar as relações na prevalência dos direitos humanos, ao mesmo tempo, reconhece a existência de limites e condicionantes à noção de soberania estatal absoluta. Isto é, a soberania do Estado brasileiro

---

[12] SARMENTO, Daniel. *Direitos fundamentais e relações privadas*. 2. ed. Rio de Janeiro: Lumen Juris, 2008, p. 86.

[13] NUNES, António José Avelãs. *Neoliberalismo e direitos humanos*. São Paulo: Renovar, 2003, p. 84.

[14] FURTADO, Celso. *Desenvolvimento e subdesenvolvimento*. Rio de Janeiro: Contraponto, 2009, p. 173.

fica submetida a regras jurídicas, tendo como parâmetro obrigatório a prevalência de direitos humanos.[15] Portanto, da ciência jurídica também será reclamada tutela específica para a proteção do consumidor superendividado, em que a prevalência de limites normativos opere como limites de direitos humanos[16] frente às distorções do capital e à economia de mercado, já que esse capitalismo global está muito mais preocupado em expandir o domínio das relações de mercado do que, por exemplo, em estabelecer a democracia, expandir a educação elementar, ou incrementar as oportunidades sociais para os pobres do mundo.[17]

Nesse novo cenário da economia brasileira, é que se impõe a problemática do superendivamento do consumidor de crédito, nas suas mais variadas formas de concessão, seja por cartão de crédito, carnê, cheque especial, e, mais notadamente, por meio de financiamento bancário de automóveis e de crédito imobiliário, obtido nas:

> Situações em que o devedor se vê impossibilitado, de uma forma durável ou estrutural, de pagar o conjunto de suas dívidas, ou mesmo quando existe uma ameaça séria de que não o possa fazer no momento em que elas se tornem exigíveis.[18]

Assim entendido na atualidade, e, após longo processo de sua democratização, seja por meio da criação do Código de Defesa do Consumidor, através da Lei nº 8.078/90, seja por meio de políticas econômicas de incentivo temporárias[19] ou pela publicidade

---

[15] PIOVESAN, Flávia. *Direitos humanos e o direito constitucional internacional*. São Paulo: Max Limonad. 1997, p. 68.

[16] Na apropriação do princípio da equidade, que traduzida em termos operacionais, significa tratamento desigual dispensado aos desiguais, de forma que as regras do jogo favoreçam os participantes mais fracos e incluam ações afirmativas que os apoiem. *In*: SACHS, Ignacy. *Desenvolvimento includente, sustentável, sustentado*. Rio de Janeiro: Garamond, 2008, p. 14-15.

[17] SEN, Amartya; KLIKSBERG, Bernado. *As pessoas em primeiro lugar*: a ética do desenvolvimento e os problemas do mundo globalizado. São Paulo: Companhia das Letras, 2010. p.28.

[18] MARQUES, Manuel Maria Leitão. *O endividamento dos consumidores*. Lisboa: Almedina, 2000, p. 2.

[19] Intervenção do Estado sobre o Domínio Econômico por normas de indução assim conceituadas por Eros Grau, como aquelas que estimulam ou desestimulam a prática de determinada ação pelo seu destinatário, agente econômico ou pelo próprio consumido

persuasiva e manipuladora,[20] o crédito é considerado também como um dos instrumentos de combate à desaceleração econômica. Essa vertente protecionista contra o superendividamento do consumidor de crédito já vem sendo sedimentada há bastante tempo no Direito Francês por meio do *Code de La Consommation*, no Livro III, que disciplina o tratamento das situações de superendividamento, corporificando regras com o objetivo de soerguer o consumidor de crédito na busca de sua recuperação, tornando-o adimplente, novamente, no mercado e também por doutrinadores,[21] como Marie-Thérèse Calais-Auloy.

No Brasil, um estudo de direito comparado sobre a proteção do consumidor de crédito foi elaborado por Geraldo de Faria Martins da Costa[22] no qual se destacam as características do modelo francês e das principais causas desse fenômeno, também vivenciadas na realidade brasileira, como a oferta exacerbada do crédito, a publicidade manipuladora e a posição do consumidor e do fornecedor na fase pré-contratual e fase de execução do contrato de crédito.

O retrato do superendividamento do consumidor de crédito no Brasil é de todo modo também um reflexo claro da situação econômica vivenciada pelos demais países da América Latina, entre os quais destacamos os países integrantes do Mercosul, cujo problema de endividamento é retratado por pesquisa realizada no ano de 2008 pelo Instituto Brasileiro de Defesa do Consumidor (IDEC), em parceria com o Procon/SP, por solicitação da *Consumers*

---

seduzido pela prescrição legal. *In*: GRAU, Eros Roberto. *A ordem econômica na Constituição de 1988*. 14. ed. São Paulo: Malheiros, 2010, p. 149. Nesse sentido o Decreto nº 7.725/2012, que reduziu o valor do Imposto sobre Produtos Industrializados (IPI) para aquisição de veículos zero quilômetro, estimulando o consumo significativo nesse seguimento do mercado.

[20] Abolindo tudo o que na vida supõe expectativa, maturação, reserva, o crédito oferece ao consumidor o direito às compras de impulso, escamoteando o sofrimento de ter que pagar, comprar ou adquirir. *In*: GJIRADA, Sophie. *L'endettement el le Droit Privé*. Paris: LGDJ, 1999, p. 26.

[21] Precipuamente nas obras: CALAIS-AULOY, Marie-Thérèse; STEINMETZ, Frank. *Droit de La Consommation*. 4. ed. Paris: Dalloz, 1996; BOUTEILLER, Patrice. *Surendettement*. Paris: Jurisclasseur, 1995; BEAUBRUN, Marcel. *La Notion de Consommateur de Crédit*. Paris: Litec, 1982.

[22] COSTA, Geraldo de Faria Martins da. *Superendividamento*: a proteção do consumidor de crédito em direito comparado brasileiro e francês. São Paulo: Revista dos Tribunais, 2002.

International, que realiza estudo sobre superendividamento dos consumidores no Brasil.[23]

O consumidor inadimplente, no Brasil, pode ser considerado como aquele que deixa de saldar algum débito por prazo igual ou superior a noventa dias. São esses os indivíduos que passam a fazer parte das estatísticas de inadimplência no país.[24]

Os juros para todas as linhas de crédito no Brasil estão entre os maiores do mundo, e as modalidades que apresentam maiores facilidades de acesso, como cartão de crédito e cheque especial (o chamado crédito rotativo), são justamente as que apresentam as maiores taxas ao consumidor.[25] O superendividamento, portanto, é fruto de uma economia que cresce de forma instável e insuficiente, com carência de empregos e renda e agrava-se a cada novo dia com o elevadíssimo custo do dinheiro.[26]

O estudo em comento, realizado pelo IDEC, traz à baila, por meio de dados obtidos do Banco Central do Brasil (BACEN) e da Federação Brasileira de Bancos (FEBRABRAN), dados concretos sobre o índice de inadimplência no Brasil por modalidade de crédito (%), concedidos à pessoas físicas, entre os meses de novembro/2007 e novembro/2008, em dívidas com atraso no pagamento superiores a 90 (noventa dias), na qual se constatou como crescente o superendividamento do consumidor no período, com percentual majorado em 0,7%.

O corte inicial em 2007 é importante para comprovar que o endividamento no Brasil até os dias atuais só tem aumentado e que as políticas econômicas voltadas para o consumidor de crédito o fizeram ficar mais endividado do que propriamente protegido dos efeitos negativos do crédito não cauteloso, gerando a inadimplência e o superendividamento do mesmo.

Estudos realizados a partir do ano de 2010 pela Confederação Nacional do Comércio de Bens, Serviços e Turismo, por meio da Pesquisa Nacional de Endividamento e Inadimplência do Consumidor (PEIC), maior referência de dados sobre o tema,

---

[23] IDEC. *Estudo sobre crédito e superendividamento dos consumidores dos países do Mercosul*: Superendividamento no Brasil. São Paulo: IDEC, 2008.

[24] *Ibid.*, p. 17.

[25] *Ibid.*, p. 5.

[26] *Ibid.*, p. 17.

retratam este panorama preocupante de elevação dos percentuais de superendividamento do consumidor de crédito no Brasil a cada novo ano, e, os resultados obtidos neste interregno de 2010-2019, são capazes de ratificar todos esses acontecimentos no mercado.[27]

A PEIC, desde o início, no ano 2010, tem se pautado em pesquisas mensais de análise e comportamento do consumidor de crédito levando em consideração os principais tipos de dívidas dos consumidores brasileiros, assim como a pesquisa acima destacada do IDEC, entre as quais citamos: cartão de crédito, cheque especial, crédito consignado, carnês, financiamento de automóveis e crédito imobiliário, entre outros.

A fim de legitimar a constatação desse crescente fenômeno de endividamento do consumidor, tomar-se-á por base, a título exemplificativo, a análise dos dados obtidos no período de julho/2018 a julho/2019[28] sobre o percentual de famílias com contas ou dívidas em atraso, o que, ressalta-se, é apenas uma das vertentes do reflexo do superendividamento no Brasil:

Fonte: CNC – PEIC – Julho/2019.[29]

---

[27] As pesquisas mensais realizadas corroboram esse apontamento da majoração dos índices e estão disponíveis ao público no sítio eletrônico da CNC. Disponível em: http://www.cnc.org.br. Acesso em: 30 ago. 2019.
[28] CNC. Confederação Nacional do Comércio de Bens, Serviços e Turismo. *Pesquisa Nacional de Endividamento do Consumidor (PEIC) – julho 2019*. Disponível em: http://www.cnc.org.br. Acesso em: 30 ago. 2019.
[29] Ibid., p. 5.

O gráfico da PEIC de julho de 2019 é bastante claro quanto aos índices alarmantes de famílias endividadas no Brasil, o que, segundo os dados obtidos, representa uma média anual de quase 1/5 de todos os consumidores de crédito no país. Cabe mencionar ainda que as contas ou dívidas em atraso, conforme destacado anteriormente, são apenas um dos instrumentos disponíveis para o diagnóstico do superendividamento do consumidor de crédito, já que retrata com maior clareza as consequências desse fenômeno no mercado de consumo, com o fator inadimplência. Sobre esse diagnóstico constatado e a atual condição do consumidor de crédito no Brasil, assinala José Geraldo Brito Filomeno:

> O acesso indiscriminado e superestimulado aos bens de consumo de modo geral, além de serviços, alimentados pelo comércio globalizado incentivos publicitários, sobretudo a concessão do "dinheiro de plástico" – cartões de crédito e cheques especiais, tem levado a uma situação de desespero os consumidores mais açodados e consumistas.[30]

As causas mais frequentes associadas ao superendividamento do consumidor de crédito brasileiro repousam nas situações que envolvem uma avaliação ou comportamento equivocado quanto ao chamado consumo irresponsável, fruto do impulso consumista e, frequentemente, relacionado à publicidade agressiva,[31] ao erro na projeção e organização da economia doméstica quanto ao volume ativo e passivo mensal disponível, contratação de crédito caro, a exemplo do cheque especial e do uso indiscriminado de cartões de crédito, ou seja, fomentando a majoração dos índices do chamado superendividamento ativo,[32] daquele consumidor que, mesmo de boa-fé, coopera para o seu próprio endividamento.

---

[30] FILOMENO, José Geraldo Brito Filomeno. *Manual de Direitos do Consumidor*. 9. ed. São Paulo: Atlas, 2007, p. 104.

[31] *Puffing* e *Teaser*, especificamente, assim definidos: "O *puffing* é o anúncio escandaloso, estridente, exagerado e espalhafatoso, que é vazado em termos tão contundentes, que permite a qualquer um que o identifique como tal. É o que os alemães denominam de *marktchreierische ubertreibung*, ou exagero charlatanesco. (...) O *teaser* é o anúncio do anúncio, e por isso é sempre manejado antes do advento do novo produto/serviço que será lançado. A técnica utilizada pela publicidade, neste passo, é criar expectativa no mercado de consumo, de sorte a chamar atenção ao lançamento comercial que ocorrerá em breve". *In*: SILVEIRA, Reynaldo Andrade da. *Práticas mercantis no direito do consumidor*. 2. ed. Curitiba: Juruá, 1999, p. 149-150.

[32] FRANCO, Marielza Brandão. O superendividamento do consumidor: fenômeno social que merece regulamentação legal. *Revista de Direito do Consumidor*, n. 74, abril/junho 2010, p. 236.

De forma menos frequente, encontram-se as causas do superendividamento passivo, decorrente de motivos de força maior ou fatos imprevisíveis, tais como desemprego, a necessidade de custeio de um tratamento de saúde caro e urgente para um familiar ou para o próprio consumidor, divórcio, atraso no pagamento de salários, entre outros.

Porém, considerando todas as variáveis na pesquisa supramencionada para se dimensionar o percentual atual total de famílias superendividadas no país, nesse mesmo período, verifica-se um inexorável e alarmante fator que não pode ser ignorado, refletido nos dados obtidos a partir da inadimplência dos consumidores nas operações de crédito mais comuns do mercado, *in verbis*:

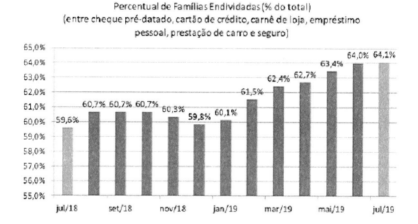

Fonte: CNC – PEIC – julho 2019.[33]

A constatação desse crescimento desastroso para a economia doméstica é latente, quando comparados os meses de julho de 2018 e julho de 2019, verificando-se um constante aumento e manutenção de famílias endividadas nos contratos de crédito mais comuns da práxis mercantil consumerista, que totaliza um índice de endividamento total de 64,1% das famílias brasileiras no mês de julho de 2019.

---

[33] *Ibid.*, p. 3.

O crédito é um serviço especializado e oneroso que só pode ser prestado por alguns fornecedores do Sistema Financeiro Nacional. Crédito é um contrato real (se perfectibiliza com o ato da entrega do dinheiro pelo fornecedor-banco, administradora do cartão ou financeira), em que cabe ao consumidor-devedor a prestação típica, "pagar" os juros (preço do crédito) e devolver o principal corrigido, e mais algumas taxas pelo uso desse tipo de crédito.[34]

As operações de crédito no sistema bancário subdividem-se em operações de crédito de financiamento e de empréstimo. Nas operações de crédito de financiamento, os recursos financeiros têm destinação prévia e específica para bens de consumo duráveis. Já nas operações de crédito de empréstimo, não há uma prévia designação dos fins para os quais os recursos são disponibilizados ao consumidor, como nos contratos de empréstimo bancário e consignado em folha de pagamento, cheque especial, cartões de crédito, entre outras modalidades existentes.[35]

Considerando todos esses aspectos sobre o preocupante e gradual aumento nos percentuais de superendividamento do consumidor de crédito no Brasil, necessário se torna a busca de novos instrumentos aptos a integrar uma política pública de prevenção e combate ao superendividamento do consumidor de crédito no Brasil.

3 As possíveis "válvulas de escape" na prevenção e combate ao superendividamento do consumidor de crédito no Brasil: existem novos instrumentos?

O endividamento é um fato individual, mas com consequências sociais e sistêmicas, cada vez mais claras. A economia de mercado,

---

[34] MARQUES, Cláudia Lima. Algumas perguntas e respostas sobre a prevenção e tratamento do superendividamento dos consumidores pessoas físicas. *Revista de Direito do Consumidor,* n. 75, julho/setembro 2010, p. 19.

[35] BACEN. *Consumo e Finanças:* Boletim nº 4 – Operações de Crédito. Abril/2012. Disponível em: http://www.bcb.gov.br/Fis/decic/bolconfin/Boletim_Consumo_e_Finan%E7as4.pdf. Acesso em: 31 ago. 2019.

liberal, adotada pelo Brasil, é por natureza uma economia de endividamento mais do que uma economia de poupança.[36] O crédito ofertado ao consumidor deveria ser concedido de forma consciente, alicerçado em uma política de juros mais justa e protecionista, com critérios de concessão melhor definidos e programados, bem como a contínua conscientização dos consumidores sobre a necessidade de um consumo equilibrado, uma vez que o atual nível de endividamento da sociedade brasileira, cujo patamar ultrapassa os sessenta por cento, provoca efeitos desastrosos não somente no âmbito das relações de consumo e da proteção dos direitos humanos, como também se reflete sobre todo o sistema financeiro nacional em efeito cascata.

Ademais, o excessivo endividamento impõe sérios problemas econômicos, em termos de perda de produtividade de segmentos da população que, sob o fardo do débito, tem ceivado sua liberdade e debilitado sua capacidade produtiva.[37]

Assevera sobre a temática, Antônio Herman Benjamin:

> Se o endividamento é inerente à vida em sociedade hoje, o endividamento excessivo apresenta uma nocividade que não pode ser desconsiderada pelo legislador porque exclui o endividado da sociedade de consumo. (...) O superendividamento que afeta não somente a pessoa, mas a toda sua família, como verdadeira "bola de neve" desequilibrando as finanças de todo um grupo familiar, daí seus efeitos nefastos e em grandes proporções abalando países e bancos como se observou na crise financeira mundial de 2008/2009. (...) Essa nova realidade de democratização do crédito coloca a necessidade, inclusive do Brasil, de aperfeiçoar os mecanismos existentes de apoio aos consumidores com o intuito de reduzir conflitos no terreno do superendividamento.[38]

Essa é uma preocupação mundial, que aflorou, especialmente, após a crise financeira de 2008, tanto que, reconhecendo as implicações do superendividamento para a estabilidade financeira

---

[36] MARQUES, *op. cit.*, p. 13.

[37] SOARES, Ardyllis Alves (Trad.). Conclusões do relatório mundial sobre o tratamento do superendividamento e insolvência da pessoa física. *Revista de Direito do Consumidor*, n. 89, setembro/outubro 2013, p. 435.

[38] BENJAMIN, Antônio Herman. O tratamento do superendividamento e o direito de recomeçar dos consumidores, de Clarisse Costa de Lima. *Revista de Direito do Consumidor*, n. 92, p. 545-546. mar./abr. 2014,

internacial, para o desenvolvimento econômico e o acesso ao crédito, o Banco Mundial conduziu uma pesquisa em 59 países com o objetivo de colher informações acerca da existência de legislação sobre o tratamento do superendividamento. Descobriu-se que mais da metade dos países com economias de baixa e média renda, como no caso brasileiro, ainda não tinham desenvolvido sistemas de insolvência para as pessoas físicas superendividadas.[39]

No Brasil, o legislador constituinte destacou o consumidor como um efetivo portador de direitos, assegurando-lhe na Carta de 1988, posição nos "Direitos e Garantias Fundamentais" (Tít. II, Cap. I, art. 5, XXXII), conferindo-lhe "cidadania", e contemplando sua defesa como "princípio", no Título "Da Ordem Econômica e Financeira" (art. 170, V).[40] Porém, não se tem compreendido aqui no Brasil a significação que certos mandamentos constitucionais deveriam ter, mal que atinge, em maior ou menor grau, os três Poderes da República.[41]

A defesa do consumidor em uma análise pautada na ideologia constitucionalmente adotada reflete, portanto, de maneira cristalina, a própria noção de direitos fundamentais concebidos pelo legislador constituinte de 1988 e, por isso mesmo, passa a reclamar do direito positivo uma resposta satisfatória e eficaz.[42]

Os direitos humanos assim concebidos guiam o intérprete para a solução dos problemas que exsurgem da prática consumerista, a partir do ideal constitucional traçado, a fim de que a ordem jurídica vigente não somente prescreva direitos fundamentais a serem observados, como também os integre em uma visão sistêmica e teleológica no ordenamento jurídico.

---

[39] MARQUES, Cláudia Lima; LIMA, Clarissa Costa de. Nota sobre as Conclusões do Banco Mundial em Matéria de Superendividamento dos Consumidores Pessoas Físicas. *Revista de Direito do Consumidor*, n. 89, p. 454, set./out. 2013.

[40] SOUZA, Washington Peluso Albino de. *Lições de Direito Econômico*. Porto Alegre: Sérgio Antônio Fabris, 2002, p. 81.

[41] DE LUCCA, Newton. *Direito do consumidor*. São Paulo: Quartier Latin, 2003, p. 59.

[42] O sentido e alcance do termo eficácia utilizado pelo presente trabalho é o mesmo utilizado pelo Tribunal de Contas da União em seu Manual de Auditoria Operacional de 2010, no qual: "O conceito de eficácia diz respeito à capacidade da gestão de cumprir objetivos imediatos, traduzidos em metas de produção ou de atendimento, ou seja, a capacidade de prover bens ou serviços de acordo com o estabelecido no planejamento das ações". Disponível em: www.tcu.gov.br. Acesso em: 20 ago. 2019.

Para a garantia da defesa do consumidor, assim entendida também como um direito fundamental, será necessária a imposição do chamado mecanismo de opções decisionais defendido por Washington Peluso Albino de Souza, aplicado sobre toda a temática que compõe o Título "Da Ordem Econômica e Financeira", assim entendido:

> Os parâmetros ideológicos a serem obedecidos nas decisões formuladas a partir da "linha de maior vantagem" e sentido do "interesse", que é o motor da atividade econômica na direção dos objetivos ideológicos, tal como aí se encontram modelados e definidos. Para atingi-los, penetra-se na área da *circunstancialidade*, aplicando-se os princípios adequados às medidas de política econômica mais convenientes.[43]

Sobre esses princípios balizadores dos direitos fundamentais, consagrados na Constituição de 1988, Robert Alexy atribui a nomenclatura de mandamentos de otimização, que são caracterizados por poderem ser satisfeitos em graus variados e pelo fato de que a medida devida de sua satisfação não depende somente das possibilidades fáticas, mas também das possibilidades jurídicas,[44] já que são os princípios que desempenham um papel propriamente constitucional, a saber, constitutivo da ordem jurídica.[45]

Nesse sentido, cumpre destacar que esses direitos fundamentais que antes buscavam proteger reinvindicações comuns a todos os homens, passaram a, igualmente, proteger seres humanos que se singularizam pela influência de certas situações específicas em que apanhados. Alguns indivíduos, por conta de certas peculiaridades, tornam-se merecedores de atenção especial, exigida pelo princípio do respeito à dignidade da pessoa humana. Daí a consagração de direitos especiais, como o direito do consumidor, para tratamento das situações de superendividamento. O homem não é mais visto em abstrato, mas na concretude das suas diversas maneiras de ser e de estar na sociedade.[46]

---

[43] SOUZA, Washington Peluso Albino de. *Teoria da Constituição Econômica*. Belo Horizonte: Del Rey, 2002, p. 383.

[44] ALEXY, Robert. *Teoria dos direitos fundamentais*. São Paulo: Malheiros, 2008, p. 90.

[45] ZAGREBELSKY, Gustavo. *El derecho dúctil*: ley, derechos, justicia. 9. ed. Madrid: Trotta, 2009, p. 110.

[46] MENDES, Gilmar Ferreira et al. *Curso de direito constitucional*. 5. ed. São Paulo: Saraiva, 2010, p. 330.

De outra banda, o Código de Defesa do Consumidor trouxe uma nova concepção contratual que está essencialmente estruturada sobre os princípios da equidade e de boa-fé. A afronta a estes princípios rompe o desejado e justo equilíbrio econômico da relação jurídica de consumo, fazendo ruir o Direito e passa a representar uma vantagem excessiva para o fornecedor e um ônus não razoável para o consumidor, pelo que se torna imprescindível a atuação do Estado, na defesa do sujeito vulnerável, com o objetivo de harmonizá-la e equilibrá-la.[47]

Porém, o problema do superendividamento no Brasil nunca recebeu o devido tratamento jurídico-normativo e também econômico, tanto que a maioria dos conflitos advindos de relações contratuais envolvendo concessão de crédito ao consumidor são resolvidas pelo Poder Judiciário em ações revisionais, por exemplo, não havendo mecanismos efetivos à disposição da sociedade para resolução extrajudicial ou conciliatória do impasse.

Entretanto, como comentado alhures, esse problema tem se mostrado, durante a última década, um verdadeiro desafio para as instituições democráticas e para o próprio ambiente mercantil, o que tem sido, desde então, objeto de estudo de alguns juristas brasileiros que ousaram dar destaque e a devida atenção às vicissitudes apresentadas.

Esses primeiros passos do direito brasileiro em busca de uma tutela eficaz e satisfatória contra o superendividamento do consumidor de crédito, tem histórico no Estado do Rio de Grande do Sul, com o Observatório do Crédito e Superendividamento do Consumidor,[48] coordenado por Cláudia Lima Marques, Káren Rick Danilevicz Bertoncello e Clarissa Costa de Lima, cujo objetivo é diagnosticar os principais problemas na concessão do crédito, promover o estímulo e trocas de experiências e a integração das políticas públicas e ações de prevenção e tratamento do superendividamento com o apoio do Ministério da Justiça.

Ainda no Rio Grande do Sul, por intermédio do Tribunal de Justiça (TJRS), foi criado o projeto piloto de tratamento do

---

[47] CAVALIERI FILHO, Sérgio. *Programa de direito do consumidor*. São Paulo: Atlas, 2008, p. 89.
[48] Disponível em: http://www.ufrgs.br/ocsc/. Acesso em: 28 ago. 2019.

consumidor superendividado,[49] inédito no país, e, expressivamente eficaz no trato das situações de endividamento. Nessa sistemática, o acordo entre o credor e o consumidor, em audiência, é considerado um título judicial. Essa sentença/título apresenta várias vantagens: para o fornecedor, poupa o processo de conhecimento e permite recuperar dívidas muitas vezes consideradas já perdidas pelos fornecedores (geralmente o acordo prevê o pagamento, em primeiro lugar, das dívidas pequenas, deixando as maiores e o próprio consignado para depois); e para o consumidor de boa-fé, permite, já no primeiro pagamento a qualquer dos credores, a retirada do seu nome do SPC (e outros bancos de dados negativos) e mantém plena sua dignidade (e de sua família).[50]

Talvez a concreção de todas essas medidas e preceitos constitucionais não esteja tão distante da realidade jurídica e econômica brasileira, já que o superendividamento entrou na pauta nacional de forma definitiva em 2012, com o Projeto de Lei nº 283/2012, em tramitação no Senado Federal, que altera a Lei nº 8.078, de 11 de setembro de 1990 (Código de Defesa do Consumidor), para aperfeiçoar a disciplina do crédito ao consumidor e dispõe sobre a prevenção do superendividamento.

Novos instrumentos ou técnicas de proteção foram incluídos no projeto de lei, visando, primeiramente, prevenir o superendividamento da pessoa física de boa-fé com inspiração na legislação de direito comparado, especialmente europeia. Valorizaram-se as experiências pioneiras de tratamento global[51]

---

[49] Com maior aprofundamento teorético e prático conferir: LIMA, Clarissa Costa; BERTONCELLO, Karen Rick Danielevicz. *Superendividamento aplicado:* aspectos doutrinários e a experiência no Poder Judiciário. Rio de Janeiro: 2010. Sobre esta obra, ainda assinala Antônio Herman Benjamim: "A autora conseguiu valorizar os planos de pagamento que caracterizam os sistemas de falência europeus sem rejeitar de imediato a contribuição dos sistemas de falência da *common law*. Com criatividade desenha um modelo singular de falência, absorvendo os principais ensinamentos da experiência francesa e americana. A novidade está na possibilidade de combinar o plano de pagamento com o perdão das dívidas no mesmo procedimento com mecanismos que visam afastar os perigos do estímulo ao empréstimo irresponsável ou do incentivo ao não pagamento das dívidas". *In:* BENJAMIN, *op. cit.* p. 547.

[50] MARQUES, *op. cit.*, p. 34.

[51] Na verdade, sempre que possível, garantindo o devido equilíbrio e harmonização dos interesses econômicos do negócio jurídico, a exemplo do direito europeu. *In:* LÓPEZ, María José Reyes. *Manual de derecho privado de consumo.* Madrid: La Ley, 2009, p. 49; ÁLVAREZ, Carlos Lasarte. *Manual sobre protección de consumidores y usuarios.* 4. ed. Madrid: Dykinson,

em audiências conciliatórias com todos os credores para elaborar e aprovar planos de pagamento das dívidas dos consumidores, como é feito pelo Poder Judiciário do Rio Grande do Sul, através do projeto anteriormente mencionado.[52]

Na verdade, o projeto de lei, desafia criar um modelo de falência adequado à realidade brasileira, considerando a heterogeneidade de seus consumidores, ou seja, que possa ser útil a consumidores de distintas classes sociais, sem olvidar aqueles desfavorecidos, sem bens e sem renda, conhecidos no direito comparado como NINA (*no income, no assets*).[53]

Ainda segundo o projeto de lei, haveria a possibilidade de adesão do consumidor ao processo de repactuação de dívidas, que seria incluído no Título III do CDC, com capítulo próprio, V, que regularia a Conciliação no Superendividamento, artigo 104-A.

Nesse sentido, a requerimento do consumidor superendividado pessoa física, o juiz[54] poderia instaurar processo de repactuação de dívidas, visando à realização de audiência conciliatória, presidida por ele ou por conciliador, na presença de todos os credores, oportunidade na qual o consumidor apresentaria proposta de plano de pagamento com o prazo máximo de 5 (cinco) anos.

Dessa forma, partindo-se de uma necessidade latente da sociedade brasileira que, na qual atualmente, conforme os dados obtidos pela PEIC/CNC acima destacados, as pessoas encontram-se na sua grande maioria superendividadas, necessário se faz o aprofundamento do estudo científico do superendividamento do consumidor de crédito no Brasil, rumo à busca de uma tutela

---

2010, p. 56. Essa na verdade é a expressão máxima de consolidação do princípio da transparência, já que, conforme assinala Rizzatto Nunes, não tem sentido lógico ou jurídico obrigar o consumidor a cumprir cláusulas contratuais criadas unilateralmente pela vontade e decisão do fornecedor, sem antes permitir que o consumidor tome conhecimento de seu inteiro teor, bem como sem que ele (consumidor) compreenda o sentido e alcance do texto imposto. *In*: NUNES, Rizzatto. *Curso de direito do consumidor*. São Paulo: Saraiva, 2004, p. 596.

[52] BENJAMIN, *op. cit.*, p. 547.

[53] *Ibid.*, p. 547-548.

[54] Inspirado, por certo, nas *defining function* do juiz norte-americano e tendo que o próprio CPC acena para a figura de um "juiz ativo" (arts. 125, 129 e 601), o CDC cuidou de cercar o magistrado de certas atribuições que, em boa medida, excedem as que lhe são ordinariamente atribuídas no sistema processual comum e, a certos respeitos, até as inovam. *In*: MANCUSO, Rodolfo de Camargo. *Manual do Consumidor em Juízo*. 3. ed. São Paulo: Saraiva, 2001, p. 16.

satisfatória, de políticas públicas, com opções congruentes, equânimes e, principalmente, eficazes no combate ao uso indiscriminado do crédito pelas famílias brasileiras.

Porém, apesar das experiências exitosas do direito norte-americano e europeu, importante a ressalva realizada por Clarissa Lima sob a corporificação destas no direito brasileiro, senão vejamos:

> Em que pese os modelos americano e francês tenham se aproximado, o primeiro condicionando o perdão ao pagamento de parte das dívidas e o segundo dispensando o pagamento nos casos mais graves de superendividamento, o fundamento que embasou as modificações legislativas é distinto. A lei americana reflete um paradigma liberal em que a falência do consumidor é um instrumento de regulação de mercado, serve para eficiência e mercado e, portanto, tem uma justificativa econômica. De outro lado o sistema francês tem uma orientação social, engajando-se na luta dos poderes públicos contra a pobreza. A igualdade e a justiça, somadas à noção de solidariedade, mais do que a eficácia econômica, são os valores fundamentais que legitimam a proteção dos superendividados na França.[55]

Por essas razões, concordamos com a implantação de um modelo híbrido no Brasil, assim como assinala Clarissa Lima, ou seja, com elementos do sistema francês e do sistema norte-americano, devendo o legislador brasileiro ser orientado pelas seguintes diretrizes:[56]

> a) A regulação da falência deve ter como objetivo não somente o reembolso dos credores, mas a atenuação dos efeitos sociais do superendividamento para o devedor, sua família e para a sociedade;
>
> b) A falência deve prever medidas que mitiguem as consequências negativas do estigma, culpa, risco moral, entre outros fatores que possam dificultar a realização dos objetivos visados;
>
> c) A falência deve ser inclusiva, acolhendo superendividados passivos e os ativos inconscientes, esses últimos mediante a análise da sua boa-fé em cada caso concreto;
>
> d) A falência deve prever uma fase conciliatória visando à realização de planos de pagamento consensuais, incentivando o reembolso das dívidas e o cumprimento dos contratos;

---

[55] LIMA, Clarissa Costa de. *O tratamento do superendividamento e o direito de recomeçar dos consumidores.* São Paulo: Revista dos Tribunais, 2014, p. 179.

[56] *Ibid.*, p. 179-180.

e) Os planos de pagamento devem conter as medidas necessárias para viabilizar o reembolso das dívidas de acordo com o orçamento do consumidor, não podendo comprometer o mínimo existencial que deverá ser resguardado como garantia da dignidade da pessoa humana.

f) A duração dos planos pode ser fixada pelo legislador, aplicando-se igualmente a todos os consumidores ou pelo juiz de acordo com as circunstâncias de cada caso;

g) Os consumidores sem bens e sem rendas, ou seja, sem condições de cumprir um plano de pagamento não devem ser discriminados pelo sistema de falência, recomendando-se um regime especial para evitar o agravamento de sua exclusão social;

h) Recomenda-se o perdão de dívidas nas situações mais graves de superendividamento, ou seja, quando o consumidor de boa-fé não tem bens e nem renda para reembolsar os credores. O perdão, que pode ser condicionado ao cumprimento de alguns deveres pelo consumidor, faz prevalecer os valores existenciais sobre os patrimoniais em respeito ao princípio constitucional da dignidade da pessoa humana.

Acredita-se, portanto, serem esses alguns dos novos instrumentos e novas "válvulas de escape" para a prevenção e combate ao superendividamento do consumidor de crédito no Brasil.

Conclusão

Partindo-se de uma necessidade latente da sociedade brasileira que, atualmente, conforme os dados obtidos pela PEIC/CNC anteriormente destacados, encontra-se na sua grande maioria superendividada, necessário se faz o aprofundamento do estudo científico do superendividamento do consumidor de crédito no Brasil, rumo à busca de uma tutela satisfatória, de políticas públicas com opções congruentes, equânimes e, principalmente, eficazes no combate ao uso indiscriminado do crédito pelas famílias brasileiras.

Como abordado anteriormente, existe uma necessidade muito clara de se regulamentar o tratamento jurídico-normativo do consumidor superendividado, sendo essa uma imposição constitucional de salvaguarda dos direitos humanos, que se inicia com a proteção e respeito à dignidade da pessoa humana prevista na CRFB/88.

Porém, a proteção desses direitos fundamentais envolve grandes interesses econômicos e políticos, a exemplo do tratamento do consumidor superendividado, que desde a Constituição Federal de 1988 e do Código de Defesa do Consumidor em 1990, não possui uma tutela jurídica específica.

O projeto de Lei nº 283/2012 pode ser considerado como um instrumento salutar e propício a constituir no Brasil um novo paradigma de proteção dessa categoria de consumidores, corporificando as experiências exitosas do direito europeu e norte-americano, criando assim um sistema híbrido com base nas diretrizes anteriormente narradas pelo estudo constituído por Clarissa Lima.

Pode-se afirmar que o sistema jurídico brasileiro necessita urgentemente de um novo instrumento apto a regular com eficácia as situações de superendividamento, considerando-se como anormal e preocupante que mais de 60% (sessenta por cento) das famílias brasileiras encontrem-se em situação de endividamento, considerando as fontes utilizadas no presente trabalho.

A adoção de um sistema de falência para os consumidores (pessoa física) é o reconhecimento de que o superendividamento não é apenas um problema privado, mas tem reflexos em toda a sociedade e, por isso, merece a atenção dos poderes públicos.

Assim, a necessidade de implantação dessas novas "válvulas de escape" no sistema brasileiro,constitui-se como uma exigência apta a prevenir e combater o superendividamento do consumidor de crédito no Brasil.

Referências

ALEXY, Robert. *Teoria dos direitos fundamentais.* São Paulo: Malheiros, 2008.

ÁLVAREZ, Carlos Lasarte. *Manual sobre Protección de consumidores y usuarios.* 4. ed. Madrid: Dykinson, 2010.

BACEN. *Consumo e Finanças:* Boletim nº 4 – Operações de Crédito. Abril/2012. Disponível em: http://www.bcb.gov.br/Fis/decic/bolconfin/Boletim_Consumo_e_Finan%E7as4.pdf. Acesso em: 25 abr. 2014.

BEAUBRUN, Marcel. *La Notion de Consommateur de Crédit.* Paris: Litec, 1982.

BENJAMIN, Antônio Herman. O tratamento do superendividamento e o direito de recomeçar dos consumidores, de Clarisse Costa de Lima. *Revista de Direito do Consumidor,* São Paulo, Revista dos Tribunais, n. 92, mar./abr. 2014.

CALAIS-AULOY, Marie-Thérèse; STEINMETZ, Frank. *Droit de La Consommation.* 4. ed. Paris: Dalloz, 1996.

CAVALIERI FILHO, Sérgio. *Programa de Direito do Consumidor*. São Paulo: Atlas, 2008.

CNC. Confederação Nacional do Comércio de Bens, Serviços e Turismo. *Pesquisa Nacional de Endividamento do Consumidor (PEIC) – Janeiro 2014*. Disponível em: http://www.cnc.org. br/ sites/default/files/ arquivos/peic_janeiro_2014.pdf. Acesso em: 21 mar. 2014.

COSTA, Geraldo de Faria Martins da. *Superendividamento*: a proteção do consumidor de crédito em direito comparado brasileiro e francês. São Paulo: Revista dos Tribunais, 2002.

DAVIDSON, Paul. *John Maynard Keynes*. São Paulo: Actual, 2011.

DE LUCCA, Newton. *Direito do consumidor*. São Paulo: Quartier Latin, 2003.

DIMOULIS, Dimitri; MARTINS, Leonardo. *Teoria geral dos direitos fundamentais*. 2. ed. São Paulo: Revista dos Tribunais, 2009.

FILOMENO, José Geraldo Brito Filomeno. *Manual de direitos do consumidor*. 9. ed. São Paulo: Atlas, 2007. p. 104.

FRANCO, Marielza Brandão. O superendividamento do consumidor: fenômeno social que merece regulamentação legal. *Revista de Direito do Consumidor*, São Paulo, Revista dos Tribunais, n. 74 abril/junho 2010.

FURTADO, Celso. *Desenvolvimento e subdesenvolvimento*. Rio de Janeiro: Contraponto, 2009.

GALBRAITH, John Kenneth. *A economia das fraudes inocentes*. São Paulo: Companhia das Letras, 2004.

GALDINO, Valéria Silva. *Cláusulas abusivas*. São Paulo: Saraiva, 2001.

GJIRADA, Sophie. *L'endettement el le Droit Privé*. Paris: LGDJ, 1999.

GRAU, Eros Roberto. *A ordem econômica na Constituição de 1988*. 14. ed. São Paulo: Malheiros, 2010.

IDEC, Instituto Brasileiro de Defesa do Consumidor. *Estudo sobre crédito e superendividamento dos consumidores dos países do Mercosul*: Superendividamento no Brasil. São Paulo: IDEC, 2008.

KEYNES, John Maynard. *As consequências econômicas da paz*. São Paulo: UNB, 2002.

LEOPOLDINO DA FONSECA, João Bosco. *Direito econômico*. 2. ed. Rio de Janeiro: 1998.

LIMA, Clarissa Costa; BERTONCELLO, Karen Rick Danielevicz. *Superendividamento aplicado*: aspectos doutrinários e a experiência no Poder Judiciário. Rio de Janeiro: 2010.

LÓPEZ, María José Reyes. *Manual de derecho privado de consumo*. Madrid: La Ley, 2009.

MANCUSO, Rodolfo de Camargo. *Manual do consumidor em juízo*. 3. ed. São Paulo: Saraiva, 2001.

MARQUES, Cláudia Lima. Algumas perguntas e respostas sobre a prevenção e tratamento do superendividamento dos consumidores pessoas físicas. *Revista de Direito do Consumidor*, São Paulo, Revista dos Tribunais, n. 75, jul./set. 2010.

MARQUES, Cláudia Lima; LIMA, Clarissa Costa de. Nota sobre as conclusões do Banco Mundial em matéria de superendividamento dos consumidores pessoas físicas. *Revista de Direito do Consumidor*, São Paulo, Revista dos Tribunais, n. 89, set./out. 2013.

MARQUES, Manuel Maria Leitão. *O endividamento dos consumidores*. Lisboa: Almedina, 2000.

MENDES, Gilmar Ferreira *et al. Curso de direito constitucional*. 5. ed. São Paulo: Saraiva, 2010.

NUNES, António José Avelãs. *Neoliberalismo e direitos humanos*. São Paulo: Renovar, 2003.

NUNES, Rizzatto. *Curso de Direito do Consumidor*. São Paulo: Saraiva, 2004.

OLIVEIRA, Juliana Andréa. O Superendividamento do consumidor: aspectos conceituais e mecanismos de solução. *Revista de Direito Lex Humana*, Rio de Janeiro, Petrópolis, v. 3, n. 1, 2011.

PERELMAN, Chaim. *Ética e direito*. São Paulo: Martins Fontes, 1999.

PIOVESAN, Flávia. *Direitos humanos e o direito constitucional internacional*. São Paulo: Max Limonad. 1997.

POLANYI, Karl. *A grande transformação: as origens de nossa época*. Rio de Janeiro, Elsevier, 2012.

SACHS, Ignacy. *Desenvolvimento includente, sustentável, sustentado*. Rio de Janeiro: Garamond, 2008.

SEN, Amartya; KLIKSBERG, Bernado. *As pessoas em primeiro lugar: a ética do desenvolvimento e os problemas do mundo globalizado*. São Paulo: Companhia das Letras, 2010.

SILVEIRA, Reynaldo Andrade da. *Práticas Mercantis no direito do consumidor*. 2. ed. Curitiba: Juruá, 1999

SMITH, Adam. *A riqueza das nações*. São Paulo: Madras, 2009..

SOARES, Ardyllis Alves (Trad.). Conclusões do Relatório Mundial sobre o Tratamento do Superendividamento e Insolvência da Pessoa Física. *Revista de Direito do Consumidor*, São Paulo, Revista dos Tribunais, n. 89, set./out. 2013.

SOUZA, Washington Peluso Albino de. *Lições de direito econômico*. Porto Alegre: Sérgio António Fabris, 2002.

SOUZA, Washington Peluso Albino de. *Teoria da Constituição Econômica*. Belo Horizonte: Del Rey, 2002.

WRIGHT, David McCord. *Capitalismo*. Rio de Janeiro: Fundo de Cultura, 1959.

ZAGREBELSKY, Gustavo. *El derecho dúctil: ley, derechos, justicia*. 9. ed. Madrid: Trotta, 2009.

CAPÍTULO 4

GLOBALIZAÇÃO ECONÔMICA E SUPERENDIVIDAMENTO DO CONSUMIDOR NA ERA DA HIPERMODERNIDADE

FELIPE GUIMARÃES DE OLIVEIRA
SUZY ELIZABETH CAVALCANTE KOURY

1 Introdução

O presente estudo objetiva discutir um fenômeno que se faz cada vez mais presente na sociedade "hipermoderna", qual seja, o endividamento da população, que sempre foi estimulado pelo capitalismo, mas nunca nas dimensões hodiernas.

As pessoas desejam os produtos eletrônicos mais novos, ainda que os antigos lhes sirvam perfeitamente. O importante é ser proprietário de um objeto de desejo social, postar fotos na internet, demonstrar poder e felicidade para toda a sociedade.

Não há limites para a satisfação desse desejo de ser feliz possuindo bens materiais, o que tem resultado em crescentes índices de endividamento das famílias e fomentado saques a lojas e assaltos, além de outros crimes, por aqueles que não conseguem obtê-los pelos meios corretos. Há uma questão social e econômica grave, que precisa ser enfrentada.

Bauman[1] retrata com precisão essa nova sociedade, ao descrever as pessoas que não conseguem exercer o seu papel de consumidoras acima de tudo. Afirma ele:

> Para consumidores fracassados, meras versões atualizadas dos pobres, não comprar é o estigma odioso e supurante de uma vida frustrada, uma marca de inexistência e inutilidade. Não apenas de ausência de prazer, mas de ausência de sentido na vida. Em última análise, de ausência de humanidade e de qualquer outra base para o amor-próprio e o respeito dos outros.

Essa constatação ressalta a necessidade do estabelecimento de políticas públicas que evitem e combatam o superendividamento, precisamente o que se pretende discutir neste trabalho. Para tanto, discorrer-se-á, primeiramente, sobre a introdução do modo de produção capitalista, que transformou tudo e todos em mercadorias, inclusive os consumidores.

A expansão do capitalismo e a consequente oferta exacerbada de crédito foi um fator determinante para a formação desse quadro. Ocorre que em uma sociedade de massas, altamente consumista e sem educação financeira, o crédito tornou-se perigoso. Em várias situações, observa-se que o consumidor brasileiro pede empréstimos para pagar outros empréstimos, em um ciclo contínuo que desencadeia uma situação de endividamento excessivo.

Em uma pesquisa bibliográfica e documental, revisitando a literatura acerca do tema e analisando documentos oficiais acerca da globalização, do consumismo e do superendividamento do consumidor no Brasil, o trabalho discute a problemática ora apresentada.

Enfrentar-se-á a passagem da produção manufatureira para a em massa e, após, para a acumulação flexível, cabendo referir que as duas últimas coexistem em um mesmo mercado e impõem que se proteja os consumidores de massa, vítimas mais frequentes do apelo ao consumo exacerbado e ao superendividamento.

Em um segundo momento, enfrentar-se-á a formação econômica do Brasil e a "procissão de milagres", que, como ensina Sérgio Buarque de Hollanda,[2] marcaram o nosso capitalismo

---

[1] BAUMAN, Zygmunt. *A riqueza de poucos beneficia todos nós?* Rio de Janeiro: Zahar, 2015, p.67.
[2] *Apud* CARDOSO DE MELLO, João Manoel; NOVAIS, Fernando. *Capitalismo tardio e sociabilidade moderna.* 2. ed. Campinas: Unesp/Facamp, 2009, p. 93.

periférico e nos direcionaram ao neoliberalismo em um mundo globalizado.

Por fim, tratar-se-á do superendividamento na era da hipermodernidade, como entendida por Lipovestky,[3] com fulcro na observação do Estado brasileiro, de uma política de prevenção ao superendividamento no Brasil.

2 Capitalismo, mercado de massas e globalização econômica

O modelo ético das civilizações antigas, baseado no altruísmo, na máxima de Platão "não devemos fazer aos outros o que não queremos que eles nos façam" e no ensinamento evangélico de que o reino de Deus pertence aos pobres, foi desconstruído pelo capitalismo, que os substituiu pelo princípio ético (ou aético) supremo da busca de cada indivíduo pelo próprio interesse material, esforçando-se para alcançar a sua felicidade, mesmo que em detrimento do restante da sociedade. Como afirma Comparato:[4]

> Em suma, segundo a concepção egoísta, é inútil procurar uma felicidade coletiva, como ensinaram os filósofos gregos, pois a sociedade nada mais é do que uma coleção de indivíduos. O que importa é que cada qual se esforce para alcançar, racionalmente, sua própria felicidade pessoal. Com base em tais orientações, como ninguém ignora, o sistema capitalista sempre funcionou tendo em vista o interesse próprio dos empresários, desconsiderando inteiramente o bem comum da coletividade, de modo geral, e os direitos dos trabalhadores e consumidores, em especial.

Essa característica do capitalismo pode ser detectada desde o seu surgimento, na Inglaterra do final do século XVIII e início do século XIX, durante a Revolução Industrial, quando o modo de produção deixou de ser artesanal, inaugurando a primeira etapa da criação da sociedade de massas no mundo.

---

[3] LIPOVETSKY, Gilles. CHARLES, Sébastien. *Os tempos hipermodernos*. São Paulo: Barcarrola, 2004. p. 56.

[4] COMPARATO, Fábio Konder. *A civilização capitalista*. São Paulo: Saraiva, 2013, p. 51.

O modo de produção capitalista industrial dependia da transformação de tudo em mercadoria, inclusive dos trabalhadores e dos consumidores.

O lucro era baseado no baixo custo da mão de obra, garantido pela intervenção do governo da Inglaterra, que expulsou os trabalhadores do campo por meio dos cercamentos e passou a punir a recusa ao trabalho com leis contra a mendicância.[5] Assim, o trabalhador rural foi despossuído de todos os seus meios de produção e privado das garantias que as velhas instituições feudais asseguravam à sua existência, passando a vender a sua força de trabalho, pelos limites máximos impostos para os salários.

No último quartel do século XIX, o capitalismo industrial evoluiu para o monopolista, em que cada capitalista elimina outro capitalista, o que já havia sido reconhecido pelo próprio Adam Smith,[6] apesar de, na política do *laissez-faire*, em tese, as forças da concorrência e da demanda regularem a economia, que ficaria completamente livre das restrições do governo ou de suas intervenções.

De fato, as fábricas de grande porte foram as únicas a tirar proveito dos novos e dos mais eficientes avanços tecnológicos, o que levou à eliminação das empresas menores e à associação entre as empresas então concorrentes, que passaram a fundir-se e a formar cartéis e trustes.

Foram criadas condições para a formação de economias dependentes do capital monopolista, com a abertura comercial das áreas subdesenvolvidas, ampliando-se o mercado de consumo, o que foi decisivo para a expansão do capitalismo.

A introdução de uma nova técnica corporativa de negócios por Henry Ford, em 1914, conhecida como fordismo, criou um novo tipo de trabalhador e de homem.

Ford acreditava que o novo tipo de sociedade poderia ser construído simplesmente com a aplicação adequada ao poder corporativo. Afirmava ele:

> O propósito do dia de oito horas e cinco dólares só em parte era obrigar o trabalhador a adquirir a disciplina necessária à operação do sistema de linha de montagem de alta produtividade. Era também dar aos

---

[5] SOUTO MAIOR, Jorge Luiz; SILVA, Alessandro *et al. Direito Humanos*: essência do Direito do Trabalho. São Paulo: LTr, 2007, p. 38-48.

[6] *Cf.* HUNT, E. K. *História do pensamento econômico*. Tradução de José Ricardo Brandão Azevedo e Maria José Brandão Azevedo. 2 ed. 7. t. Rio de Janeiro: Elsevier, 2005, p. 58.

GLOBALIZAÇÃO ECONÔMICA E SUPERENDIVIDAMENTO DO CONSUMIDOR NA ERA DA HIPERMODERNIDADE

trabalhadores renda e tempo de lazer suficientes para que consumissem os produtos produzidos em massa que as corporações estavam por fabricar em quantidades cada vez maiores.[7]

Foram formados mercados de consumo nacionais, principalmente em países então emergentes, como os Estados Unidos, viabilizados pela expansão da oferta de serviços de correio, estradas de ferro e outros meios de comunicação.[8]

O fordismo pode ser considerado uma evolução do taylorismo, primeira forma de divisão do trabalho, criada por Taylor, no final do século XIX e início do século XX, que decompunha cada processo de trabalho, fixando o trabalhador em um determinado posto e o treinando para cumprir tarefas no tempo imposto.

Buscava diminuir o tempo de produção através da introdução da linha de montagem, da concentração e da verticalização do processo produtivo e do estabelecimento do trabalho mecânico e repetitivo, criando os *mass workers* (trabalhadores de massa) em um capitalismo em que a produção também se dava em massa.

Esse novo modelo de divisão do trabalho foi acompanhado de políticas de bem-estar social (estabilidade no emprego e remuneração conforme a produtividade, dentre outras) e pela negociação dos direitos sociais pelos sindicatos, que abandonaram a luta contra o capitalismo, tornando-se estruturas mediadoras do comando do capital sobre o proletariado, em troca de aumentos salariais e de outros benefícios.

No pós-guerra, precisamente de 1945 a 1973, houve um longo período de expansão do capitalismo, que ficou conhecido como " Os trinta anos Gloriosos"[9] ou a "Era de Ouro do Capitalismo",[10] caracterizado pela produção fordista e as ideias keynesianas, em

---

[7] HARVEY, David. *Condição pós-moderna*: uma pesquisa sobre as origens da mudança cultural. Tradução de Adail Ubirajara Sobral e Maria Stela Gonçalves. 25 ed. São Paulo: Loyola, 1989, p. 122.

[8] MACEDO JÚNIOR, Ronaldo Porto. Globalização e Direito do Consumidor. *In*: MARQUES, Claudia Lima; MIRAGEM, Bruno. *Doutrinas Essenciais do direito do consumidor*, v. II, p. 1377-1389, São Paulo: Revista dos Tribunais, 2011, p. 1379.

[9] COMPARATO, *op. cit*, p. 242, ensina que a expressão foi cunhada pelo economista francês Jean Fourastié.

[10] HOBSBAWN, Eric. *Era dos extremos*. Tradução de Marcos Santiago. São Paulo: Companhia das Letras, 2012, p. 253.

um surto de expansões internacionais, que conduziu à criação de um mercado mundial de massa.

Esse período de ouro do capitalismo deveu-se ao grande esforço de reconstrução dos países devastados pela Segunda Guerra Mundial, com destaque ao Plano Marshall, pelo qual os Estados Unidos colaboraram com a reconstrução dos países europeus após a Segunda Guerra.

Todavia, a partir dos anos 1960, houve uma grande queda da taxa de rentabilidade das empresas, causadas pelo aumento do custo do trabalho assalariado nos países desenvolvidos, fazendo com que, em resposta, as empresas passassem a aumentar seus investimentos nos países subdesenvolvidos, surgindo as multinacionais e as transnacionais.

A crise do sistema monetário internacional, nos anos 1970 e a redução do fornecimento do petróleo, em 1973, pelos países produtores dessa *commodity*, agravaram a crise já iniciada e deram ensejo a uma nova fase do capitalismo, que Comparato[11] chama de pós-industrial e outros autores identificam como a fase do neoliberalismo e da globalização.

Nessa fase, o fordismo deu lugar ao que Harvey denomina de acumulação flexível, apoiada na flexibilidade dos processos de trabalho, dos mercados de trabalho, dos produtos e dos padrões de consumo, que parece implicar níveis relativamente altos de desemprego "estrutural" (em oposição a "friccional"), rápida destruição e reconstrução de habilidades, ganhos modestos (quando há) de salários reais (...) e o retrocesso do poder sindical – uma das colunas políticas do regime fordista.[12]

Houve uma intensificação no processo de reprodução do capital, com grandes repercussões no mundo do trabalho, com a disseminação do toyotismo, surgido na fábrica da Toyota, no Japão, baseado na reengenharia e na empresa enxuta, com a produção muito vinculada à demanda, fundada no trabalho operário em equipe e que tem como princípio o *just in time*, entendido como o melhor aproveitamento possível do tempo de produção.[13]

---

[11] COMPARATO, *op. cit.* p. 245.
[12] HARVEY, *op. cit.*, p. 141.
[13] *Cf.* ANTUNES, Ricardo. O neoliberalismo e a precarização estrutural do trabalho na fase de mundialização do capital. *In:* SOUTO MAIOR, Jorge Luiz; SILVA, Alessandro *et al. Direito Humanos:* essência do Direito do Trabalho. São Paulo: LTr, 2007, p. 43-44.

Cabe destacar que os tipos de produção (manufatureira, em massa e flexível) coexistem em um mesmo mercado, havendo consumidores de produtos especiais e sofisticados, ao lado de consumidores de massa, bem mais desprotegidos e vulneráveis,[14] que acabam por ser vítimas do superendividamento.

Ora, é certo que o processo de acumulação do capital exige o constante aumento do consumo global, o que cria a necessidade de se facilitar o crédito aos consumidores e manipular psicologicamente os hábitos, os processos mentais e os padrões sociais das massas,[15] fomentando o superendividamento.

Atualmente, o "caminho da felicidade passa pelas compras",[16] e o endividamento é a sua consequência.

O Brasil, embora tardiamente, adotou o capitalismo e experimentou essa evolução, inclusive no que diz respeito ao endividamento dos consumidores.

Até os anos 30, o Brasil era, segundo Cardoso de Mello,[17] um fazendão, cuja economia se baseava nos "milagres" da cana-de-açúcar e, em seguida, do ouro.

O café foi responsável pelo terceiro "milagre", tendo financiado a industrialização incipiente do país até 1930. A partir de então, copiamos os países desenvolvidos na produção do aço, da eletricidade, da química básica, do petróleo, do automóvel, dos eletrodomésticos e de máquinas e equipamentos mais sofisticados. Todavia, como destaca Cardoso de Mello,[18] a reestruturação do capitalismo internacional, com a Terceira Revolução Industrial e a globalização financeira nos prejudicou.

No auge da crise do petróleo, o Brasil resolveu manter o crescimento econômico por meio do endividamento externo, o que gerou a crise da dívida externa. No final da década de 1980, o país tinha hiperinflação.

A partir dos anos 1990, a economia foi aberta, houve a entrada de recurso externos especulativos, o chamado *hot money*, e se

---

[14] MACEDO JÚNIOR, *op. cit.*, p. 1387.
[15] COMPARATO, 2013, p. 117-118.
[16] BAUMAN, Zygmunt. *A riqueza de poucos beneficia todos nós?* Rio de Janeiro: Zahar, 2015, p. 61.
[17] CARDOSO DE MELLO, João Manoel; NOVAIS, Fernando. *Capitalismo tardio e sociabilidade moderna.* 2. ed. Campinas: Unesp/Facamp, 2009, p. 94.
[18] CARDOSO DE MELLO; NOVAIS, *loc. cit.*

engessou o câmbio, o que freou a subida dos preços e representou mais um "milagre".[19] Era o ápice do neoliberalismo, com a venda de empresas estatais, o corte de gastos sociais e dos direitos trabalhistas. No âmbito do consumo, tem-se, segundo Cardoso de Mello,[20] a substituição da figura do cidadão pela do contribuinte e, especialmente, pela do consumidor. Volta a se impor avassaladoramente a identificação entre modernidade e consumo "padrão primeiro mundo". O cosmopolitismo das elites globalizadas, isto é, seu americanismo, chega ao paroxismo, transmitindo-se à nova classe média, que alimenta a expectativa de combinar o consumo "superior" e os serviçais que barateiam o seu custo de vida.

É esse o panorama do Brasil, que, por óbvio, estimula o superendividamento da população brasileira, o que será abordado a seguir.

3   O fenômeno do superendividamento na era da hipermodernidade e o direito do consumidor no Brasil

A era da hipermodernidade trabalhada por Gilles Lipovetsky[21] abarca um novo conceito de sociedade moderna.[22] Trata-se não mais de sair do mundo da tradição para aceder à racionalidade moderna, e sim de modernizar a própria modernidade, racionalizar a racionalização, ou seja, na realidade destruir os arcaísmos e as rotinas burocráticas, pôr fim à rigidez institucional e aos entraves protecionistas, relocar, privatizar e estimular a concorrência.

Nesse contexto, nasce toda uma cultura hedonista e psicologista que incita à satisfação imediata das necessidades, estimula a urgência dos prazeres, enaltece o florescimento pessoal, coloca no pedestal o paraíso do bem-estar, do conforto e do lazer. Consumir sem esperar, viajar, divertir-se, não renunciar a nada, as políticas

---

[19]   Ibid., p. 97.
[20]   Ibid.
[21]   LIPOVETSKY; CHARLES, 2004, p. 56-57.
[22]   Cf. BAUDRILLARD, Jean. A sociedade de consumo. Portugal: Edições 70, 2008.

do futuro radiante foram sucedidas pelo consumo como promessa de um futuro eufórico.[23] Como idiossincrasia notável da nova era do *"hiper"*, tem-se o constante uso do crédito como instrumento facilitador de consumo que, ao mesmo tempo, aprisiona o consumidor em um ciclo de perpetuação de dívidas e de compras, e que se utiliza de tais recursos da forma mais eloquente possível, com fulcro na satisfação de seus desejos[24] de consumo, que se ressalta, nunca são completamente satisfeitos, extirpando paulatinamente sua capacidade racional de interceder sobre a gestão econômica do seu próprio dinheiro e dos rumos de sua vida financeira e de suas relações de consumo de crédito.

Como introduz Lipovetsky,[25] nasce uma nova modernidade que coincide com a civilização do desejo que se formou ao longo da segunda metade do século XX, constituindo-se como uma revolução indissociável das novas orientações do capitalismo, que preconiza o incitamento perpétuo da procura, da comercialização e da multiplicação indefinida das necessidades. O capitalismo de consumo assumiu a liderança das economias de produção. Em algumas décadas, a *affluent society* abalou os modos de vida e os costumes, insistiu uma nova hierarquia de objetivos, assim como uma nova relação do indivíduo com as coisas e o tempo, consigo próprio e com os outros. Percebe-se que o conjunto das relações sociais dos homens já não é tanto o laço com seus semelhantes quanto, no plano estatístico segundo uma curva ascendente, a recepção e a manipulação de bens e de mensagens, desde a organização doméstica muito complexa

---

[23] LIPOVETSKY; CHARLES, 2004, p. 61.

[24] Agora, num cenário exitosamente transformado, de uma sociedade de produtores (com lucros provindo, sobretudo, da exploração do trabalho assalariado), numa sociedade de consumidores (sendo os lucros oriundos sobretudo da exploração dos desejos de consumo), a filosofia empresarial dominante insiste em que a finalidade do negócio é evitar que as necessidades sejam satisfeitas e evocar, induzir, conjurar e ampliar novas necessidades que clamam por satisfação e novos clientes em potencial, induzidos à ação por essas necessidades: em suma, há uma filosofia de afirmar que a função da oferta é criar demanda. Essa crença se aplica a todos os produtos, sejam eles fábricas ou sociedades financeiras. No que diz respeito à filosofia dos negócios, os empréstimos não são exceção: a oferta de empréstimos deve criar e ampliar a necessidade de empréstimos. *In:* BAUMAN, Zygmunt. *Vida a Crédito*. Rio de Janeiro: Zahar, 2010. p. 28.

[25] LIPOVETSKY, Gilles. *A felicidade paradoxal*: ensaios sobre a sociedade do hiperconsumo. Lisboa: Edições 70, 2015. p. 7.

e com suas dezenas de escravos técnicos, até o mobiliário urbano e todo o maquinário material das comunicações e das atividades profissionais, até o espetáculo permanente da celebração do objeto na publicidade e as centenas de mensagens diárias emitidas pelas mídias de massa.[26] Esse espetáculo, constituído a partir do desenvolvimento de instrumentos de controle das massas, por meio do rádio, do cinema e da imprensa, será designado por Theodor Adorno como "A indústria cultural",[27] expressão introduzida, inicialmente, na obra *Dialética do Esclarecimento*,[28] escrita em coautoria com Max Horkheimer.

Uma verdadeira civilização do espetáculo de um mundo onde o primeiro lugar na tabela de valores vigentes é ocupado pelo entretenimento, onde divertir-se, escapar do tédio, é a paixão universal. Esse ideal de vida é perfeitamente legítimo, sem dúvida. Mas transformar em valor supremo essa propensão natural a divertir-se gera consequências inesperadas: banalização da cultura, generalização da frivolidade e, no campo da informação, a proliferação do jornalismo irresponsável da bisbilhotice e do escândalo[29] com consequências negativas como o superendividamento.

O capitalismo de consumo da hipermodernidade perpassa por três grandes ciclos: o primeiro, com relação intrínseca aos chamados mercados de massa, o que envolve o sistema de produção de bens de consumo e prestação de serviços, fortemente influenciado pelo *marketing* agressivo e pelo assédio de consumo.

O ciclo I da era do consumo de massa começa por volta dos anos 1980 do século XIX e termina com a Segunda Guerra Mundial, ciclo que assiste à constituição no lugar dos pequenos mercados locais, dos grandes mercados nacionais, possíveis a partir das infraestruturas modernas de transporte de comunicação: caminhos de ferro, telégrafo, telefone, entre outros.[30]

É nessa perspectiva que uma tríplice invenção se sedimenta: marca, embalagem e publicidade. Até os anos 80 do século XIX,

---

[26] BAUDRILLARD, Jean. *O sistema dos objetos*. 5. ed. São Paulo: Perspectiva, 2015. p. 14.

[27] ADORNO, Theodor. *Indústria cultural e sociedade*. São Paulo: Paz & Terra, 2015.

[28] ADORNO, Theodor; HORKHEIMER, Max. *Dialética do esclarecimento*. São Paulo: Zahar, 1985.

[29] VARGAS LLOSA, Mario. *A civilização do espetáculo*. Rio de Janeiro: Objetiva, 2013. p. 30. No mesmo sentido, DEBORD, Guy. *A sociedade do espetáculo*. Rio de Janeiro: Contraponto, 1997.

[30] LIPOVETSKY, 2015. p. 23.

GLOBALIZAÇÃO ECONÔMICA E SUPERENDIVIDAMENTO DO CONSUMIDOR NA ERA DA HIPERMODERNIDADE

os produtos eram anônimos, vendidos a granel, e as marcas nacionais em número muito reduzido. Devido a controlar o fluxo de produção e a rentabilizar os seus equipamentos, as novas indústrias começaram a acondicionar elas próprias os seus produtos, fazendo publicidade da sua marca à escala nacional. O aparecimento das grandes marcas e dos produtos acondicionados transformou profundamente a relação do consumidor no mercado de consumo, destruindo a antiga relação comercial com o típico vendedor e transformando o cliente tradicional no consumidor moderno, um consumidor que era necessário educar, e seduzir, nomeadamente, por meio da publicidade.[31]

A produção em massa fez-se acompanhar da invenção de um comércio de massa impulsionado pelo grande armazém, que por intermédio da publicidade, da animação e de uma decoração rica, desencadeou um processo de democratização do desejo, transformando os lugares de venda em palácios de sonho, revolucionando um processo histórico e a relação do homem com o consumo. O ciclo I inventou o consumo-sedução, o consumo-distração de que somos fiéis herdeiros.[32]

Passando para outro patamar de comportamento do consumidor e reestruturação do mercado de consumo, o ciclo II dá origem a um poder de compra discricionário em camadas sociais cada vez mais alargadas, que podem aspirar, confiantes, ao melhoramento constante de seus recursos. Esse ciclo também prosperou na difusão do crédito e permitiu à maioria das pessoas libertarem-se da urgência das necessidades imediatas. Pela primeira vez, as massas ascendem a uma procura material psicologizada e mais individualizada, a um modo de vida (bens duradouros, atividades de lazer, férias, moda, entre outros) até então exclusivo das elites sociais.[33]

As palavras-chave no ciclo II, na organização industrial, passam a ser: especialização, estandardização, repetitividade e aumento do volume de produção. Trata-se de fabricar produtos estandardizados em grande quantidade, processo este que foi

---

[31] *Ibid.*, p.25-26.
[32] LIPOVETSKY, 2015, p. 26-28.
[33] *Ibid.*, p.28-29.

90 | SUZY ELIZABETH CAVALCANTE KOURY, FELIPE GUIMARÃES DE OLIVEIRA
DIREITO ECONÔMICO E CONCORRÊNCIA

possibilitado pela automatização e pelas cadeias de montagem. A lógica da quantidade domina esse ciclo.[34] No decurso desse ciclo, edifica-se a sociedade de consumo de massa, propriamente dita, enquanto projeto e objetivos supremos na parte ocidental do mundo. Nasce uma nova sociedade, na qual o crescimento, as melhorias das condições de vida e os principais vetores do consumo se tornam os critérios por excelência do progresso. Nesse contexto, há todo um ambiente de estimulação dos desejos, a euforia publicitária, a imagem luxuriante das férias, a sexualização dos símbolos e dos corpos. Trata-se de um tipo de sociedade que substitui a coerção pela sedução, o dever pelo hedonismo, a poupança pela despesa, a solenidade pelo humor, o recalcamento pela libertação, as promessas do futuro pelo presente e o crédito encorajado para que se possa comprar as maravilhas da terra da abundância, para que o indivíduo concretize os seus desejos sem ter de esperar.[35]

Essa é a formatação da sociedade de consumo de objetos, em uma espécie de liturgia formal aos bens de consumo, que segundo Baudrillard,[36] se insere quadro de evidência fantástica do consumo e da abundância, criada pela multiplicação dos objetos, dos serviços e dos bens materiais, originando uma categoria de mutação fundamental na ecologia da espécie humana. Nesse sentido, os homens de opulência (afortunados) não se encontram rodeados, como sempre acontecera na história, por outros homens, mas sim por objetos.[37]

É nesse cenário que as economias modernas vão esbarrar nos novos desafios da hipermodernidade, como o desafio do superendividamento, um reflexo direto e causal da nova sociedade de consumo que se configurou, de maneira mais expressiva, dentro do atual ciclo III do capitalismo tratado por Lipovetsky.

O superendividamento do consumidor pessoa física pode ser definido como a impossibilidade de pagamento de dívidas contraídas por um tomador de crédito, geralmente, o consumidor

---

[34] *Ibid.*, p.29.

[35] *Ibid.*, p.30-31.

[36] BAUDRILLARD, Jean. *O sistema dos objetos.* 5. ed. São Paulo: Perspectiva, 2015. p. 13.

[37] Exemplo dessa sofisticação são os novos produtos desenhados para pagamento de contas, assim como a parceria empresarial realizada pela operadora de cartão de crédito *"Visa"* e a marca suíça de relógios *"Swatch"*, com a criação do *"Swatch Bellamy"*. *Cf.* VISA. Swatch Bellamy: Pague com a segurança Visa e com o estilo de um relógio suíço. Disponível em: https://www.visa.com.br. Acesso em: 20 nov. 2016.

de boa-fé, no momento de seu vencimento ou a partir do momento em que o débito torna-se exigível por parte do credor.[38]

Por sua vez, Cláudia Lima Marques[39] destaca que o superendividamento é um estado da pessoa física leiga (o não profissional ou o não empresário, que pode vir à falência), um devedor de crédito que o contraiu de boa-fé, mas que, agora, se encontra em uma situação de impossibilidade (subjetiva) global (universal e não passageira) de adimplir todas as suas dívidas atuais e futuras de consumo com a sua renda e seu patrimônio (ativo) por um período de tempo razoável.

No Brasil, o quadro do superendividamento se intensificou com a política do novo desenvolvimentismo, expressão utilizada por autores como Nelson Barbosa,[40] João Sicsú e Armando Castelar,[41] Luiz Gonzaga Belluzzo,[42] Emir Sader,[43] Jorge Mattoso[44] e Luiz Carlos Bresser-Pereira,[45] que adotam a ideia de que a política econômica dos presidentes Lula e Dilma resulta na adoção de um novo modelo de desenvolvimento, caracterizado por estímulo ao crescimento, acompanhado de uma política distributiva. Assim, as medidas de política econômica voltadas à expansão do mercado interno e a forte atuação do Estado para reduzir a desigualdade na distribuição de renda implicaram uma nova dinâmica da economia brasileira após 2003.

---

[38] OLIVEIRA, Felipe Guimarães de. *O superendividamento na sociedade brasileira e os desafios para uma tutela jurídico-econômica de proteção ao consumidor no século XXI.* Dissertação de Mestrado. Centro Universitário do Estado do Pará (CESUPA), 2016. p. 92.

[39] MARQUES, Cláudia Lima. Algumas Perguntas e Respostas sobre a Prevenção e Tratamento do Superendividamento dos Consumidores Pessoas Físicas. *In: Doutrinas Essenciais do Direito do Consumidor.* Vol. II. São Paulo: Revista dos Tribunais, 2011. p. 574.

[40] BARBOSA, Nelson. Dez anos de política econômica. *In:* SADER, Emir. *10 anos de governos pós-neoliberais no Brasil:* Lula e Dilma. São Paulo: Boitempo; Rio de Janeiro: FLACSO Brasil, 2013, p. 69-102.

[41] SICSÚ, João; CASTELAR, Armando (Org.). *Sociedade e economia:* estratégias de crescimento e desenvolvimento. Brasília: IPEA, 2009.

[42] BELLUZZO, Luiz Gonzaga. Os anos do povo. *In:* SADER, Emir. *10 anos de governos pós-neoliberais no Brasil: Lula e Dilma.* São Paulo: Boitempo; Rio de Janeiro: FLACSO Brasil, 2013, p. 103-110. Disponível em: http://www.flacso.org.br/. Acesso em: 13 maio 2015.

[43] SADER, Emir. A construção da hegemonia pós-neoliberal. *In:* SADER, Emir (Org.). *10 anos de governos pós-neoliberais no Brasil:* Lula e Dilma. São Paulo, SP: Boitempo; Rio de Janeiro: FLACSO Brasil, 2013, p. 135-143. Disponível em: http://www.flacso.org.br/. Acesso em: 13 maio 2015.

[44] MATTOSO, Jorge. Dez anos depois. *In:* SADER, Emir. *10 anos de governos pós-neoliberais no Brasil: Lula e Dilma.* São Paulo: Boitempo; Rio de Janeiro: FLACSO Brasil, 2013, p. 111-122. Disponível em: http://www.flacso.org.br/. Acesso em: 13 maio 2015.

[45] BRESSER-PEREIRA, Luiz Carlos. O novo desenvolvimentismo e a ortodoxia convencional. *São Paulo em Perspectiva,* v. 20, n. 3, p. 5-24, jul./set. 2006.

Contudo, essa nova dinâmica, foi capaz de revelar o fracasso do neoliberalismo, que não foi capaz superar a "crise de modelo", como ainda piorou as condições econômicas e sociais do país: em 1998, a taxa de crescimento do produto interno bruto (PIB) era apenas de 0,1% aa, tendo o PIB *per capita* crescido apenas 1% entre 1992 e 1994 (Itamar Franco) e de 1995 a 2002 (Fernando Henrique Cardoso), como evidenciam os dados do Banco Central do Brasil. As medidas propagadas pelo Consenso de Washington e pela ortodoxia convencional e implantadas nos governos Collor e FHC, a partir dos anos 1990, como disciplina fiscal, priorização dos gastos públicos, reforma tributária, liberalização financeira, cambial e comercial, investimento direto estrangeiro, privatização e desregulação, trouxeram a estabilidade monetária, é verdade, mas também uma aguda recessão e agravamento de problemas sociais no país, quadro que só mudou após o primeiro governo novo desenvolvimentista.[46]

Esse quadro de endividamento excessivo se evidencia na Pesquisa de Endividamento e Inadimplência dos Consumidores (PEIC) elaborada mensalmente pela Confederação Nacional do Comércio de Bens, Serviços e Turismo,[47] a partir dos dados consolidados nos últimos cinco anos:

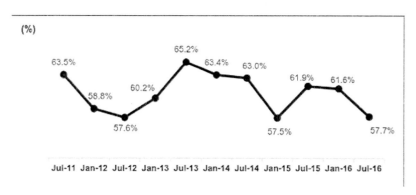

Fonte: Confederação Nacional do Comércio de Bens, Serviços e Turismo (CNC-PEIC).

---

[46] REYMÃO, Ana Elizabeth Neirão; OLIVEIRA, Felipe Guimarães de. O Superendividamento do Consumidor no Brasil: um debate necessário entre o direito e a economia no século XXI. In: *Anais do XXV Congresso Nacional do Conpedi*. Brasília: UNB, 2016. p.4.
[47] CONFEDERAÇÃO NACIONAL DO COMÉRCIO DE BENS, SERVIÇOS E TURISMO (CNC). *Pesquisa Nacional de Endividamento e Inadimplência dos Consumidores (PEIC)*. Dados disponíveis em: http://www.cnc.org.br/. Acesso em: 28 maio 2017.

CAPÍTULO 4

GLOBALIZAÇÃO ECONÔMICA E SUPERENDIVIDAMENTO DO CONSUMIDOR NA ERA DA HIPERMODERNIDADE | 93

Sobre esses dados, analisa Felipe Guimarães de Oliveira[48] que o percentual de famílias com dívidas decaiu em julho de 2011 de 63,5% para 57,6% em comparação a janeiro de 2012, que atingiu 58,8%. Ambos os percentuais de famílias com dívidas ou contas em atraso e de famílias sem condições de pagar seus débitos recuaram em relação a janeiro desse mesmo ano. Tanto os indicadores de endividamento, quanto os de inadimplência, permaneceram em patamares inferiores aos registrados, no mesmo período, em julho de 2011. Esse mesmo índice apresentou aumento significativo entre julho de 2012 e julho de 2013, atingindo 65,2% neste último. O indicador continua em patamar superior em relação a julho do ano anterior (2012). Os percentuais com dívidas e contas em atraso e sem condições de pagar também apresentaram elevação em ambas as bases de comparação.

Já em julho de 2014, o percentual de famílias com dívidas em comparação com o mesmo período de 2013 teve ligeira queda. Os indicadores de inadimplência recuaram em ambas as bases de comparação. Houve queda do percentual de famílias com contas ou dívidas em atraso, enquanto o percentual de famílias que relataram não ter condições de pagar suas contas em atraso recuou em relação ao mesmo período do ano passado.

Posteriormente, em julho de 2015, o percentual de famílias com dívidas apresentou queda em relação ao mesmo período de 2014, contudo, houve elevação expressiva entre janeiro de 2015 (57,5%) e julho do mesmo ano (61,9%). Por fim, em julho de 2016, o percentual de famílias com dívidas recuou em comparação com o mesmo período de 2015, apresentando queda consecutiva anual (2015-2016).

A despeito da variação anual, os índices apresentam um percentual muito elevado de famílias endividadas, perfazendo uma média de 60%, o que denota a gravidade do problema e a necessidade de uma tutela jurídica com fulcro na prevenção e tratamento do superendividamento em *terrae brasilis*.

Nesse sentido, caminha o Projeto de Lei nº 283/2012, originariamente em tramitação no Senado Federal, e, atualmente, em tramitação

---

[48] OLIVEIRA, 2016, p. 103-105.

na Câmara dos Deputados, tombado sob o nº 3.515/2015, que pretende alterar a Lei nº 8.078, de 11 de setembro de 1990 (Código de Defesa do Consumidor), e o art. 96 da Lei nº 10.741, de 1º de outubro de 2003 (Estatuto do Idoso), para aperfeiçoar a disciplina do crédito ao consumidor e dispor sobre a prevenção e o tratamento do superendividamento.

Como mencionado, a primeira parte do Projeto de Lei objetiva consolidar um panorama dando destaque à prática preventiva ao fenômeno do superendividamento, destacando alterações pontuais do CDC na Política Nacional das Relações de Consumo (artigo 4º e 5º), bem como nos direitos básicos do consumidor, consoante redação do artigo 6º, com objetivo de garantir práticas de crédito responsáveis, educação financeira, preservação do mínimo existencial e o reforço ao princípio da informação, entendido como o princípio corolário de todo o Código.

De igual modo, são reforçadas novas modalidades de práticas abusivas no rol do artigo 39 do CDC, sendo incluídas duas novas formas de publicidade abusiva.

No mesmo sentido, o rol do artigo 51 que trata das cláusulas abusivas, que entre outras, considerem o simples silêncio do consumidor como aceitação de valores cobrados, em especial em contratos bancários, financeiros, securitários, de cartão de crédito ou de crédito em geral, ou como aceitação de informações prestadas em extratos, de modificação de índice ou de alteração contratual.

A grande inovação do projeto de lei em tela é a possibilidade da conciliação no superendividamento, prevista no artigo 104-A, consoante a qual, a requerimento do consumidor superendividado pessoa física, o juiz poderá determinar a instauração de processo de repactuação de dívidas, com a realização de audiência conciliatória, presidida por ele ou por conciliador credenciado no juízo, com a presença de todos os credores, na qual o consumidor apresentará proposta de plano de pagamento com prazo máximo de cinco anos, preservados o mínimo existencial, nos termos da regulamentação, e as garantias e as formas de pagamento originalmente pactuadas.[49]

Outra experiência que tem se mostrado exitosa na prevenção e tratamento ao superendividamento no Brasil são os programas

---

[49] OLIVEIRA, 2016, p. 177

patrocinados pelas Instituições de Ensino Superior em parceria com os Tribunais de Justiça da Federação, como o Observatório de Crédito e Endividamento da Universidade Federal do Rio Grande do Sul (UFRGS), o Programa *"Superendividados"* do Tribunal de Justiça do Distrito Federal e Territórios (TJDFT) e a Clínica de Prevenção e Combate ao Superendividamento do Centro Universitário do Pará (CESUPA).

Esses projetos além de consagrarem a ideologia traçada no projeto de reforma do CDC, vão ao encontro da nova sistemática processual civil, ratificando a conciliação e a mediação como instrumentos de destaque e relevância para os conflitos de consumo envolvendo crédito e superendividamento de consumidores.

4 Considerações finais

O modelo econômico, a ideologia capitalista e o processo de acumulação do capital exigem um constante aumento do consumo global, o que, por sua vez, cria a necessidade de se facilitar o crédito aos consumidores e manipular psicologicamente os hábitos, os processos mentais e os padrões sociais das massas, fomentando o consumo excessivo e o endividamento.

Nesse panorama da hipermodernidade, surge uma sociedade de consumo em que consumir freneticamente e fazer parte do espetáculo[50] é uma necessidade peremptória e alimentada pelo assédio, seja por meio da publicidade e dos meios de comunicação (internet e redes sociais), seja pela constante sofisticação dos instrumentos de crédito e dos meios de pagamento, o que notadamente influi na economia doméstica dos consumidores que atualmente representam um percentual médio de 60% do total de famílias endividadas no Brasil, conforme apuração do último quinquênio na Pesquisa de Endividamento e Inadimplência dos Consumidores (PEIC).

É evidente a gravidade do problema e a necessidade de sua tutela jurídica, com fulcro na prevenção e no tratamento do superendividamento em *terrae brasilis*.

---

[50] *Cf.* DEBORD, 1997.

O Projeto de Lei nº 283/2012, atualmente em tramitação na Câmara dos Deputados e tombado sob o nº 3.515/2015, parece estar concatenado com essa preocupação, já que estabelece diretrizes específicas para o aperfeiçoamento do microssistema jurídico de consumo brasileiro quanto à ampliação dos direitos básicos dos consumidores, à proteção contratual, à prevenção e ao combate ao superendividamento.

Para tanto, estabelece em seu artigo 104-A a possibilidade de conciliação entre as partes e que, a requerimento do consumidor superendividado pessoa física, o juiz poderá determinar a instauração de processo de repactuação de dívidas, com a realização de audiência conciliatória, presidida por ele ou por conciliador credenciado no juízo, com a presença de todos os credores, na qual o consumidor apresentará proposta de plano de pagamento com prazo máximo de cinco anos, preservados o mínimo existencial, nos termos da regulamentação, e as garantias e as formas de pagamento originalmente pactuadas.

De igual modo e relevo, além de cumprir suas funções institucionais e de cunho social, desempenham papel de destaque e relevância algumas Universidades Brasileiras e Instituições de Ensino Superior com projetos de programas patrocinados em parceria com os Tribunais de Justiça da Federação, como o Observatório de Crédito e Endividamento da Universidade Federal do Rio Grande do Sul (UFRGS), o Programa *"Superendividados"* do Tribunal de Justiça do Distrito Federal e Territórios (TJDFT) e a Clínica de Prevenção e Combate ao Superendividamento do Centro Universitário do Pará (CESUPA).

O superendividamento é consequência de um mercado de consumo hipermoderno que cresce de maneira desenfreada, incentivado por políticas econômicas de indução ao consumo e, sobretudo, por um mercado que aprisiona o consumidor em uma cadeia de consumo cada vez mais frenética, acelerada e sem qualquer limitação à oferta de crédito ou preocupação com comportamentos e hábitos de consumo consciente.[51]

A formatação da sociedade de consumo hipermoderna, do mercado e da globalização econômica, precisa ser revista. O céu não

---

[51] OLIVEIRA, 2016, p. 29.

é o limite nessa perspectiva, contrariando a famosa afirmação de Miguel de Cervantes na obra *Dom Quixote*, pois os recursos financeiros e os recursos ambientais são finitos, o que exige um consumo racional, equilibrado e sustentado, sob pena de o consumo tornar-se uma eterna escravidão de uma sombria sociedade de devedores.

Referências

ADORNO, Theodor. *Indústria cultural e sociedade*. São Paulo: Paz & Terra, 2015.

ADORNO, Theodor; HORKHEIMER, Max. *Dialética do esclarecimento*. São Paulo: Zahar, 1985.

ANTUNES, Ricardo. O neoliberalismo e a precarização estrutural do trabalho na fase de mundialização do capital. *In*: SOUTO MAIOR, Jorge Luiz; SILVA, Alessandro *et al*. *Direitos humanos*: essência do direito do trabalho. São Paulo: LTr, 2007.

BARBOSA, Nelson. Dez anos de política econômica. *In*: SADER, Emir. *10 anos de governos pós-neoliberais no Brasil: Lula e Dilma*. São Paulo: Boitempo; Rio de Janeiro: FLACSO Brasil, 2013.

BAUDRILLARD, Jean. *A sociedade de consumo*. Portugal: Edições 70, 2008.

BAUDRILLARD, Jean. *O sistema dos objetos*. 5. ed. São Paulo: Perspectiva, 2015.

BAUMAN, Zygmunt. *A riqueza de poucos beneficia todos nós?* Rio de Janeiro: Zahar, 2015.

BAUMAN, Zygmunt. *Vida a crédito*. Rio de Janeiro: Zahar, 2010.

BELUZZO, Luiz Gonzaga. Os anos do povo. *In*: SADER, Emir. *10 anos de governos pósneoliberais no Brasil: Lula e Dilma*. São Paulo: Boitempo; Rio de Janeiro: FLACSO Brasil, 2013, p. 103-110. Disponível em: http://www.flacso.org.br/. Acesso em: 13 maio 2015.

BRESSER-PEREIRA, Luiz Carlos. O novo desenvolvimentismo e a ortodoxia convencional. *São Paulo em Perspectiva*, v. 20, n. 3, p. 5-24, jul./set. 2006.

CARDOSO DE MELLO, João Manoel; NOVAIS, Fernando. *Capitalismo tardio e sociabilidade moderna*. 2. ed. Campinas: Unesp/Facamp, 2009.

COMPARATO, Fábio Konder. *A civilização capitalista*. São Paulo: Saraiva, 2013.

CONFEDERAÇÃO NACIONAL DO COMÉRCIO DE BENS, SERVIÇOS E TURISMO (CNC). *Pesquisa Nacional de Endividamento e Inadimplência dos Consumidores (PEIC)*. Disponível em: http://www.cnc.org.br/. Acesso em: 28 maio 17.

DEBORD, Guy. *A sociedade do espetáculo*. Rio de Janeiro: Contraponto, 1997.

HARVEY, David. *Condição pós-moderna*: uma pesquisa sobre as origens da mudança cultural. Tradução de Adail Ubirajara Sobral e Maria Stela Gonçalves. 25. ed. São Paulo: Loyola, 1989.

HOBSBAWN, Eric. *Era dos extremos*. Tradução de Marcos Santiago. São Paulo: Companhia das Letras, 2012.

HUNT, E. K. *História do pensamento econômico*. Tradução de José Ricardo Brandão Azevedo e Maria José Brandão Azevedo. 2. ed. 7. t. Rio de Janeiro: Elsevier, 2005.

LIPOVETSKY, Gilles. *A felicidade paradoxal*: ensaios sobre a sociedade do hiperconsumo. Lisboa: Edições 70, 2015.

LIPOVETSKY, Gilles; CHARLES, Sébastien. *Os tempos hipermodernos*. São Paulo: Barcarrola, 2004.

MACEDO JÚNIOR, Ronaldo Porto. Globalização e Direito do Consumidor. *In*: MARQUES, Claudia Lima; MIRAGEM, Bruno. *Doutrinas essenciais do direito do consumidor*, v. II. São Paulo: Revista dos Tribunais, 2011.

MARQUES, Cláudia Lima. Algumas perguntas e respostas sobre a prevenção e tratamento do superendividamento dos consumidores pessoas físicas. *In: Doutrinas essenciais do direito do consumidor*. Vol. II. São Paulo: Revista dos Tribunais, 2011.

MATTOSO, Jorge. Dez anos depois. *In*: SADER, Emir. *10 anos de governos pós-neoliberais no Brasil*: Lula e Dilma. São Paulo: Boitempo; Rio de Janeiro: FLACSO Brasil, 2013, p. 111-122. Disponível em: http://www.flacso.org.br/. Acesso em: 13 maio 2015.

OLIVEIRA, Felipe Guimarães de. *O superendividamento na sociedade brasileira e os desafios para uma tutela jurídico-econômica de proteção ao consumidor no século XXI*. Dissertação de Mestrado. Centro Universitário do Estado do Pará (CESUPA), 2016.

REYMÃO, Ana Elizabeth Neirão; OLIVEIRA, Felipe Guimarães de. O Superendividamento do consumidor no Brasil: um debate necessário entre o direito e a economia no século XXI. *In: Anais do XXV Congresso Nacional do Conpedi*. Brasília: UNB, 2016.

SADER, Emir. A construção da hegemonia pós-neoliberal. *In*: SADER, Emir (Org.). *10 anos de governos pós-neoliberais no Brasil*: Lula e Dilma. São Paulo, SP: Boitempo; Rio de Janeiro: FLACSO Brasil, 2013, p. 135-143. Disponível em: http://www.flacso.org.br/. Acesso em: 13 maio 2015.

SICSÚ, João; CASTELAR, Armando (Org.). *Sociedade e economia*: estratégias de crescimento e desenvolvimento. Brasília: IPEA, 2009.

SOUTO MAIOR, Jorge Luiz & SILVA, Alessandro *et al*. *Direito Humanos*: essência do direito do trabalho. São Paulo: LTr, 2007.

VARGAS LLOSA, Mario. *A civilização do espetáculo*. Rio de Janeiro: Objetiva, 2013.

VISA. Swatch Bellamy: Pague com a segurança Visa e com o estilo de um relógio suíço. Disponível em: https://www.visa.com.br. Acesso em: 20 nov. 2016.

CAPÍTULO 5

DIREITO ECONÔMICO DO TRABALHO: A TERCEIRIZAÇÃO E O INCREMENTO DOS ACIDENTES DE TRABALHO NO SETOR ELÉTRICO

SUZY ELIZABETH CAVALCANTE KOURY

1 Introdução

A "precarização" do trabalho é consequência direta do processo de reorganização da divisão internacional do trabalho, que emergiu com a Terceira Revolução Industrial e que caracteriza a fase atual do capitalismo.

A terceirização insere-se nesse movimento, tratando-se de uma das formas de contratação que mais cresceu no Brasil desde os anos 1990 (BIAVASCHI; DROPPA, 2011, p. 29), com a série de privatizações promovidas durante o governo de Fernando Henrique Cardoso (01.01.1995 a 01.01.2003).

Esse trabalho visa a analisar uma das consequências da terceirização no setor elétrico, qual seja, o grande aumento no número de acidentes de trabalho.

A escolha do setor elétrico justifica-se pelo fato de, a partir dos anos 1990, ele ter enfrentado um sistemático processo de privatização no Brasil, o qual, como se buscará demonstrar, contribuiu, decisivamente, para o aumento do número de acidentes de trabalho, na medida em que as empresas passaram a terceirizar grande parte de suas atividades-fim.

De fato, em pesquisa realizada em 2006 (DIEESE, 2006), relativa ao perfil ocupacional dos eletricitários, o DIEESE constatou grande redução nos quadros de trabalhadores do setor, o que concluiu ter clara relação com a intensa terceirização por ele suportada.

A principal justificativa das empresas do setor para a terceirização é a necessidade de aumentar suas rentabilidades, no curto prazo, de sorte a que possam ter mais recursos para investimentos, melhorando a qualidade dos serviços e contribuindo para o desenvolvimento socioeconômico regional e nacional.

Estudos[1] comprovam que essa prática teve, como consequências, entre outras, a queda na qualidade dos serviços prestados pelas empresas e o agravamento dos processos de perdas comerciais, além de grande impacto social, na medida em que houve a demissão em massa de empregados especializados nesse mercado específico, que tiveram dificuldades para se recolocarem no mercado de trabalho.

De igual modo, o DIEESE (2010, p. 9-12) constatou que os acidentes de trabalho no setor elétrico ocorrem, em maior número, com os trabalhadores terceirizados, o que constitui o objetivo principal do presente estudo.

A fim de alcançar esse desiderato, serão analisadas as consequências das Revoluções Industriais no capitalismo, com ênfase ao mundo do trabalho.

Uma vez estabelecidas essas premissas, passar-se-á a analisar a influência da precarização de mão de obra na degradação do meio ambiente laboral, o que é facilmente verificável pelo grande incremento de acidentes de trabalho nos setores terceirizados, mormente no setor elétrico brasileiro, que compreende as empresas enquadradas nas classes de códigos da Classificação Nacional de Atividades Econômicas – CNAE, correspondentes às atividades de geração, transmissão, comércio atacadista e distribuição de energia elétrica, bem como as empresas terceirizadas, enquadradas em outras classes de códigos.

Por fim, buscar-se-á demonstrar como o Direito do Trabalho vem se posicionando frente a essa realidade, que, sem qualquer

---

[1] Cf. INSTITUTO DE PESQUISA ECONÔMICA APLICADA (IPEA). Brasil Econômico (SP) Terceirização avança, mas relação precária permanece. Disponível em: http://www.ipea.gov.br/portal/index.php?option=com_content&view=article&id=10951. Acesso em: 10 jan. 2014. Cf. COSTA, Arthur Fernando de Souza; ZOTES, Luis Perez. Os impactos da privatização sobre o nível de emprego no setor elétrico brasileiro. Disponível em: http://www.aedb.br/seget/artigos05/44_Desemprego%20no%20setor%20eletrico.pdf. Acesso em: 12 jan. 2014.

dúvida, impacta sobremaneira princípios e conceitos nos quais vem se embasando ao longo dos anos.

O objetivo é contribuir, ainda que timidamente, para o novo desafio que a terceirização representa, na medida em que não há uma regulação específica a seu respeito, o que, sem qualquer dúvida, é crucial para que o Estado brasileiro se posicione em relação ao dilema vital que a humanidade vivencia no século XXI (ANTUNES, 2013, p. 6): preservar a sociedade capitalista na sua variante autodestrutiva ou criar um novo modo de vida, fundado na autossustentabilidade humana, no qual haja efetiva igualdade substancial.

2 As revoluções industriais e o capitalismo: as mudanças no mundo do trabalho

É cediço que as mudanças tecnológicas potencializam o crescimento econômico, pois, em sua dinâmica, o capitalismo pretende assegurá-lo pela modernização, produzindo mais com menor custo, a ponto de Schumpeter (1984, p. 112-13) afirmar que o capitalismo é uma máquina de "destruição criativa":

> O impulso fundamental que inicia e mantém o movimento da máquina capitalista decorre dos novos bens de consumo, dos novos métodos de produção ou transporte, dos novos mercados, das novas formas de organização industrial que a empresa capitalista cria. (...) A abertura de novos mercados – estrangeiros ou domésticos – e o desenvolvimento organizacional, da oficina artesanal aos conglomerados como a U. S. Steel, ilustram o mesmo processo de mutação industrial – se me permitem o termo biológico – que incessantemente revoluciona a estrutura econômica *a partir de dentro*, incessantemente destruindo a velha, incessantemente construindo uma nova. Esse processo de Destruição Criativa é o fato essencial acerca do capitalismo. (Itálico no original)

Com efeito, a tecnologia permite que o capital se libere da existência do exército industrial de reserva,[2] gerando mão de obra

---

[2] Marx (ROSDOLSKY, 2001, p. 214-15) concebe o exército industrial de reserva como o resultado de um processo dialético de criação e supressão, simultâneos, do trabalho necessário. O sistema deve precisar de menos pessoas para produzir mais; tendencialmente; há sempre um excesso de mão de obra no capitalismo, benefício que é apropriado pelos

que pode ser empregada em outro setor. O advento de máquinas tecnologicamente melhores permite a redução do número de trabalhadores e, ainda assim, o aumento da produção, em consequência da extração da mais-valia de um número menor de trabalhadores.

Por essa razão, só é possível falar em capitalismo constituído, fase na qual as suas leis de funcionamento começam a operar plenamente, com a Primeira Revolução Industrial, por volta do ano de 1800, com o advento da sociedade de mercado, inexistente no Antigo Regime, caracterizada pelo trabalho livre, considerado como mercadoria, e pelo capital livre, totalmente separado da esfera política, com novas formas de produção, que permitiram ganhos de produtividade, o aumento da jornada de trabalho e inovações organizacionais.

Esse período, conhecido como de liberalismo econômico, teve como principal pensador Adam Smith, que, na obra *A Riqueza das Nações* (2009) publicado em 1776, defendia o livre cambismo no comércio entre as nações, nos mercados financeiros e no mercado de trabalho.

O mundo do trabalho era o mundo da exploração e da dominação, destacando-se a desumanização das pessoas e a desqualificação do trabalho, na medida em que o ritmo de produção passou a ser ditado pela máquina.

Os trabalhadores viviam em condições proletárias, na medida em que só os vulneráveis, entendidos como aqueles que só detinham prole, trabalhavam. A condição proletária correspondia a uma situação de quase exclusão do corpo social, sendo caracterizada por:

> (...) uma remuneração próxima de uma renda mínima que assegura apenas a reprodução do trabalhador e de sua família e que não permite investir no consumo; uma ausência de garantias legais na situação de trabalho regida pelo contrato de aluguel (artigo 1710 do Código Civil); o caráter "lábil" da relação do trabalhador com a empresa: muda freqüentemente de lugar, alugando-se ao que oferecer mais (sobretudo se tiver uma competência profissional reconhecida), e "fica desempregado" alguns dias da semana ou durante períodos mais ou menos longos, se puder sobreviver sem se submeter à disciplina do trabalho industrial. (CASTEL, 1998, p. 417).

---

proprietários. Assim, o capitalismo liberta o homem do trabalho e, ao mesmo tempo, oprime o homem.

A Segunda Revolução Industrial (1850-1870) teve como uma de suas consequências o grande desenvolvimento e a industrialização dos Estados Unidos, do Japão, da Alemanha e da França. No que diz respeito ao mundo do trabalho, consoante Porchmann (1995, p. 9), a partir de 1870, em plena fase do capitalismo monopolista, foram criados diversos instrumentos de proteção social e de garantia de renda aos trabalhadores através da sua ação organizada, que culminou com o reconhecimento dos sindicatos.

Em 1913, surgiu o Taylorismo, que instaurou um novo padrão de produção, com o desenvolvimento de formas mais eficientes de organização da produção e a separação radical entre a concepção e a execução do trabalho (treinamento-rotina-disciplina), que introduziu a redução da jornada por ter constatado que as longas jornadas eram prejudiciais à produção.

Contemporaneamente, Henry Ford incorporou e desenvolveu as ideias de Taylor, de sorte a criar um novo modo de organização, a linha de montagem em série, na qual máquinas automáticas passaram a se encarregar de suprir o trabalho de todos os homens da produção, no qual a intervenção criativa dos trabalhadores era praticamente nula, tal qual era nula a sua capacidade de compreender o processo produtivo como um todo (PINTO, 2010, p. 38)

Castel (1998, p. 420-436) destaca as condições essenciais à passagem da relação salarial, que prevalecia no início da industrialização, para uma relação salarial fordista, a saber:

1ª) uma nítida separação entre os que trabalham efetiva e regularmente e os inativos ou os semiativos, que devem ser excluídos do mercado de trabalho ou integrados sob formas regulamentadas;

2ª) a fixação do trabalhador em seu posto de trabalho e a racionalização do processo de trabalho no quadro de uma "gestão do tempo exata, recortada, regulamentada";

3ª) o acesso por intermédio do salário a "novas normas de consumo operários", através das quais o próprio operário se torna usuário da produção de massa;

4ª) o acesso à propriedade social e aos serviços públicos e

5ª) a inscrição em um direito do trabalho que reconhece o trabalhador como membro de um coletivo dotado de um estatuto social, além da dimensão puramente individual do contrato de trabalho.

A grande crise do capitalismo, em 1929, representada pela quebra da Bolsa de New York, teve grandes consequências econômicas e, por óbvio, também no mundo do trabalho. Instituiu-se uma nova ordem regulada, caracterizada pelo *New Deal*, com a recuperação da economia por meio de obras públicas, criando-se um novo estatuto para os trabalhadores, que passaram ao que se convencionou chamar de condição operária, com a redução da jornada de trabalho e o aumento de sua participação política.

Quanto a essa nova relação, mais complexa do que a condição proletária, afirma Castel (1998, p. 416):

> Constitui-se uma nova relação salarial e, através dela, o salário deixa de ser a retribuição pontual de uma tarefa. Assegura direitos, dá acesso a subvenções extratrabalho (doenças, acidentes, aposentadoria) e permite uma participação ampliada na vida social: consumo, habitação, instrução e até mesmo, a partir de 1936, lazer.

O Estado passou a intervir, sistematicamente, no mercado, o que se tornara essencial à regulação do capitalismo monopolista, representado pela grande concentração de empresas, pois o caráter da concorrência intercapitalista fora alterado profundamente.

Com efeito, ao contrário do que preconizavam os defensores do liberalismo econômico, que acreditavam na manutenção da concorrência individual pela autorregulação, decorrente do livre movimento das forças de mercado, houve grande concentração econômica que comprometeu essa ideia, o que acabou por impor a intervenção estatal, com o estabelecimento de políticas públicas não só para a defesa da concorrência, como para a dos trabalhadores.

> Com o fortalecimento do poder do trabalho assalariado foi possível impor ao capital limites na dimensão da desigualdade social e da pobreza. Nesse sentido, foram as políticas públicas direcionadas ao rebaixamento do custo de produção da força de trabalho (subsídios aos preços dos alimentos, moradia, transporte e ainda o aumento da produtividade nos setores produtores de bens salários) que terminaram agindo de maneira positiva, especialmente no que diz respeito às condições de vida dos trabalhadores de salário de base. (PORCHMANN, p. 14).

O final da Segunda Guerra Mundial marcou uma nova mudança e inaugurou um período chamado de "Era de Ouro" do capitalismo. O Estado passou a interferir na distribuição de renda, combatendo a desigualdade e redistribuindo a riqueza. No mundo do trabalho, passou-se à condição salarial, caracterizada pela grande expansão dos direitos dos trabalhadores e pelo surgimento da cultura operária, com o incremento da sindicalização e o fortalecimento dos sindicatos, que adquiriram protagonismo nos processos de promoção do bem-estar.

As convenções e as recomendações da Organização Internacional do Trabalho ganharam maior legitimidade, tudo resultando em uma perda de poder pelas empresas no que diz respeito à fixação de regras no contrato de trabalho, que foi substituído pela regulação do Estado (DEDECCA, 2009, p. 129).

Note-se que, em contrapartida a essas conquistas, os trabalhadores deixaram de questionar a legitimidade do capitalista para explorar a força de trabalho.

Nas décadas de 70 e 80, com o fim do padrão dólar-ouro, o desrespeito às taxas de câmbio, que haviam sido fixadas em *Bretton Woods*, o aumento dos juros pelos EUA e a crise de petróleo, entre outros acontecimentos, acabou o período que ficou conhecido como a "Era de Ouro" (1947-1973) do capitalismo.

> Os desequilíbrios crescentes do balanço norte-americano de pagamentos levaram à breca o sistema de conversibilidade e taxas fixas de Bretton Woods, ao impor a desvinculação do dólar em relação ao ouro em 1971 e a introdução de taxas de câmbio flutuantes em 1973. A continuada desvalorização do dólar nos anos 70 colocou em apuros a economia mundial. (BELLUZZO, 2012, p. 127)

Os países parceiros dos EUA, pressionados, promoveram a abertura financeira, liberalizando as contas de capital e executando políticas que favoreceram a valorização do dólar.

As grandes empresas manufatureiras passaram a migrar para as regiões onde prevalecia uma relação mais competitiva entre o câmbio e os salários, o que ocasionou a já mencionada grande alteração na divisão internacional do trabalho e a redução de salários.

Os capitalistas, imbuídos desse espírito do neoliberalismo, passaram a combater os direitos trabalhistas, a considerar a intervenção do Estado e o protagonismo dos sindicatos como causas dos problemas econômicos, iniciando uma relevante mudança na estrutura produtiva, que oportunizou a precarização do trabalho. Nesse sentido, afirmam Estanque e Costa (2013, p. 02):

> O declínio da referida "idade de ouro" significou, portanto, uma progressiva degradação das condições de trabalho, colocando novas exigências sobre os orçamentos do Estado, em especial para fazer face ao aumento do desemprego que ia constantemente agravando a crise fiscal do Estado. Logo no início dos anos 80, o caso inglês (com a governação Thatcher) ilustrou bem o rompimento do "compromisso nacional", através da adoção de políticas centradas na flexibilidade e na desregulamentação que foram acompanhadas de uma restrição, pela via legislativa, da influência sindical e uma aposta no mercado, no *outsourcing* e na individualização das relações laborais, com o isolamento do trabalhador de qualquer ambiente coletivo (Waddington, 1995: 31; Beynon, 1999:274-275).

Os Estados nacionais das economias desenvolvidas ocidentais introduziram modificações nas políticas de proteção do trabalho, movimento que foi acompanhado pelos sindicatos, que passaram a incorporá-las em suas negociações coletivas. Dedecca (2009, p. 133) aponta como principais mudanças na regulação pública nos países desenvolvidos:

> 1) Redução do tempo do seguro-desemprego e das condições de acesso e manutenção do benefício;
>
> 2) Alteração das condições da demissão de trabalhadores, permitindo o rompimento velado do contrato de trabalho, mesmo sem a existência de falta por parte do trabalhador;
>
> 3) Desvalorização do poder de compra do salário mínimo, com consequências negativas para a evolução dos pisos salariais negociados;
>
> 4) Estabelecimento da flexibilidade salarial e da jornada de trabalho, em um primeiro momento via negociação coletiva e, posteriormente, com a chancela da regulação pública;
>
> 5) Flexibilização das estruturas ocupacionais através da negociação coletiva, e redução do poder da esfera públicas sobre o processo de alocação do trabalho pelas empresas.

Pode-se afirmar que esse novo comportamento corresponde à fase da globalização orientada pelo pensamento hegemônico específico denominado de neoliberalismo, que, segundo Delgado (2008, p. 12):

> (...) corresponde à fase do sistema capitalista, despontada no último quartel do século XX, que se caracteriza por uma vinculação

especialmente estreita entre os diversos subsistemas nacionais, regionais ou comunitários, de modo a criar como parâmetro relevante para o mercado a noção de globo terrestre e não mais, exclusivamente, nação ou região.

Nesse contexto, duas instituições passaram a ser acusadas pelos problemas: o Estado, com seu excessivo intervencionismo, e os sindicatos, na medida em que eram as instituições que tinham capacidade de regulação da economia e do mercado de trabalho. Desmantelou-se, assim, o arcabouço que permitia a adoção da política *keynesiana*.

Os sindicatos, segundo Estanque e Costa (2013, p. 02), tiveram seu poder diminuído, na medida em que as decisões mais importantes para os interesses sindicais deslocaram-se do âmbito nacional para o nível transnacional, bem como para níveis subnacionais, vez que passaram a depender mais das empresas individualmente, e menos de acordos coletivos.

Isso porque a incessante introdução de novas formas de produção, estimulada pela Terceira Revolução Industrial, que corresponde à revolução tecnológica, iniciada em meados do século XX, impôs alterações no relacionamento entre capital e trabalho, destacando-se, dentre elas, a descentralização do capital. Consoante Paul Singer (2012, p. 17):

> Esta hipótese se justifica por dois motivos: pela maior flexibilidade que o computador confere ao parque produtivo, eliminando certos ganhos de escala tanto na produção quanto na distribuição; e pelo barateamento do próprio computador e de todo equipamento comandado por ele. O resultado parece ser que as grandes empresas verticalmente integradas estão sendo coagidas, pela pressão do mercado, a se desintegrar, a se separar das atividades complementares que exerciam para comprá-las no mercado concorrencial ao menor preço. É o que tem sido chamado de terceirização.

Em consequência, tem-se o chamado desemprego estrutural, causado pela globalização, que não necessariamente aumenta o número total de pessoas que não trabalham, mas deteriora o mercado de trabalho, atingindo, principalmente, aqueles trabalhadores industriais, que haviam, através da sindicalização, conquistado melhores salários e condições de trabalho.

É exatamente o que ocorreu no caso do setor elétrico no Brasil, como aprofundaremos em seguida: as privatizações desmantelaram o setor, no qual havia uma presença forte dos sindicatos (urbanitários), enfraquecendo o sistema de sindicalização em virtude do ingresso das empresas terceirizadas, cujos trabalhadores, que recebem salários bem mais baixos e têm condições de trabalho muito piores, muitas vezes sequer sabem qual sindicato os representam, o que contribui para a precarização do trabalho, com graves implicações negativas no que diz respeito ao meio ambiente laboral.

3 A precarização do trabalho e suas consequências no meio ambiente laboral

Em relação ao mundo do trabalho, Antunes (2013, p. 6-8.) aponta como consequências da Terceira Revolução Industrial ou Revolução Tecnológica, que se iniciou em 1930 e ainda perdura,

1ª) o capitalismo contemporâneo necessita cada vez mais de trabalhos parciais, precarizados ou de desempregados;

2ª) houve elevação da produtividade do trabalho ao limite máximo, com a intensificação dos mecanismos de extração do sobretrabalho em tempo cada vez menor, através da ampliação do trabalho morto (*leanproduction*);

3ª) foi adotada a qualidade total como negação da durabilidade das mercadorias e

4ª) houve a expansão do trabalho dotado de maior dimensão intelectual, ou seja, do trabalho imaterial.

Restou ampliada a insegurança no emprego, como resultado da fragmentação e da desestruturação do mundo do trabalho, o que diminuiu a influência e a capacidade de articulação das organizações sindicais, entrando-se em uma fase do capitalismo que tem, claramente, uma vertente destrutiva, pois acabou com o que existia, mas não instaurou um novo padrão de desenvolvimento e nem, tampouco, um projeto de civilização (MATTOSO, 1995, p. 86, 109 e 120).

Essa insegurança não se limita ao temor do desemprego ou à realidade do subemprego, mas se revela, também, na deterioração do meio ambiente laboral, que pode ser exemplificada pelo aumento do número de acidentes de trabalho, especialmente nos setores terceirizados, o que se procurará demonstrar pela análise do setor elétrico brasileiro.

Note-se que Marx (*apud*, MÉSZÁROS, 2011, p. 52) já destacara, por volta de 1840, as consequências do crescimento do capitalismo no meio ambiente, ao criticar a retórica idealista de Feuerbach[3] no que diz respeito à relação entre o homem e a natureza:

> Mas cada nova invenção, cada avanço feito pela indústria, arranca um novo pedaço desse terreno, de modo que o solo que produz os exemplos de tais proposições feuerbachainas restringe-se progressivamente. A "essência" do peixe é o seu "ser", a água – para tomar apenas uma de suas proposições. A "essência" do peixe de rio é a água de um rio. Mas essa última deixa de ser a "essência" do peixe quando deixa de ser um meio de existência adequado ao peixe, tão logo o rio seja usado para servir à indústria, tão logo seja poluído por corantes e outros detritos e seja navegado por navios a vapor, ou tão logo suas águas sejam desviadas para canais onde simples drenagens podem privar o peixe de seu meio de existência.

Em pleno século XXI, pode-se constatar a correção da observação de Marx, sendo patente que o modo de produção capitalista submeteu a natureza às necessidades de reprodução, cada vez mais rápida, do capital, que "instaurou um sistema voltado para a sua autovalorização, que independe das reais necessidades autorreprodutivas da humanidade" (ANTUNES, 2011, p. 76).

Com efeito, o capitalismo contemporâneo apresenta uma situação francamente desfavorável ao trabalho e à sindicalização, em consequência, entre outros motivos, da terceirização das unidades de produção para países pobres, que pagam salários mais baixos e não oferecem nenhuma proteção social.

A alteração da divisão internacional do trabalho, em decorrência do progresso técnico e da integração financeira, que predominam na globalização contemporânea, tem como uma de suas consequências, como afirma Ricardo Carneiro (2007, p. 22), uma ampliação do regime de subcontratação direcionado aos países periféricos, dada a busca de recursos naturais e humanos baratos e abundantes, com

---

[3] Filósofo materialista alemão (1804-1872) que influenciou Marx.

baixa integração na cadeia produtiva global, um dos fatores responsáveis pelo aumento da precarização de mão de obra.

No plano da organização do trabalho, tem-se uma crescente individualização de tarefas. A hegemonia da divisão tayloriana de trabalho é totalmente reconfigurada pelas novas exigências de mobilidade, de adaptabilidade e de assunção de responsabilidades pelos trabalhadores. O trabalho passa a ser organizado em pequenas unidades que administram sua própria produção, o que as leva a recorrer bem mais a trabalhadores temporários e à prática de terceirização em grande escala (CASTEL, 2012, p. 24).

Houve uma clara inflexão na construção da regulação pública do trabalho. A flexibilização virou agenda comum, a fim de se compatibilizar o trabalho com o neoliberalismo, defendendo-se a tese de que a excessiva rigidez da proteção aos trabalhadores inibiria as contratações.

Quase todos os países discutiram reformas previdenciárias, reduzindo direitos e os gastos públicos, enquanto, no mercado de trabalho foram introduzidos mecanismos de individualização da remuneração e de transferência do risco do empreendimento aos trabalhadores, através da participação nos lucros e resultados, bem como foi flexibilizada a forma de contratação (tempo parcial, tempo determinado) e modulada a jornada de trabalho, com a criação dos bancos de horas, entre outras medidas.

Os trabalhadores precários não têm como, nem sabem onde, sindicalizar-se, como destacou Däubler (1994, p. 40), ao analisar as relações de trabalho no final do século XX nos Estados Unidos, no Japão e nos principais países da Europa, realidade essa perfeitamente aplicável aos setores de serviços dos países periféricos, como o Brasil, com ainda maior intensidade.

De fato, o avanço tecnológico, obtido pela automação e pela informatização, contraditoriamente, no mundo do trabalho, não contribuiu para a melhoria da saúde e da segurança do trabalhador. Ao contrário. Preocupado com a manutenção do emprego ou, mesmo, de relação de trabalho autônoma, o trabalhador submete-se à degradação das condições de trabalho, o que resulta em altos índices de acidentes.

Um dos dilemas do humanismo ambiental é que sua implementação se confronte com interesses mercantilizados e de curto prazo do próprio trabalho. E o exemplo mais eloquente é a profusão de acordos e convenções coletivas de trabalho que reduzem ou mesmo suprimem o intervalo intrajornada, olvidando-se do fato que isso piora sensivelmente as condições metabólicas dos indivíduos e os submetem à carga intensiva de stress e os leva à fadiga, além de derruir o interesse público de limitar a jornada de trabalho dos ativos, para ampliar as possibilidades de trabalho dos que estão sem emprego. (MENDES, 2007, p. 289)

O descaso com o meio ambiente de trabalho e a saúde e a segurança do trabalhador resta mais evidente nos setores terceirizados, refletindo-se no número de acidentes.

De fato, no Relatório 2012 da Estatística de Acidentes no Setor Elétrico (Disponível em: http://www.funcoge.org.br/csst/relat2012/indexpt.html), elaborado pela Fundação COGE,[4] restou constatado que o número de acidentes com empregados das terceirizadas é bem maior do que aquele registrado entre os empregados contratados diretamente pelas empresas do setor elétrico:

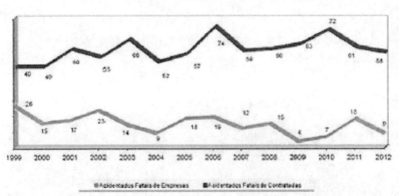

O aumento do número de acidentes de trabalho após a intensificação dos processos de terceirização pelas empresas brasileiras é mais facilmente compreendido a partir de uma das conclusões

---

[4] A Fundação COGE é uma instituição criada e gerida pelas empresas do setor elétrico, a fim de obter dados estatísticos mais reais acerca do número de acidentes no setor, englobando também os terceirizados, apesar de nem todas as empresas apresentarem dados em relação aos últimos.

de Dwyer (2006, p. 9 e 175): a de que a desintegração do grupo de trabalho alcançada através do comprometimento dos sistemas de codificação elaborados pelos coletivos dos trabalhadores, em virtude da grande rotatividade entre eles, contribui, sobremaneira, para a sua ocorrência.

Com efeito, é notório que, no setor elétrico, há grande rotatividade no que diz respeito às empresas terceirizadas e, em consequência, dos seus empregados, que ora estão trabalhando em um lugar, ora em outro, sem que possam desenvolver, minimamente, relações coletivas, restando prejudicada a essencial troca de informações e a possibilidade de insurgência contra situações de risco elevado.

Note-se que os dados estatísticos de Acidentes de Trabalho de 2011, divulgados pelo Ministério da Previdência Social (Disponível em: http://www.tst.jus.br/web/trabalhoseguro/dados-nacionais. Acesso em: 08 dez. 2013), indicam, em comparação com os dos anos anteriores, um pequeno aumento no número de acidentes de trabalho registrados.

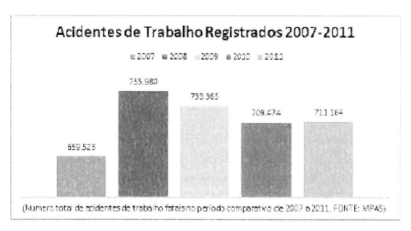

(Número total de acidentes de trabalho fatais no período comparativo de 2007 a 2011. FONTE: MPAS)

Esse pequeno aumento, todavia, não corresponde à realidade dos acidentes de trabalho nos setores terceirizados em virtude de o Anuário Estatístico de Acidentes do Trabalho, produzido pelo Ministério da Previdência Social em parceria com o do Trabalho e Emprego, ter por base os acidentes registrados nas classes de códigos da Classificação Nacional de Atividades Econômicas – CNAE, correspondentes às atividades de geração, transmissão, comércio atacadista e distribuição de energia elétrica, que não revelam os acidentes com trabalhadores do setor elétrico que prestam serviços por intermédio de empresas terceirizadas.

Isso ocorre porque a classificação econômica dada ao trabalhador depende da classificação dada à empresa no qual ele presta serviços, sendo que as terceirizadas, em regra, não são enquadradas nas classes de códigos correspondentes às atividades de geração, transmissão, comércio atacadista e distribuição de energia elétrica, o que prejudica a utilização do Anuário como fonte. Essa dificuldade foi constatada em estudo do DIEESE[5] (2010, p. 5), que passou a recorrer aos dados fornecidos pela retromencionada Fundação Coge, para obter dados mais confiáveis.

Comparando os dados relativos ao número de acidentes fatais e o de trabalhadores extraídos do Relatório de Estatísticas de 2006, 2007 e 2008, o DIEESE (p. 11-13) apurou as taxas de mortalidade do segmento próprio, do segmento terceirizado e do conjunto da força de trabalho do setor elétrico, utilizando critérios de classificação segundo a atividade desenvolvida pela empresa e a região onde ela se encontra.

Os resultados apresentados revelaram que, em 2008, a taxa de mortalidade da força de trabalho do setor elétrico foi de 32,9 mortes, por grupo de 100 mil trabalhadores. Nesse ano, a análise segmentada da força de trabalho revela taxa de mortalidade 3,21 vezes superior entre os trabalhadores terceirizados em relação ao verificado para o quadro próprio. A taxa ficou em 47,5 para os terceirizados contra 14,8 para os trabalhadores do quadro próprio das empresas.

Nos três anos analisados, os dados demonstram taxas de mortalidade substancialmente mais elevadas para o segmento terceirizado, com variação entre 3,21 a 4,55 vezes à do segmento próprio.

Por essa razão, Silva (2013, p. 2) refere-se à existência de dois tipos de trabalhadores no setor elétrico: os do quadro próprio, representados pelos Sindicatos dos Urbanitários, e os de "segunda categoria", contratados por terceirizadas, destacando que, entre os

---

[5] Disponível em: http://www.moodle.fmb.unesp.br/file.php?file=%2F52%2FEncontros%2F2013 %2F34EP_Maio_Precarizacaoe_acidentes_no_setor_eletrico%2Ftercerizacao_e_morte_no_ trabalho_um_olhar_sobre_o_setor_eletrico_brasileiro.pdf. Acesso em: 21 dez. 2013.

anos de 2005 e 2011, com base em dados fornecidos pela Fundação COGE, foram comunicados 539 óbitos, dos quais 93 envolveram contratados e 446, subcontratados.

Pode-se concluir que dúvida não há acerca da maior incidência de acidentes de trabalho fatais entre os terceirizados do setor elétrico, o que se deve à falta de treinamento apropriado, às extensas jornadas de trabalho por eles cumpridas, à quebra dos canais de comunicação entre os empregados, consequência da alta rotatividade, dos baixos salários pagos e da inexistência de sindicatos que os representem. Realizadas essas constatações, passa-se a analisar de que modo o estado brasileiro e, em especial, a Justiça do Trabalho vêm reagindo a essa nova realidade.

4 A legislação e a jurisprudência trabalhista quanto aos acidentes de trabalho no setor elétrico

O fenômeno dos acidentes de trabalho, na forma como é compreendido hodiernamente, nasceu com a sociedade industrial. Em uma profunda análise do trabalho nas mineradoras inglesas, no século XVI, Dwyer (2006, p. 31) concluiu que os acidentes eram tidos pelos trabalhadores como inevitáveis e consistiam em punições para os seus pecados. Os empregadores, por sua vez, que, como capitalistas tradicionais, pretendiam obter lucro do trabalho com o preço mais baixo possível e com o mínimo de investimento, consideravam que os acidentes ocorriam por culpa do trabalhador. Dwyer (2006, p. 45) destaca que, o que levou à instituição de um modelo capitalista industrial de prevenção de acidentes foi a intervenção do Estado, através da promulgação de leis e da fiscalização das condições de trabalho, facilitada por uma crescente secularização.

Passou-se, assim, paulatinamente, de uma situação legal que considerava os trabalhadores como os culpados pelos acidentes que sofriam para a adoção da teoria da responsabilidade subjetiva, consoante a qual, comprovada a negligência, a imprudência ou a imperícia do trabalhador, eliminava-se a responsabilidade do empregador.

Com o advento da sociedade industrial, a teoria da responsabilidade objetiva, fundamentada no risco, que, conforme Melo

(2006, p. 155), já havia vigorado no Direito Romano, passou a ser adotada em vários ordenamentos jurídicos.

O Direito brasileiro sempre a adotou como exceção. Todavia, com a CRFB/88 e o Código Civil de 2002, houve uma clara alteração de paradigma, passando a responsabilidade a ser moldada em consonância com os objetivos fundamentais da República (art. 3º, CRFB/88) e com a chamada "repersonalização" das relações civis.

> A elevação dos fundamentos do direito civil ao *status* constitucional foi uma deliberada escolha axiológica da sociedade, indispensável para a consolidação do Estado Democrático e Social de Direito e consequente promoção da justiça social e da solidariedade, incompatíveis com o modelo liberal anterior de distanciamento jurídico dos interesses privados e de valorização do individualismo. Os fundamentos constitucionais da organização social e econômica são os fundamentos jurídicos das relações privadas e de seus protagonistas principais: a personalidade, as famílias, os contratos, a responsabilidade civil, as propriedades, as sucessões. (LOBO, p. 40).

Interessa ao presente estudo a responsabilidade nas atividades de risco, consoante o parágrafo único do artigo 927 do Código Civil de 2002, entendidas como aquelas "(...) potencialmente perigosas que alguém desenvolve costumeiramente na busca de um resultado, e que, pela experiência acumulada, já é capaz de se prever a ocorrência de acidentes com prejuízo para terceiros" (MELO, p. 178), pois a sua aplicação se coaduna com a reparação de acidentes de trabalho no setor elétrico.

O trabalho no setor elétrico enquadra-se, perfeitamente, como atividade de risco. A criação do Fator Acidentário de Prevenção – FAP, do Seguro Acidente de Trabalho – SAT e de Riscos Ambientais do Trabalho– RAT e do Nexo Técnico Epidemiológico – NTEP trouxe grande contribuição para a aplicação da teoria do risco, especialmente quanto ao estabelecimento de nexo entre os CIDs e os CNPJs das empresas.

O FAP foi introduzido pelo artigo 202-A do Decreto nº 6.042/07, no Regulamento da Previdência Social (Decreto nº 3.048/99), sendo calculado de acordo com os índices de frequência, de gravidade e de custo com benefícios acidentários de cada empresa, de tal forma que aquelas que detenham maiores índices pagam a contribuição destinada ao financiamento da aposentadoria especial e dos benefícios concedidos em razão do grau de incapacidade laborativa decorrente dos riscos ambientais.

Cabe ao Ministério da Previdência Social publicar, anualmente, no *Diário Oficial da União*, sempre no mesmo mês, os referidos índices, bem como disponibilizar, na internet, o FAP por empresa, com as informações que possibilitem às empresas verificar a correção dos dados utilizados na apuração do seu desempenho.

O SAT/RAT é um seguro contra acidentes de trabalho em um percentual que é multiplicado pela folha de pagamento das empresas, variando de 1%, para as empresas de grau de risco leve, 2%, para as de grau de risco médio, e de 3%, para as de grau de risco alto.

No setor elétrico, o SAT era de 3% sobre o salário de contribuição, tendo sido reduzido para 2%, pelo Decreto nº 6.042/07, e retornado para 3%, por força do Decreto nº 6.957, de 09.09.2009, exceto quanto ao Comércio Atacadista de Energia Elétrica, que teve seu SAT reduzido para 1%.

O NTEP encontra-se regulado, no âmbito do INSS, pela Portaria INSS/PRES. nº 31, de 10.09.2008, que estabelece critérios para a sua aplicação como uma das espécies do gênero nexo causal, prevendo, em seu artigo 2º:

> Art. 2º A perícia médica do INSS caracterizará tecnicamente o acidente do trabalho mediante o reconhecimento do nexo entre o trabalho e o agravo.
>
> §1º Para os fins do disposto neste artigo, considera-se agravo: a lesão, a doença, o transtorno de saúde, o distúrbio, a disfunção ou a síndrome de evolução aguda, subaguda ou crônica, de natureza clínica ou subclínica, inclusive morte, independentemente do tempo de latência. §2º Os agravos decorrentes dos agentes etiológicos ou fatores de risco de natureza ocupacional da Lista A do Anexo II do RPS, presentes nas atividades econômicas dos empregadores, cujo segurado tenha sido exposto, ainda que parcial e indiretamente, serão considerados doenças profissionais ou do trabalho, independentemente do NTEP, não se aplicando, neste caso, o disposto no §5º deste artigo e no art. 4º desta Instrução Normativa.
>
> §3º Considera-se estabelecido nexo entre o trabalho e o agravo sempre que se verificar a ocorrência de nexo técnico epidemiológico entre o ramo de atividade econômica da empresa, expressa pela Classificação Nacional de Atividade Econômica – CNAE, e a entidade mórbida motivadora da incapacidade, relacionada na Classificação Internacional de Doenças, em conformidade com o disposto na Lista B do Anexo II do RPS.
>
> §4º A inexistência de nexo técnico epidemiológico não elide o nexo causal entre o trabalho e o agravo, cabendo à perícia médica a caracterização

técnica do acidente do trabalho fundamentadamente, sendo obrigatório o registro e a análise do relatório do médico assistente, além dos exames complementares que eventualmente o acompanhem.

§5º Na hipótese prevista no parágrafo anterior, a perícia médica poderá, se necessário, solicitar as demonstrações ambientais da empresa, efetuar pesquisa ou realizar vistoria do local de trabalho ou solicitar o Perfil Profissiográfico Previdenciário – PPP, diretamente ao empregador.

§6º A perícia médica do INSS poderá deixar de aplicar o nexo técnico epidemiológico mediante decisão fundamentada, quando dispuser de informações ou elementos circunstanciados e contemporâneos ao exercício da atividade que evidenciem a inexistência do nexo causal entre o agravo e o trabalho.

§7º O segurado poderá requerer, após recebimento do resultado da decisão quanto ao benefício, cópia da conclusão pericial e de sua justificativa, em caso de não aplicação do NTEP pela perícia médica.

Em que pese o avanço, pois o sistema é muito bom para o estabelecimento de nexo de causalidade entre os empregados diretos das empresas do setor, mas, como já mencionado, mostra-se falho em relação aos terceirizados, o que ressalta a necessidade de a jurisprudência trabalhista estabelecer, nas hipóteses concretas, o nexo direto, aplicando o inciso I da Súmula nº 331 do Tribunal Superior do Trabalho – TST.[6]

Com efeito, a questão da responsabilização direta da tomadora dos serviços é de grande relevância na medida em que a

---

[6] TST Enunciado nº 331 Contrato de Prestação de Serviços – Legalidade. I – A contratação de trabalhadores por empresa interposta é ilegal, formando-se o vínculo diretamente com o tomador dos serviços, salvo no caso de trabalho temporário (Lei nº 6.019, de 03.01.1974). II – A contratação irregular de trabalhador, mediante empresa interposta, não gera vínculo de emprego com os órgãos da Administração Pública direta, indireta ou fundacional (art. 37, II, da CF/1988). (Revisão do Enunciado nº 256 – TST). III – Não forma vínculo de emprego com o tomador a contratação de serviços de vigilância (Lei nº 7.102, de 20.06.1983) e de conservação e limpeza, bem como a de serviços especializados ligados à atividade-meio do tomador, desde que inexistente a pessoalidade e a subordinação direta. IV – O inadimplemento das obrigações trabalhistas, por parte do empregador, implica a responsabilidade subsidiária do tomador dos serviços quanto àquelas obrigações, desde que haja participado da relação processual e conste também do título executivo judicial. (Alterado pela Res. 96/2000, DJ 18.09.2000). V – Os entes integrantes da Administração Pública direta e indireta respondem subsidiariamente, nas mesmas condições do item IV, caso evidenciada a sua conduta culposa no cumprimento das obrigações da Lei nº 8.666, de 21.06.1993, especialmente na fiscalização do cumprimento das obrigações contratuais e legais da prestadora de serviço como empregadora. A aludida responsabilidade não decorre de mero inadimplemento das obrigações trabalhistas assumidas pela empresa regularmente contratada. VI – A responsabilidade subsidiária do tomador de serviços abrange todas as verbas decorrentes da condenação referentes ao período da prestação laboral.

Lei de Concessões e Permissões de Serviços Públicos, nº 8.987/95, nos §§1º e 2º do artigo 25, estabelece que "(...) a concessionária poderá contratar com terceiros o desenvolvimento de atividades inerentes, acessórias ou complementares ao serviço concedido", bem como referidos contratos serão regidos pelo Direito Privado, "não se estabelecendo qualquer relação jurídica entre os terceiros e o poder concedente".

Muito se tem discutido acerca do retrocesso representado pela Súmula nº 331 do Tribunal Superior do Trabalho (BIAVASCHI; DROPPA, 2011, p. 33) em relação à revogada Súmula nº 256 do mesmo tribunal, que previa a ilegalidade de toda e qualquer contratação de trabalhadores por meio de interpostas pessoas, à exceção dos serviços de vigilância e do trabalho temporário.

Todavia, com todas as dificuldades, a atual redação tem permitido que se responsabilize aqueles que terceirizam atividades-fim no setor elétrico, como fez o TST, através de sua SDI-1, em decisão considerada como *leading case*, cujo redator designado foi o Ministro Luiz Philippe Vieira de Mello, assim ementada:

> *RECURSO DE EMBARGOS – AÇÃO CIVIL PÚBLICA – TERCEIRIZAÇÃO EM ATIVIDADE-FIM – EMPRESA DO RAMO DE ENERGIA ELÉTRICA – EXEGESE DO ART. 25 DA LEI Nº 8.987/95 – INTELIGÊNCIA DA SÚMULA Nº 331 DO TRIBUNAL SUPERIOR DO TRABALHO – VIOLAÇÃO DO ART. 896 DA CLT.* A Lei nº 8.987, de 13 de fevereiro de 1995, que dispõe sobre o regime de concessão e permissão de prestação de serviços públicos, ostenta natureza administrativa e, como tal, ao tratar, em seu art. 25, da contratação com terceiros de atividades inerentes, acessórias ou complementares ao serviço concedido, não autorizou a terceirização da atividade-fim das empresas do setor elétrico. Isso porque, esse diploma administrativo não aborda matéria trabalhista, nem seus princípios, conceitos e institutos, cujo plano de eficácia é outro. A legislação trabalhista protege, substancialmente, um valor: o trabalho humano, prestado em benefício de outrem, de forma não eventual, oneroso e sob subordinação jurídica, apartes à já insuficiente conceituação individualista. E o protege sob o influxo de outro princípio maior, o da dignidade da pessoa humana. Não se poderia, assim, dizer que a norma administrativista, preocupada com princípios e valores do Direito Administrativo, viesse derrogar o eixo fundamental da legislação trabalhista, que é o conceito de empregado e empregador, jungido que está ao conceito de contrato de trabalho, previsto na CLT. O enunciado da Súmula nº 331 do Tribunal Superior do Trabalho guarda perfeita harmonia com princípios e normas constitucionais e trabalhistas e trouxe um marco teórico e jurisprudencial para o fenômeno

da terceirização nas relações de trabalho no Brasil, importante para o desenvolvimento social e econômico do País, já que compatibilizou os princípios da valorização do trabalho humano e da livre concorrência e equilibrou a relação entre o capital e o trabalho. Recurso de embargos conhecido e parcialmente provido. (ED-E-RR-586341-05.1999.5.18.5555, Rel. Min. Luiz Philippe Vieira de Mello Filho, Data de Julgamento: 28/05/2009, SDI-1, Data de Publicação: 16/10/2009).

A decisão foi exarada em 28 de maio de 2009, em sede de ação civil pública ajuizada pelo Ministério Público do Trabalho contra a concessionária de energia de Goiás, a CELG – Centrais Elétricas de Goiás S/A., com o objetivo de obter sua condenação à obrigação de não terceirizar atividade-fim.

Em primeiro e em segundo graus de jurisdição, foi julgada improcedente, com fundamento no item III da Súmula nº 331 do TST, pois, segundo o TRT da 18ª Região, a terceirização era uma forma de atender melhor e mais eficientemente a sociedade consumidora e que, sendo "(...) necessária a contratação de empresas especializadas na mão- de-obra usada pela requerida onde não haja diretamente uma dependência hierárquica do empregado com esta, a relação direta passa a ser com a atividade-meio situação esta que vem agilizar, flexibilizar e agregar competitividade ao negócio prestado ou que se propôs a prestar...".

Em um trecho do voto, o Ministro redator do acórdão destacou, de forma precisa, não só que a manter-se a decisão estar-se-ia derrogando o eixo fundamental da legislação trabalhista, que é o conceito de empregado e empregador, como também permitindo a produção de consequências imensuráveis no campo da organização sindical e da negociação coletiva, diante da pulverização das atividades ligadas ao setor elétrico e da consequente multiplicação do número de empregadores.

Assim é que, por maioria de votos, em um placar de 8 votos contra 6, o TST deu provimento aos embargos e julgou procedente a pretensão, especificamente quanto aos serviços de construção e reforma de redes de energia elétrica, sua manutenção de rotina e emergência, fixando o prazo de seis meses para o cumprimento integral da decisão.

A decisão destacada tem sido adotada como precedente pelo TST, tendo sido referida como tal, por exemplo, na decisão do

Processo nº TST-RR-144640-37.2008.5.03.0025 (175005120095030068 17500-51.2009.5.03.0068, Relator: José Roberto Freire Pimenta, Data de Julgamento: 19/09/2012, 2ª Turma, Data de Publicação: DEJT 28/09/2012), relatado pelo Ministro Freire Pimenta, no qual foi reconhecido o vínculo de emprego direto entre a tomadora de serviços, a Telemar Norte Leste S/A. e o trabalhador terceirizado, contratado como cabista (atividade-fim), pela empresa Garra Telecomunicações e Eletricidade Ltda.

Todavia, tramita na Câmara dos Deputados o Projeto de Lei nº 4.330, de autoria do Deputado Sandro Mabel, apresentado em 26.10.2004, que pretende regular a terceirização, conceituando a empresa prestadora de serviços a terceiros como a sociedade empresária destinada a prestar à tomadora serviços determinados e específicos, contratando e remunerando o trabalho realizado por seus empregados, ou subcontratando outra empresa para a sua realização.

Referido projeto deixa claro, no §2º do artigo 2º, que "não se configura vínculo empregatício entre a empresa contratante e os trabalhadores ou sócios das empresas prestadoras de serviços, qualquer que seja o seu ramo", o que, se aprovado, comprometerá bastante a reação do Judiciário brasileiro contra a precarização dos direitos dos trabalhadores terceirizados no setor elétrico.

Após uma longa tramitação, o Projeto encontra-se aguardando pauta no Plenário, como verdadeira "espada de Dâmocles" a pairar sobre os empregados terceirizados, sendo certo que a sua possível aprovação dificultará, sobremaneira, a reação que a doutrina e a jurisprudência têm construído.

5 Conclusão

Em matéria publicada na página do IPEA (2011), em 18.10.2011, o SINDEEPRES, sindicato que representa os trabalhadores terceirizados no Estado de São Paulo, divulgou que a mão de obra terceirizada, no Estado, somava 700 mil trabalhadores em um total de 5,4 mil empresas, um grande incremento em relação à medição que havia sido feita em 1995, sem que houvesse relevantes alterações nas situações precárias de trabalho dos terceirizados, que, em média, recebem cerca de 54% do salário médio de um trabalhador com carteira assinada diretamente pelo seu empregador.

Esse cenário de proliferação de formas precárias de trabalho, aliado à elevação das taxas de desemprego, às reduções salariais e ao aumento dos contratos a prazo, inegavelmente, limita o poder dos sindicatos e contribui para a precarização do trabalho no setor elétrico.

A constatação pela Fundação COGE e pelo DIEESE de que, no setor elétrico, os acidentes de trabalho ocorrem, com maior incidência, com empregados terceirizados permite que se conclua que o descaso com o meio ambiente de trabalho e a saúde e a segurança do trabalhador é consequência da precarização do trabalho, oportunizada pela inexistência de limitações legais à terceirização de atividades-fim.

O Tribunal Superior do Trabalho tem atuado no sentido de responsabilizar diretamente aqueles que terceirizam atividades-fim no setor elétrico, com base no item I do seu Enunciado nº 331, deixando claro que a Lei de Concessões e Permissões não trata, e nem poderia tratar, do vínculo trabalhista, sob pena de se permitir a derrogação do eixo fundamental da legislação trabalhista, correspondente ao conceito de empregado e de empregador.

No que diz respeito às tentativas de se flexibilizar, cada vez mais, a legislação trabalhista, no sentido de reduzir e dificultar o exercício de direitos, faz-se necessário um claro posicionamento do Estado brasileiro no sentido de garantir a igualdade substancial, resistindo às pressões neoliberais para fazer valer a ideologia constitucionalmente adotada, segundo a qual as relações econômicas deverão estar fundadas na valorização do trabalho e na livre iniciativa, tendo por fim assegurar a todos existência digna, conforme os ditames da justiça social, atendendo as normas que integram a ordem econômica (art. 170, *caput*, CRFB/88).

Referências

ANTUNES, Ricardo. *O "caracol e sua concha"*; socialismo e trabalho no século XXI. *Revista Vírus – Dossier Capitalismo e Trabalho*, 2013.

ANTUNES, Ricardo. *O continente do labor*. São Paulo: Boitempo, 2011.

BELLUZZO, Luiz Gonzaga. *O capital e suas metamorfoses*. São Paulo: UNESP, 2012.

BIAVASCHI, Magda; DROPPA, Alisson. *Os entendimentos sumulados pelo Tribunal Superior do Trabalho sobre a terceirização*. Ipea, Mercado de Trabalho, 49, nov. 2011, p. 29-39.

CARNEIRO, Ricardo. *Globalização e integração periférica.* Texto para discussão. IE/UNICAMP, Campinas, n. 126, jul. 2007.

CASTEL, Robert. *As metamorfoses da questão social.* Petrópolis: Vozes, 1998.

CASTEL, Robert. *El ascenso de las incertidumbres; trabajo, protecciones, estautodel individuo.* Tradução de Víctor Goldstein. Buenos Aires: Fondo de Cultura económica. 2012.

COSTA, Arthur Fernando de Souza; ZOTES, Luis Perez. Os impactos da privatização sobre o nível de emprego no setor elétrico brasileiro. Disponível em: http://www.aedb.br/seget/artigos05/44_Desemprego%20no%20setor%20eletrico.pdf. Acesso em: 12 jan. 2014.

DAÜBLER, W. *Relações de trabalho no final do século.* BARBOSA DE OLIVEIRA, C. *et al. O Mundo do Trabalho.* São Paulo: Scritta, 1994.

DEDDECA, Claudio Salvadori. Flexibilidade e regulação de um mercado de trabalho precário: a experiência brasileira. *In:* GUIMARÃES, Nadya *et al.* (Org.). *Trabalho flexível; empregos precários?.* São Paulo: Editora da USP, 2009, p. 123-142.

DELGADO, Maurício Godinho. *Capitalismo, trabalho e emprego; entre o paradigma da destruição e os caminhos da reconstrução.* São Paulo: LTr, 2008.

DIEESE. *Perfil ocupacional dos empregados do setor de energia elétrica no Brasil: 1998/2004.* DIEESE 2006. Disponível em: http://www.dieese.org.br/estudosepesquisas/2006/estpesq28_eletricitarios.pdf. Acesso em: 23 dez. 2013.

DIEESE. *Terceirização e morte no trabalho:* um olhar sobre o setor elétrico brasileiro.

Estudos e pesquisas, nº 50, março de 2010.

DWYER, Tom. *Vida e morte no trabalho.* Tradução de Wanda Caldeira Brant e Jo Amado. Campinas: UNICAMP, 2006.

ESTANQUE, Elísio; COSTA, Hermes. O sindicalismo europeu no centro do vulcão: *desafios e ameaças. Revista Janus – Anuário de Relações Internacionais,* v. XX, Lisboa, UAL, 2013.

INSTITUTO DE PESQUISA ECONÔMICA APLICADA (IPEA). Brasil Econômico (SP) – Terceirização avança, mas relação precária permanece. Disponível em: http://www.ipea.gov.br/portal/index.php?option=com_content&view=article&id=1095. Acesso: 10 jan. 2014.

LÔBO, Paulo. *Direito Civil; teoria geral.* São Paulo: Saraiva, 2009.

MATTOSO, Jorge. *A desordem do trabalho.* São Paulo: Scritta, 1995.

MELO, Raimundo Simão de. *Direito ambiental do trabalho e a saúde do trabalhador.* 2. ed. São Paulo: LTr, 2006.

MENDES, Marcus Menezes Barberino. Meio ambiente do trabalho, acidente de trabalho e doenças ocupacionais: o melhor dos desafios da nova competência da Justiça do Trabalho. *In:* SILVA, Alessandro da *et al.* (Coord.). *Direitos Humanos: essência do Direito do Trabalho.* São Paulo: LTr, 2007, p. 280-290.

MÉSZÁROS, Istvan. *A crise estrutural do capital.* Tradução de Ana Carvalhaes *et al.* 2. ed. São Paulo: Boitempo, 2011.

PINTO, Geraldo Augusto. *A organização do trabalho no século 20*: taylorismo, fordismo e toyotismo. São Paulo: Expressão Popular, 2010.

PORCHMANN, Márcio. *As políticas do trabalho e de garantia de renda no capitalismo em mudança.* São Paulo: LTr, 1995.

ROSDOLSKY, Roman. *Gênese e estrutura de O Capital de Marx*. Tradução de César Benjamin. Rio de Janeiro: UERJ/Contraponto, 2001.

SCHUMPETER, Joseph Alois. *Capitalismo, socialismo e democracia*. Rio de Janeiro: Zahar, 1984.

SILVA, Luís Geraldo Gomes da. Os acidentes fatais entre os trabalhadores contratados e subcontratados do setor elétrico brasileiro. *Estudos do Trabalho: Revista da Rede de Estudos do Trabalho*, ano VI, número 12, 2013.

SINGER, Paul. *Globalização e desemprego*: diagnóstico e alternativas. São Paulo: Contexto, 2012.

SMITH, Adam. *A riqueza das nações*: uma investigação sobre a natureza e as causas da Riqueza das Nações. Tradução de Getulio Schanoski Jr. São Paulo: Madras, 2009.

CAPÍTULO 6

APONTAMENTOS HISTÓRICOS SOBRE A DEFESA DA CONCORRÊNCIA E DO DIREITO ANTITRUSTE

FELIPE GUIMARÃES DE OLIVEIRA

1 O pensamento econômico

1.1 Corporações de ofício e a Idade Média

O conceito atribuído à palavra concorrência variou muito desde as iniciais preocupações com o mercado e com seus agentes econômicos. Na Idade Média, a concepção de concorrência estava ligada a privilégios concedidos aos entes privados, para o exercício livre do monopólio, configurado entre os agentes.

Nesse período, a ideia de concorrência era ligada, estritamente, ao desenvolvimento de mecanismos mercantis de exploração por poucos agentes econômicos, mas com a devida autorização dos governantes locais para a constituição de monopólios, através das corporações de ofícios, a neutralização de qualquer concorrência entre os agentes econômicos partícipes da coalizão.[1]

---

[1] SAPORI *apud* FORGIONI, Paula A. *Os fundamentos do antitruste*. São Paulo: Revista dos Tribunais, 2012, p. 40.

SUZY ELIZABETH CAVALCANTE KOURY, FELIPE GUIMARÃES DE OLIVEIRA
DIREITO ECONÔMICO E CONCORRÊNCIA

Surgiu, nesse sentido, a perspectiva da concorrência correlacionada às corporações de ofício[2] e à sua devida regulamentação legal, conforme descreve Forgioni:

> Percebe-se daí, que dois eram os tipos de normas que disciplinavam a atividade das corporações de ofício, em um óbvio contexto de pluralidade de ordenamentos jurídicos: as primeiras, os *estatutos das corporações*, ordenamentos jurídicos completos, como se verá, e que eram colocados pelos comerciantes ou artesãos para disciplinar sua própria atividade. O outro sistema era aquele da Comuna medieval, que procurava regular a atividade das corporações, fazendo-o, na maioria das vezes, pelo controle dos estatutos e imposição de algumas normas de conduta obrigatórias para seus membros. Muitas das normas disciplinando as atividades dos membros das corporações foram estabelecidas por atos dos governantes das cidades.[3]

Complementa Forigioni sobre os estudos jurídicos:

> Nas estatutos das corporações de ofício podemos identificar três grupos de normas que interessam ao nosso estudo: (i) normas que estabeleciam o *monopólio da corporação;* (ii) normas que fixavam regras de conduta para os membros da corporação e que acabavam por *neutralizar* qualquer concorrência que se pudesse estabelecer, seja entre os agentes econômicos, seja pontencial; (iii) normas que estabeleciam a *jurisdição e o poder de fiscalização econômica* da corporação sobre seus membros.[4]

Nessa baila, o que se revela é a peremptória busca de regulamentação das corporações e também de contrapeso à absoluta liberdade em se restringir a concorrência dos demais exploradores de atividade econômica, pelas grandes potencias mercantis instaladas. Sobre seu funcionamento Lajugie; Delfaud *apud* Vaz:

> A partir do século XV e até o século XVIII, as corporações de ofício conheceram um período de florescimento e de progresso. Mas a atitute

---

[2] "No século XV em Drodrecht, e em toda parte nas cidades da Holanda, o governo municipal tornou-se uma pura aristocracia de dinheiro e uma oligarquia de família. O poder na cidade ficava com os chamados Rijkheit e Vroedschap, riqueza e sabedoria, tal como se os dois estivessem sempre juntos, a corporação consistindo em pequeno número fixo de membros que tinham o direito de nomear as autoridades municipais eleger o prefeito e com isso controlar a administração da cidade". K. Von HEGEL. *apud* HURBERMAN, Leo. *História da riqueza do homem.* 21. ed. Rio de Janeiro: LTC, 1986, p. 58.

[3] *Ibid*, p. 40.

[4] FORGIONI, *op. cit.* 43.

das *jurandas*, aplicada a reforçar seu monopólio, acabara suprimindo quase todas as possibilidades de trabalho livre. A fim de proteger seus membros de qualquer concorrência, a organização tentava com o beneplácito dos Poderes Públicos, aniquilar qualquer formação profissional desenvolvida fora da *juranda*. Os soberanos, pressionados por dívidas resultantes da multiplicação das guerras, viram-se forçados a solicitar "ajuda" financeira aos comerciantes, cada vez mais ricos. Em troca do auxílio, as corporações ganhavam a ampliação de seus privilégios, de modo que o regime corporativo passara a estender-se a profissões que até então haviam permanecido livre.[5]

As corporações, além de organizadas, eram constantemente vigiadas, com vistas a impedir, em várias ocasiões, a concorrência entre os seus membros, como a conhecida atração de clientes. Além disso, cabe ressaltar o grande controle da oferta, com a limitação da produção, do número de trabalhadores e dos instrumentos de trabalho, que eram ferrenhamente, regulados.

Ao mesmo tempo, detinham as corporações *poder de jurisdição*, sendo-lhes facultado impor penalidades aos membros que desrespeitassem suas normas, tais como suspensão ou exclusão, com o consequente cancelamento da matrícula.[6] Assim, mantinha-se o poder e o exercício do monopólio, controlando os setores da economia envolvidos.

É óbvio que a concentração de poder em forma de monopólio impedia a entrada de novos mercadores e artesãos, limitava a livre concorrência e constituía enormes discrepâncias entre os agentes econômicos no mercado. Não havia ambiente concorrencial saudável, não se falava em competição, mas sim em um sistema autoritário, em que o soberano elegia quem faria, ou não, parte das corporações[7] e assim, poderia ter alguma chance de ascender economicamente dentro do mercado.

---

[5] VAZ, Isabel. *Direito Econômico da Concorrência*. Rio de Janeiro: Forense, 1993, p. 56.

[6] *Ibid*, p. 45.

[7] Sobre esse contexto: "Do desaparecimento de toda concorrência resultaria o sepultamento progressivo das corporações, acomodadas na quietude da rotina. Elas manteriam os métodos de fabricação tradicionais, opondo-se a toda inovação, no momento em que, na Inglaterra, a Revolução Industrial sacudia os dados da técnica, permitindo novas produções. (...) À medida que desapareciam as ameaças de concorrência, os mestres de ofício tendiam a constituir uma casta fechada, criando uma espécie de nepotismo, cujas consequências não tardariam a eclodir. A incompatibilidade era muito clara entre um regime corporativo hermético e egoísta e

Claude Champaud denomina essa perda de oportunidade para ingressar na era da industrialização, iniciada na Inglaterra, o "rendez-vous manqué de la France avec la société industrielle".[8] Logicamente, a concentração em forma de monopólios não trouxe bons resultados concorrenciais, o que culminou com grandes reações pelos demais agentes econômicos excluídos do mercado. É neste contexto que surge o chamado *Édito de Zenão*, regulamentando os monopólios e combatendo o aumento abusivo de preços de mercadorias pelos grandes monopolistas.

Destarte, o descompasso das corporações de ofício com a realidade social, os problemas trabalhistas e a excentricidade que lhes eram características fulcrais, culminaram com a sua própria ruína, frente também às novas técnicas e modos de produção desenvolvidos pela Revolução Industrial. Essa incompatibilidade clara ceifou as corporações, que foram repelidas por ocasião da própria Revolução Francesa.[9]

Assim, abre-se o precedente da liberdade, entre vários aspectos, o de liberdade de concorrência e iniciativa, surgindo a teoria de Adam Smith e do liberalismo econômico.

---

as necessidades de uma economia móvel e progressiva. As oposições se multiplicavam: a dos operários (greves, escaramuças), a dos pensadores (enciclopedistas, fisiocratas), e o regime político, infiel aos seus princípios marchava para ruína. Quando Turgot passou pelo poder, em 1776, aproveitou para abolir os cargos de mestre de ofício e as *jurandas;* mas a burguesia mercantil mantinha sólido prestígio na Corte e o Ministro caiu em desgraça. Seu sucessor restabelecer o regime corporativo, que seria, quinze anos mais tarde definitivamente condenado pela Revolução Francesa". *In:* Lajugie e Delfaud *apud* VAZ, Isabel. *Direito Econômico da Concorrência.* Rio de Janeiro: Forense, 1993, p. 56.

[8] *Ibid, loc. cit.*

[9] "A França forneceu o vocabulário e os temas da política liberal e radical-democrática para a maior parte do mundo. A França deu o primeiro grande exemplo, o conceito e o vocabulário do nacionalismo. A França forneceu os códigos legais, o modelo de organização técnica e científica e o sistema métrico de medidas para a maioria dos países. (...) A Revolução Francesa pode não ter sido um fenômeno isolado, mas foi muito mais fundamental do que os outros fenômenos contemporâneos e suas consequências foram portanto mais profundas. Esta intervenção não foi muito facilmente organizada, dadas as complexidades da situação internacional e a relativa tranquilidade política de outros países. Entretanto, era cada vez mais evidente para os nobres e os governantes por direito divino de outros países que a restauração do poder de Luís XVI não era meramente um ato de solidariedade de classe, mas uma proteção importante contra a difusão de idéias perturbadoras vindas da França". *In:* HOBSBAWM, Eric J. *A era das revoluções, 1789-1848.* 7. ed. Rio de Janeiro: Paz e Terra. 1989, p. 71-83.

CAPÍTULO 6
APONTAMENTOS HISTÓRICOS SOBRE A DEFESA DA CONCORRÊNCIA E DO DIREITO ANTITRUSTE | 129

2 Adam Smith e o liberalismo econômico

A Revolução Francesa foi incontestável consequência das tensões sociais, sejam estas políticas, comerciais, sociais, culturais ou econômicas. O inexorável regime centralizador e oclusivo não poderia prosperar sem mudanças por mais de 200 anos. O Decreto de Allarde,[10] de março de 1791, e, posteriormente, a Lei Le Chapelier,[11] de junho de 1791, marcaram o início de uma verdadeira revolução em termos de liberdade concorrencial. Pregava-se, então, o liberalismo econômico, com a substituição do pensamento fisiocrata e a adoção da ideologia mercantil com a livre iniciativa e a livre concorrência como marcos de libertação dos gigantescos monopólios.

Foi a partir de então que as ideias de Adam Smith[12] e do liberalismo econômico, nascidas face às crises econômicas existentes no mercantilismo e nas corporações de ofício, floresceram, juntamente com o iluminismo e com a Revolução Francesa. O mercado agora era livre de intervenção direta por parte do soberano, vigorando nesse sentido o *Laissez-Faire, Laissez Aller, Laissez-Passer*,[13] com a ideologia de autorregulação dos mercados pelos seus próprios agentes econômicos.

A partir de então, a liberdade passou a ser considerada como verdadeira exigência. Não se poderia conceber a atividade do moderno empresário limitada pelas rígidas regras das corporações de ofício, que desempenharam, é verdade, em uma economia

---

[10] O Decret d'Allard, de 2-17 de março de 1791, no seu art. 7º, determinou que, a partir de 1º de abril daquele ano, seria livre a qualquer pessoa a realização de qualquer negócio ou o exercício de qualquer profissão, arte ou ofício que lhe aprouvesse, sendo contudo ela obrigada a munir-se previamente de "uma patente" (imposto direto), a pagar as taxas exigíveis, e a sujeitar-se aos regulamentos de polícia aplicáveis. *In:* GRAU, Eros Roberto. *A ordem econômica na Constituição de 1988.* 14. ed. São Paulo: Malheiros, 2010, p. 19.

[11] "A lei Le Chapelier de 1791 proibiu toda e qualquer organização de classe. Era a livre concorrência, no campo da produção, corolário da liberdade individual na esfera política. (...) Sob pena de falhar à sua grande destinação coletiva, o Governo criado pela Revolução não poderia deixar de procurar e propor soluções para os nossos problemas sociais, até agora relegados ao mais completo desprezo pelos nossos governos (...)". *In:* VARGAS, João Tristan. Qual é o liberalismo da Lei Chapelier? Seu significado para os contemporâneos e para a historiografia francesa dos séculos XIX e XX. *Revista Mundo do Trabalho.* v. 3, n. 5, 2011.

[12] SMITH, Adam. *A riqueza das nações.* São Paulo: Madras, 2009.

[13] *Deixai fazer, deixai ir, deixai passar.*

relativamente estável, papel primordial de proteção aos interesses dos comerciantes e produtores. Nesse outro momento histórico, entretanto, as antigas pautas de conduta perderam seu sentido, pois a conquista dos mercados passou a ser essencial: *era necessário o restabelecimento da concorrência.*[14] A ideia de concentração e de regulação, sob o comando das corporações, não perdurou por muito tempo. O alto valor de produtos básicos, a restrição ferrenha ao nascimento de novas formas de exploração da atividade econômica, o aumento das desigualdades sociais, e, principalmente, da classe trabalhista fizeram renascer a ideia de não intervenção do estado na economia e o necessário diagnóstico de que o liberalismo seria a grande válvula de escape para os problemas mercantis e da própria teoria econômica e concorrencial.

Nesse momento, surgiu um novo ícone da teoria econômica, Adam Smith, cuja obra *A Riqueza das Nações*, de 1776, constituiu o marco do liberalismo econômico. Smith estava profundamente incomodado com os efeitos degradantes da regulação e dos monopólios, que manifestavam, em toda a sua plenitude, o poder econômico.[15] Assinala Adam Smith:

> Um monopólio garantido a um indivíduo ou a uma empresa comercial tem o mesmo efeito que um segredo no comércio ou nas manufaturas. Os monopolistas ao manterem o mercado constantemente desprovido, nunca suprindo a demanda efetiva, vendem suas mercadorias muito acima do preço natural, e aumentaram seus emolumentos, sejam eles salários ou lucros, muito acima de sua variação natural. O preço do monopólio é, em todos os casos, o mais elevado que se pode alcançar. O preço natural, ou o preço da livre competição, ao contrário, é o mais baixo que podemos calcular, não em todas as ocasiões, é verdade, mas por um bom período de tempo. Um deles é, em qualquer intervalo de tempo, o que pode ser obtido dos compradores, ou que, supõe-se, irão consentir em dar; outro é o mais baixo que os vendedores são geralmente capazes de aceitar para continuarem a realizar seus negócios. *Os privilégios exclusivos de corporações, estatutos de aprendizado, e todas as leis*

---

[14] FORGIONI, *op. cit, p.* 55.
[15] NUSDEO, Fábio. *Curso de economia:* introdução ao direito econômico. 6. ed. São Paulo: Revista dos Tribunais, 2010, p. 273.

que restringem, em empregos particulares, a competição a um número menor que de outro poderia ocorrer, têm a mesma tendência, embora um grau menor.

Eles formam um tipo de monopólio ampliado que pode, frequentemente por muitos anos, e em classes inteiras de empregos, manter o preço de mercado de determinadas mercadorias acima do preço natural, e manter também os salários do trabalho e os lucros do capital empregado um pouco acima de sua cotação natural.[16] (Grifo Nosso)

Smith, claramente, expõe sua irresignação ao modelo adotado de corporações monopolistas, entendendo por sua danosidade efetiva e potencial ao bom funcionamento de mercado. O liberalismo, assim, surge como uma nova ideologia econômica pautada na não intervenção do Estado na economia e na filosofia smithiana de que o mercado poderia se autorregular, sem intervenção de entes externos à sua formação, baseando sua formatação econômica na Lei de Say.[17]

À época, os liberalistas clássicos exaltavam, justamente, o comportamento do sentimento empático do homem, seu chamado espírito gregário,[18] e a correlata necessidade de segurança coletiva, bem como as vantagens econômicas da distribuição do trabalho. A viabilidade desse liberalismo só ocorreria se os homens estivessem organizados em sociedade, como, por exemplo, através da divisão do trabalho. Assim, destacam E. K. Hunt e Howard Sherman, *in verbis:*

> Um dos princípios fundamentais do liberalismo clássico era que os homens (sobretudo os homens de negócio) deveriam dispor de liberdade para dar vazão a seus impulsos egoístas, o que implicava a supressão dos mecanismos de controle e coerção impostos pela sociedade, exceto os dispensáveis. Esta contradição aparente foi resolvida pela doutrina econômica liberal. Sem negar a existência da competição e da rivalidade motivadas pelo egoísmo

---

[16] SMITH, *op. cit.*, p. 59.

[17] A *Lei de Say*, estabelecida pelo economista francês Jean-Baptiste Say, pautava-se na ideia de oferta e da procura, e de automanutenção do mercado pelas trocas mercantis exercidas independentemente de fatores externos ao meio comercial. Assim Say expõe: "É de se ressaltar que um produto tão logo seja criado, nesse mesmo instante, forma um mercado para outros produtos adequado ao próprio valor. Quando o produtor finaliza a produção, fica ansioso para vendê-la imediatamente, pois quer evitar que a mesma se deprecie em suas mãos. E não ficará menos ansioso para aplicar o dinheiro que ganhará com a venda, pois o valor do dinheiro também poderá se depreciar. Mas o único modo de aplicar o dinheiro é trocá-lo por outros produtos. Assim, a mera circunstância da criação de um produto imediatamente abre um mercado para outro produto". SAY, Jean-Baptiste. *A Treatise on Political Economy*. 4. ed. Kitchener: Batoche Books, 2001, p. 57.

[18] HUNT, E.K.; SHERMAN, *op. cit*, p. 67.

irrestrito dos homens em uma economia de mercado, os economistas liberais afirmavam que essas relações de competição eram benéficas tanto para os indivíduos quanto para a sociedade como um todo.[19]

Consoante a doutrina de Adam Smith, deveria haver um ambiente mercantil livre, incentivado pela ambição do lucro e da obtenção de novas riquezas, fator esse que levaria os concorrentes a disputarem entre si a captação de recursos através de seus consumidores, bem como do capital e da força de trabalho, como consequências da própria estrutura de mercado constituída.

Essa forma de mundo mais produtivo, com a autossustentação da economia e do mercado, sem a intervenção do Estado, seria capaz de conduzir à ideia de que estariam assegurados, além de tudo, os bens essenciais de consumo desejados pela sociedade.

Segundo Forgioni, sob esse manto:

> A concorrência passa a ser encarada como solução para conciliar a liberdade econômica individual e interesse público, preservando-se a competição entre os agentes econômicos, atende-se ao interesse público (preços inferiores aos de monopólio, melhora a qualidade dos produtos, maior nível de atividade econômica etc.), ao mesmo tempo em que se assegura ao industrial ou comerciante ampla liberdade de atuação, com a concorrência evitando qualquer comportamento danoso à sociedade. A concorrência é o antídoto natural contra o grande mal dos monopólios, apta a regular o mercado, conduzindo ao bem-estar social, sem a necessidade da intervenção estatal, ou seja, a existência do livre mercado seria assegurada sem que se precisasse de maior atuação exógena. Por esse motivo, nesse momento histórico, não havia maiores preocupações em se impor limites à liberdade de concorrência.[20]

O que se verifica nessa perspectiva é a liberdade econômica[21] como verdadeiro instrumento, mecanismo, ou mesmo forma

---

[19] HUNT, E. K; SHERMAN, *op. cit, p.* 67.

[20] FORGIONI, *op. cit.,* p. 59.

[21] Os princípios do liberalismo econômico permeiam as decisões dos tribunais sobre questões de concorrência. Algumas, como o caso King v. Norris, assentam pautas hermenêuticas que são até hoje consideradas. Os proprietários de salinas em Droitwich, na Inglaterra, decidiram celebrar entre si, por escrito, acordo fixando o preço do sal, de forma que a venda abaixo do preço acordado acarretaria multa no valor de 200 pounds. O instrumento foi posteriormente destruído. Por ocasião do julgamento, no ano de 1758, Lord Mansfield manifesta-se no sentido de que "se qualquer acordo for celebrado para fixar o preço do sal, ou de qualquer outra necessidade da vida, por pessoas que lidam com esse bem, o tribunal aproveitaria a

CAPÍTULO 6
APONTAMENTOS HISTÓRICOS SOBRE A DEFESA DA CONCORRÊNCIA E DO DIREITO ANTITRUSTE | 133

específica de se garantir um ambiente concorrencial saudável, não necessitando de intervenção estatal as práticas, estruturas, condutas e arranjos mercadológicos e econômicos constituídos. Com essa projeção, Smith destaca a ideia de "mão invisível" do Estado,[22] ou seja, de autorregulação do mercado através da concessão de liberdade de concorrência e de livre atuação de seus próprios agentes na esfera capitalista.

3 Joseph Alois Schumpeter e a escola schumpeteriana da concorrência

Joseph Schumpeter nasceu em 1883, na Áustria, e doutorou-se em Viena no ano de 1906, sendo um dos maiores economistas de sua época, com obras publicadas bastante conhecidas.[23]

A ideologia de liberdade econômica, propagada pelo liberalismo, entrou em crise, com a quebra da bolsa em 1929 e com o surgimento do Estado de Bem-Estar Social (*Welfare State*). Surgiu, nesse contexto de crise do liberalismo, Joseph Alois Schumpeter com sua célebre obra *Teoria do Desenvolvimento Econômico*[24] (*Theorie der Wirtschaftlichen Entwicklung*).

---

oportunidade para, independentemente da origem da reclamação, demonstrar a natureza do crime (...) independentemente de o preço fixado ser alto ou baixo, uma vez que todos os acordos dessa natureza trazem consequências danosas e devem ser reprimidos".

[22] "(...) já que cada indivíduo procura, na medida do possível, empregar o seu capital em fomentar a atividade (...) e dirigir de tal maneira essa atividade que seu produto tenha o máximo valor possível, cada indivíduo necessariamente se esforça por aumentar ao máximo possível a renda anual da sociedade. Geralmente, na realidade, ele não tenciona promover o interesse público nem sabe até que ponto o está promovendo (...) [Ao empregar o seu capital] ele tem em vista apenas sua própria segurança; ao orientar sua atividade de tal maneira que sua produção possa ser de maior valor, visa apenas o seu próprio ganho e, neste, como em muitos outros casos, é levado como que por uma mão invisível a promover um objetivo que não fazia parte de suas intenções. Aliás, nem sempre é pior para a sociedade que esse objetivo não faça parte das intenções do indivíduo. Ao perseguir seus próprios objetivos, o indivíduo muitas vezes promove o interesse da sociedade muito mais eficazmente do que quanto tenciona realmente promovê-lo". *In:* SMITH, Adam. *Op. cit.* Col. Os Economistas, p. 437-438.

[23] A guisa de conhecimento, ressalte-se, SCHUMPETER, Joseph Alois. *Teoria do desenvolvimento econômico.* São Paulo: Nova Cultural, 1997. SCHUMPETER, Joseph Alois. *Business Cycles:* A Theoretical Historical and Statistical Analysis Cycles. Londres: Porcupine Press, 1989. SCHUMPETER, Joseph Alois. *Capitalism, Socialism and Democracy.* Londres: Taylor e Francis, 2003; e SCHUMPETER, Joseph Alois. *Historia del Análisis Económico.* México: Fondo de Cultura Económica, 1964.

[24] SCHUMPETER, 1997.

SUZY ELIZABETH CAVALCANTE KOURY, FELIPE GUIMARÃES DE OLIVEIRA
DIREITO ECONÔMICO E CONCORRÊNCIA

Fagundes acrescenta:

> Uma abordagem inteiramente alternativa à neoclássica pode ser construída a partir da obra de Schumpeter. Na sua visão, a concorrência é um processo de interação entre unidades econômicas voltadas à apropriação de lucros e à valorização dos ativos de capital. A obtenção de lucros não pressupõe nem conduz a algum equilíbrio, como, por exemplo, a igualação entre taxas de retorno do capital; ao contrário, está relacionada a desequilíbrios oriundos do esforço de diferenciação e criação de vantagens competitivas pelas empresas, que se esforçam por retê-las na forma de ganhos monopolistas, ainda que temporários e restritos a segmentos específicos de mercado.[25]

Assim, Joseph Schumpeter inicia uma nova visão sobre o processo comum de concorrência, entendendo-o como um verdadeiro processo em que entes econômicos (agentes) realizam a atividade comercial com fulcro na captação de lucros e nos ganhos de capital.

Salienta que o retorno e a obtenção do capital estão nos esforços empreendidos por cada agente na exploração da atividade econômica, que, assim como afirma Fagundes,[26] está relacionada a desequilíbrios oriundos do esforço de diferenciação e de criação de vantagens competitivas pelas empresas.

O que se depreende da doutrina de Schumpeter é que o lucro não passaria a ser algo abusivo, nem corresponderia à obtenção de algo ilegal, muito pelo contrário, a concepção era de normalidade, que deve estar coadunada com os esforços empreendidos pelo agente no mercado e sua estratégia de atuação neste. Nem situações monopolísticas seriam, intrinsecamente, anticompetitivas, pois constituem o objetivo mesmo, e, muitas vezes, o resultado do processo competitivo, ainda que de forma temporária e restrita; vale dizer, monopólio não é "o contrário" de concorrência.[27]

O que se evidencia da análise da Escola Schumpeteriana é que o fator concorrencial e o lucro obtido por vantagens temporárias monopolistas (não ilegais ou anticoncorrenciais) repousam nas

---

[25] FAGUNDES, Jorge. Política de defesa da concorrência e política industrial: convergência ou divergência? *In: Grupo de Regulação da Concorrência*. Rio de Janeiro: UFRJ, 2013.

[26] *Ibid*, p. 15.

[27] *Ibid*, p. 8-9.

chamadas inovações, situações configuradas pelos próprios agentes econômicos, capazes de gerar o acirramento da concorrência e a melhoria dos produtos ofertados ao consumidor final. O caráter da inovação gera a sofisticação do produto ofertado pelo fabricante, que o coloca em uma situação de monopolista temporário, o que, por sua vez, majora seu lucro e o capital percebido. Acentua Schumpeter sobre a inovação (novas combinações):

> A inovação é arriscada, impossível para a maioria dos produtores. Mas se alguém estabelece um negócio relacionado com essa fonte de fornecimento, e tudo vai bem, então pode produzir uma unidade de produto de modo mais barato, ao passo que de início os preços vigentes continuam substancialmente a existir. Então tem um lucro. De novo não contribuiu com nada mais do que vontade e ação, não fez nada mais do que recombinar fatores existentes. De novo se trata de um empresário, seu lucro é lucro empresarial. E novamente este último, e também a função empresarial enquanto tal, aparece no vórtice da concorrência que segue atrás deles. Vem aqui o caso da escolha de novas rotas de comércio.[28]

Continua Schumpeter sobre as inovações, exemplificando a questão da lã, substituída pelo algodão, em caso paradigma:

> Análogo aos casos de simples aperfeiçoamento do processo de produção é o caso da substituição de um bem de produção ou consumo por outro, que serve para o mesmo propósito, ou aproximadamente ao mesmo, sendo, porém, mais barato. Exemplos concretos são oferecidos pela substituição parcial da lã pelo algodão, no último quartel do século XVIII e por toda a produção de substitutos. Esses casos devem ser tratados exatamente como os que acabamos de mencionar. A diferença de que os novos produtos aqui certamente não trarão os mesmos preços que os anteriormente produzidos na indústria em consideração é apenas de grau, como pode facilmente ser visto. Quanto ao resto, vale exatamente o mesmo. Novamente é irrelevante se os indivíduos em questão produzem eles próprios o novo bem de produção ou de consumo, ou se apenas o usam ou dele dispõem conforme seja o caso, e o retiram com esse propósito de seus possíveis usos existentes. Aqui também esses indivíduos não contribuem nem com bens nem com poder de compra. Aqui também têm, entretanto, um lucro que está ligado à realização de novas combinações.[29]

---

[28] SCHUMPETER, 1997, *op. cit*, p. 133-134.
[29] *Ibid*, p. 134-135.

Fagundes[30] sintetiza as novas formas de combinação mercadológicas da teoria schumpeteriana em cinco vertentes de inovações, que podem assumir as seguintes formas: a) novos produtos; b) novos processos de produção; c) novos mercados; d) novas fontes de matérias-primas; e e) novas organizações industriais. Esses fatores são entendidos como formas de concorrência, que têm eficácia em relação aos meios tradicionais – preço, qualidade, entre outros.

As crises econômicas vivenciadas por Schumpeter, na época, além de tudo, o fizeram crer que a teoria estática da economia era irrelevante, frágil e danosa, concluindo que era preciso haver a dinamização dos processos econômicos. Como assevera Sylvia Nassar:

> Precisava-se de uma teoria do desenvolvimento econômico e aquele jovem recém-formado na universidade pretendia elaborá-la. A ambição de Schumpeter era substituir a teoria estática da economia pela dinâmica, assim como Darwin pusera de lado a biologia tradicional a favor da biologia evolucionária. Como ele observou alguns anos mais tarde, sua ideia era exatamente igual á ideia de Karl Marx, que também tinha uma visão da evolução econômica como um processo distinto, gerado pelo próprio sistema econômico.[31]

Ainda salienta Sylvia Nassar:

> A resposta tradicional seria que o desenvolvimento de uma nação dependia de seus recursos. Schumpeter adotou o ponto de vista contrário. O que importava não era aquilo que uma nação possuía, mas o que ela fazia com o que tinha.[32]

Era preciso, então, desenvolver um modelo pautado no desenvolvimento econômico.[33] O desenvolvimento precisava estar coadunado aos ditames impostos pela exploração da atividade

---

[30] FAGUNDES, *op. cit, p.* 9.

[31] NASSAR, Sylvia. *A imaginação econômica.* São Paulo: Companhia das Letras, 2012, p. 197.

[32] *Ibid*, p. 210.

[33] Schumpeter estabelece uma distinção clara entre crescimento e desenvolvimento econômico. O crescimento é um fenômeno realizado a fatores externos ao sistema e ocorre quando a economia é "arrastada pelas mudanças do mundo à sua volta" e se adapta às novas circunstâncias impostas pela realidade. Já o desenvolvimento implica mudanças na vida econômica, engendradas pelo próprio sistema, em fenômenos e mudanças qualitativas que criam os pré-requisitos para a etapa seguinte. *In:* OLIVEIRA, Roberson; GENNARI, Adilson Marques. *História do pensamento econômico.* São Paulo: Saraiva, 2009. 265-266.

CAPÍTULO 6
APONTAMENTOS HISTÓRICOS SOBRE A DEFESA DA CONCORRÊNCIA E DO DIREITO ANTITRUSTE | 137

econômica. O destoar do mundo e o enclausuramento do mercado dentro de si nas mão de poucos agentes não poderia prosperar. Era necessário incorporar a ideia de desenvolvimento econômico à liberdade de concorrência também.

> Em resumo, para Schumpeter, o lucro decorre de um monopólio temporário de vantagens obtidas através de inovações – que, para o autor, se constituem na forma mais eficaz de competição – esvaindo-se com a difusão destas ao longo do processo de concorrência ou pelo aparecimento de outras inovações. Diante da noção de concorrência schumpeteriana, que enfatiza seu caráter ativo e desequilibrador, abrem-se possibilidades para a análise das estratégias competitivas, e, portanto, das formas de competição em cada mercado. A diferenciação entre as empresas torna-se, simultaneamente, pressuposto e resultado do processo de concorrência e da evolução do sistema econômico.[34]

Na doutrina da teoria econômica e da concorrência, além de Schumpeter e o desenvolvimento econômico, surge, mais tarde, John Maynard Keynes e a ideologia do Estado como o motor do desenvolvimento econômico e, também, dos direitos sociais e trabalhistas, que passa, agora, a ser examinado.

4 John Maynard Keynes e o intervencionismo estatal

A ideologia socialista teve destaque a partir da década de 1930. O mundo capitalista, a esta altura, debatia-se com a mais violenta depressão, enquanto a economia soviética crescia em nível acelerado. A grande depressão produziu um choque traumático na população norte-americana, abalando profundamente a sua convicção de que o país progrediria indefinidamente e alcançaria níveis de prosperidade material sem paralelo no mundo. O sistema econômico capitalista parecia estar à beira de um colapso total.[35] Urgia tomar medidas drásticas que revertessem o processo de crise. Antes, porém, era necessário conhecer melhor a natureza do mal que colocava em risco a existência do sistema.

---

[34] FAGUNDES, *op. cit.* 9-10.
[35] Cf. VERSIGNASSI, Alexandre. *Crash:* uma breve história da economia da Grécia antiga ao século XXI. São Paulo: LeYa, 2011.

Assim, exsurge com a sua Teoria Geral do Emprego, do Juro e da Moeda[36] (*The General Theory of Employment, Interest and Money*), John Maynard Keynes (1883-1946). Para Keynes, era necessário estudar a forma capitalista e seu modo de produção.

O Estado, além de fomentar, regular e fiscalizar os agentes econômicos, deveria impor sobre o mercado o dever de cautela, a fim de que os direitos sociais e trabalhistas fossem observados. A presunção de autorregulação do mercado e de autossuficiência, para Keynes,[37] só fortalecia monopólios e distanciava do mundo jurídico a defesa dos direitos trabalhistas e do emprego.

Esta obra seria, antes de mais nada, uma denúncia do *laissez-faire*. Keynes não era marxista, sequer socialista. Pelo contrário, acreditava no sistema capitalista, dentro do qual fora educado.

Verificou, porém, que o sistema econômico capitalista estava longe de assegurar, automaticamente, o pleno emprego e o desenvolvimento econômico sem crises crônicas, de duração indefinida, como pretendia a teoria econômica vigente. Esse fato fora também constatado pela maioria de seus contemporâneos. Mas apenas Keynes logrou montar um modelo teórico com condições de fazer frente ao modelo clássico.[38]

Tarefa aparentemente com o mesmo sentido já fora realizada no século anterior, por Marx. Todavia, é preciso distinguir, com clareza, as duas contribuições. Marx fez sua crítica da teoria vigente, visando condenar e ajudar a liquidar o sistema capitalista. Sua crítica foi tão profunda e severa, que jamais foi incorporada à teoria econômica ortodoxa, vindo a constituir-se em uma teoria econômica paralela – a teoria econômica marxista. Já a crítica de Keynes tem um sentido completamente diverso.

Não visava condenar o capitalismo, mas apontar suas fraquezas[39] e indicar os remédios adequados. Não era o capitalismo

---

[36] KEYNES, John Maynard. *Teoria Geral do Emprego, do Juro e da Moeda*. São Paulo: Nova Cultural, 1996.

[37] HUNT, E.K.; SHERMAN, *op. cit, p.* 181.

[38] BRESSER-PEREIRA, Luiz Carlos. *Da Macroeconomia Clássica à Keynesiana*. Disponível em: www.bresser-pereira.org.br. Acesso em: 12 jan. 2013, p. 22.

[39] No Brasil, o período de afirmação de uma política cambial segura também foi outra fraqueza, amenizada com o Plano Real. Cf. LEITÃO, Miriam. *A saga brasileira:* a longa luta de um povo por sua moeda. 2. ed. Rio de Janeiro: Record, 2011.

que era condenado, mas o *laissez-faire*. É certo que a política para salvar o capitalismo era suficientemente ousada para, praticamente, propor a socialização dos investimentos, ou seja, o seu controle pelo governo. O máximo que se poderia dizer, portanto, é que, para salvar o sistema capitalista, Keynes admitia um grau de intervenção do Estado que, em longo prazo, poderia implicar o desaparecimento do sistema capitalista.[40]

Resumidamente, Bresser-Pereira assinala:

> Keynes rompia, assim, radicalmente com a tradição clássica baseada na teoria quantitativa da moeda, que não admitia a possibilidade de entesouramento. Automaticamente, a lei de mercado de Say, segundo a qual a oferta cria sua própria procura, não sendo possíveis o desemprego e as depressões a longo prazo, caía por terra. A teoria da estagnação que Keynes começara a formular nos anos vinte, ganhava agora sustentação teórica. O desemprego deixava de ser uma situação anormal. Anormal, ou, mais precisamente, eventual, isto sim, era o pleno emprego, que só poderia ser alcançado graças a uma intervenção deliberada do Estado, de estímulo à demanda agregada efetiva, principalmente através da política de investimentos em obras públicas, sugeridas pelo multiplicador, que compensaria a tendência ao subconsumo e à conseqüente redução da procura agregada, determinada pela propensão marginal a consumir inferior à unidade. Keynes iniciava assim seu raciocínio através da análise do multiplicador e da procura agregada, em cuja debilidade, tornada possível pela negação da lei de Say, estava a causa do desemprego.[41]

Atualmente, pode-se afirmar que a perspectiva traçada por Keynes manteve-se, porém, hoje, constitui o chamado neoliberalismo de Estado de Iniciativa Dual, ou seja, o Estado continua a não intervir de maneira direta na economia, contudo, assume tal posição quando necessário à manutenção da ordem e à estabilização do mercado, em crises econômicas.

Assim, o constituinte de 1988 também optou por fazer quando introduziu, dentro do capítulo específico da Constituição da República de 1988, o título da Ordem Econômica. Esse princípio, que revela a opção pelo Estado de Iniciativa Dual, fica

---

[40] *Ibid*, p. 28.
[41] *Ibid*, p. 30.

salientado no princípio da subsidiariedade, preceituado no art. 173 da CRFB, *in verbis:*

> Art. 173. Ressalvados os casos previstos nesta Constituição, a exploração direta de atividade econômica pelo Estado só será permitida quando necessária aos imperativos da segurança nacional ou a relevante interesse coletivo, conforme definidos em lei.

Percebe-se, dessa forma, que a ideologia constitucionalmente adotada pelo ordenamento jurídico brasileiro, foi neoliberal, porém com um cunho intervencionista subsidiário, conforme o art. 173 da CFRB.[42] Insta afirmar que o processo de evolução da teoria econômica no Brasil é muito recente, tendo por ponto busílis a importação do Direito Econômico para o ordenamento jurídico brasileiro e sua sedimentação, no Brasil, pelo trabalho do Prof. Washington Peluso Albino de Souza.[43]

Albino de Souza[44] defendeu a necessidade de capitular um regramento próprio e legal que fosse capaz de delinear como a exploração da atividade econômica seria exercida. Era preciso, antes de mais nada, estabelecer as formas de atuação e repressão ao abuso do poder econômico exercido pelos detentores de poder de mercado (*market power*). Sua insistência em tornar o Direito Econômico, no Brasil, como um ramo autônomo do direito foi árdua, mas bem sucedida, tanto que o legislador constituinte incluiu, no art. 24, inciso I, a competência concorrente para União, Estados, Distrito Federal e Município para legislarem sobre Direito Econômico.

Assim, o ordenamento jurídico começou a moldar regras próprias de regulamentação do mercado, adotando *políticas econômicas*

---

[42] Neste sentido: BERCOVICI, Gilberto. *Direito econômico do petróleo e dos recursos minerais.* São Paulo: Quartier Latin, 2011, p. 260-285.

[43] Vide: ALBINO DE SOUZA, Washington Peluso. *Estudos de Direito Econômico.* v. 1 e 2. Belo Horizonte: Movimento Editorial da Faculdade de Direito da UFMG, 1995; ALBINO DE SOUZA, Washington Peluso. *Lições de Direito Econômico.* Porto Alegre: Sergio Antônio Fabris, 2002; ALBINO DE SOUZA, Washington Peluso; CLARK, Giovani. *Direito Econômico e a ação estatal na pós-modernidade.* São Paulo: Revista dos Tribunais, 2011. ALBINO DE SOUZA, Washington Peluso. *Teoria da Constituição Econômica.* Belo Horizonte: Del Rey, 2002. ALBINO DE SOUZA, Washington Peluso. *Direito Econômico.* São Paulo: Saraiva, 1980. ALBINO DE SOUZA, Washington Peluso. *Direito Econômico do Planejamento.* Belo Horizonte: Revista Brasileira de Estudos Políticos, 1971. ALBINO DE SOUZA, Washington Peluso. *Primeiras linhas de Direito Econômico.* Belo Horizonte: Fundação Brasileira de Direito Econômico, 1971.

[44] *Ibid*, 1971.

de concorrência e proteção,[45] exsurgindo também deste propósito a defesa da concorrência. A lei mais bem consolidada e coadunada ao ideal constitucional foi a Lei nº 8.884/94, já revogada pela atual Lei nº 12.529/11, considerada pela doutrina como a melhor lei antitruste já constituída, visto que, além de combater, também reprime as infrações econômicas pelos agentes empresariais e estrutura todo o Conselho Administrativo de Defesa Econômica (CADE), reformatando-o.

Sobre o tema da lei, Roberto Taufick, esclarece:

> O art. 1º, como não poderia deixar de ser, esclarece os pilares que, para o legislador, devam orientar a análise antitruste. Trata-se de uma lista que combina liberdades franqueadas aos agentes econômicos com prerrogativas de intervenção pelo poder público, sempre que o abuso daquelas implique a interferência em um valor coletivo maior. Basicamente, uma liberdade pode estar sendo o objeto de abuso sempre que um agente incorporar, irregularmente, um bem que é comum, como se privado fosse; ou, em outras palavras, quando se reputar que a fruição aparentemente regular dessa liberdade demande a imposição de limites específicos com o fim de garantir o bem coletivo.[46]

Acrescentam Eduardo Gaban e Juliana Domingues:

> Como um dos BRIC's, o crescimento econômico no Brasil traz um componente adicional ao contexto de seu controle de estruturas: a complexidade das operações apresentadas ao SBDC está aumentando, assim como, consequentemente, o *expertise* das autoridades responsáveis pela defesa da concorrência no país. Isso pode ser observado no CADE, onde ainda na vigência da Lei nº 8884/94, foi criado o Departamento de Estudos Econômicos (DEE) para lidar com assuntos econômicos e econométricos difíceis e complexos. Assim, a prática do Direito Antitruste no Brasil está evoluindo por meio do caminho técnico requerendo um conhecimento mais aprofundado de diversas teorias e ferramentas disponíveis globalmente, quer econômicas ou legais, para lidar com as difíceis e complexas operações empresariais em questão.[47]

---

[45] PREOBRAJENSKY, Eugen. *A nova econômica.* Paz e Terra: Rio de Janeiro, 1979; SINGER, Paul. *Desenvolvimento e crise.* Paz e Terra: Rio de Janeiro, 1982.; BACHA, Edmar Lisboa. *Política econômica e distribuição de renda.* Paz e Terra: Rio de Janeiro, 1978; VAITSOS, Constantine V. *Distribuição de renda e empresas multinacionais.* Paz e Terra: Rio de Janeiro, 1977.

[46] TAUFICK, Roberto Domingos. *Nova lei antitruste brasileira.* Rio de Janeiro: Forense, 2012, p. 3.

[47] GABAN, Eduardo Molan; DOMINGUES, Juliana Oliveira. *Direito antitruste.* 3. ed. São Paulo: Saraiva, 2012, p. 111.

A defesa da concorrência, portanto, não é um paradigma novo ou imbricado em uma relação paradoxal de poder/dever do ente econômico para com o mercado, muito pelo contrário, exalta o fenômeno de evolução da própria teoria econômica, iniciado na Idade Média com as chamadas Corporações de Ofício até a doutrina de John Maynard Keynes, passando por Adam Smith e Joseph Alois Schumpeter.

Contudo, algumas dessas ideologias concorrenciais, inspiradas na evolução da teoria econômica, ganharam força e forma através de leis em ordenamentos jurídicos de diversos países, sendo pioneiro, nesse diapasão, os Estados Unidos, com a corporificação do *Clayton* e do *Sherman Act*, pontos paradigmáticos dentro da perspectiva mundial de história da defesa da concorrência que passam, agora, a ser examinados.

5 The Sherman Antitrust Act, de 1890 (*Sherman Act*)

O *Sherman Act*, promulgado em 1890, é considerado como o verdadeiro marco legislativo na história do direito da concorrência, assumindo a vanguarda na proteção do mercado e dos monopólios destrutivos. Foi uma das primeiras normas legais elaboradas com o fulcro em promover o desenvolvimento concorrencial prudente, amistoso e saudável entre os agentes exploradores da atividade econômica.

Nesses diversos fatores encontram-se os principais motivos determinantes do *Sherman Act*. A preocupação com a proteção do consumidor contra os abusos por parte das grandes concentrações é levantada como um deles, contudo, parte da doutrina americana[48] questiona o argumento do bem-estar do consumidor, apontando a crescente redução dos preços nos principais mercados, com altos índices de concentração no período que antecede à lei (redução de 61% no preço do petróleo refinado, 18% nos preços do açúcar) e, ainda, a aprovação pelo Congresso, no mesmo exercício legislativo,

---

[48] Em grande parte por decorrência do próprio capitalismo, tornando a empresa como fator central da economia moderna consoante John Galbraith. Cf. GALBRAITH, John Kenneth. *A economia das fraudes inocentes*. São Paulo: Companhia das Letras, 2004.

CAPÍTULO 6
APONTAMENTOS HISTÓRICOS SOBRE A DEFESA DA CONCORRÊNCIA E DO DIREITO ANTITRUSTE | 143

da McKinley Tariff, um dos impostos mais danosos ao consumidor na história americana.[49]

Nesse sentido, a seção 1 do *Sherman Act*, Trusts, entre outros, na restrição do comércio e as penalidade aplicáveis, *in fine*:

> SECTION 1. TRUSTS, ETC., IN RESTRAINT OF TRADE ILLEGAL; PENALTY
>
> Every contract, combination in the form of trust or otherwise, or conspiracy, in restraint of trade or commerce among the several States, or with foreign nations, is declared to be illegal. Every person who shall make any contract or engage in any combination or conspiracy hereby declared to be illegal shall be deemed guilty of a felony, and, on conviction thereof, shall be punished by fine not exceeding $10,000,000 if a corporation, or, if any other person, $350,000, or by imprisonment not exceeding three years, or by both said punishments, in the discretion of the court.[50]

Depreende-se da análise da seção 1, *ab initio*, o caráter altamente impositivo da lei contra as práticas anticompetitivas pelos agentes de mercado envolvidos. Exalta-se, em um primeiro momento, a preocupação do *Sherman Act* com os cartéis, hoje tão combatidos em *terrae brasilis*, vedando todo contrato, combinação em forma de confiança, conspiração ou restrição do comércio. E, assim, iniciou-se o verdadeiro combate, agora também legal, aos processos de *trust*, entendidos, naquele primeiro momento, como acordos convencionais entre agentes econômicos.

Por outro lado, na Seção 2, avança o legislador concorrencial norte-americano também no ferrenho combate às formas de monopólio, entendendo-os como graves e danosos esquemas de

---

[49] HOVENKAMP, Herbert. *Federal Antitrust Policy:* The Law of competition and its practice. 3. ed. St. Paul: West Publishing, 2005, p. 51.

[50] Statutes Enforced by the Antitrust Division. *Sherman Antitrust Act, 15 U.S.C. §§1.* Disponível em: www.justice.gov. Acesso em: 13 maio 2013. "Trusts, etc, na restrição do comércio ilegal; pena. Todo contrato, combinação em forma de confiança ou de outra forma, ou conspiração, na restrição do comércio ou comércio entre os vários Estados, ou com nações estrangeiras, é declarado ilegal. Toda pessoa que fizer qualquer contrato ou se envolver em qualquer combinação ou conspiração declarada como ilegal será considerada culpada de um crime, e, em caso de condenação, deverá ser punida com multa não superior a 10 milhões dólares se uma corporação, ou qualquer outra pessoa, US$ 350.000, ou com pena de prisão não superior a três anos, ou por ambos, dessas punições, a critério do tribunal" (Tradução Livre).

estruturas, tendenciosos à concentração empresarial e fortalecedores de posição dominante abusiva, nos seguintes termos:

SECTION 2. MONOPOLIZING TRADE A FELONY; PENALTY

Every person who shall monopolize, or attempt to monopolize, or combine or conspire with any other person or persons, to monopolize any part of the trade or commerce among the several States, or with foreign nations, shall be deemed guilty of a felony, and, on conviction thereof, shall be punished by fine not exceeding $10,000,000 if a corporation, or, if any other person, $350,000, or by imprisonment not exceeding three years, or by both said punishments, in the discretion of the court.[51]

Por sua vez, o *Sherman Act*, na Seção 3, definiu o âmbito de aplicação da norma concorrencial no aspecto territorial, a fim de conferir maior efetividade à medida antitruste, conforme se verifica no trecho abaixo transcrito:

SECTION 3. TRUSTS IN TERRITORIES OR DISTRICT OF COLUMBIA ILLEGAL; COMBINATION A FELONY

Every contract, combination in form of trust or otherwise, or conspiracy, in restraint of trade or commerce in any Territory of the United States or of the District of Columbia, or in restraint of trade or commerce between any such Territory and another, or between any such Territory or Territories and any State or States or the District of Columbia, or with foreign nations, or between the District of Columbia and any State or States or foreign nations, is declared illegal. Every person who shall make any such contract or engage in any such combination or conspiracy, shall be deemed guilty of a felony, and, on conviction thereof, shall be punished by fine not exceeding $10,000,000 if a corporation, or, if any other person, $350,000, or by imprisonment not exceeding three years, or both said punishments, in the discretion of the court.[52]

---

[51] Statutes Enforced by the Antitrust Division. *Sherman Antitrust Act, 15 U.S.C. §§2*. Disponível em: www.justice.gov. Acesso em: 13 maio 2013. "Seção 2. Monopolizar o comércio; Crime; Pena. Toda pessoa que monopolizar ou tentar monopolizar, ou combinar ou conspirar com qualquer outra pessoa ou pessoas, de monopolizar qualquer parte do comércio ou comércio entre os vários Estados, ou com nações estrangeiras, será considerada culpada de um crime, e, em suas convicções, será punido com multa não superior a 10 milhões dólares se uma corporação, ou se qualquer outra pessoa, US$ 350.000, ou com pena de prisão não superior a três anos, ou por ambas punições, a critério do tribunal". (Tradução Livre).

[52] Statutes Enforced by the Antitrust Division. *Sherman Antitrust Act, 15 U.S.C. §§3*. Disponível em: www.justice.gov. Acesso em: 13 maio 2013. "Trusts em Territórios ou Distrito de Columbia; Ilegal; Configuração de Crime; "Todo contrato, combinação em forma de confiança ou de outra forma, ou conspiração em restrição de comércio em

Ainda que de forma precária e insuficiente, o *Sherman Act*, em sua seção 4, estabeleceu a competência dos tribunais distritais (órgãos jurisdicionais) para combater as violações e as infrações, previstas nas sete seções do *Sherman Act*. *In verbis:*

SECTION 4. JURISDICTION OF COURTS; DUTY OF UNITED STATES ATTORNEYS; PROCEDURE

The several district courts of the United States are invested with jurisdiction to prevent and restrain violations of sections 1 to 7 of this title; and it shall be the duty of the several United States attorneys, in their respective districts, under the direction of the Attorney General, to institute proceedings in equity to prevent and restrain such violations. Such proceedings may be by way of petition setting forth the case and praying that such violation shall be enjoined or otherwise prohibited. When the parties complained of shall have been duly notified of such petition the court shall proceed, as soon as may be, to the hearing and determination of the case; and pending such petition and before final decree, the court may at any time make such temporary restraining order or prohibition as shall be deemed just in the premises.[53]

De outra banda, na Seção 5, o *Sherman Act* preceituou a possibilidade de chamar terceiros durante um processo em

---

todo o território dos Estados Unidos ou do Distrito de Columbia, ou na restrição do comércio ou comércio entre qualquer território e outro, ou entre qualquer território ou territórios e qualquer Estado ou Estados ou do Distrito de Columbia, ou com nações estrangeiras, ou entre o Distrito de Columbia e os Estados-nações ou Estados ou estrangeiras, é declarado ilegal. Toda pessoa que fizer qualquer contrato ou se envolver em qualquer combinação ou conspiração, será considerado culpado de um crime, e, em caso de condenação, deverá ser punido com multa não superior a 10 milhões dolares se uma corporação, ou, se qualquer outra pessoa, $ 350.000, ou com pena de prisão não superior a três anos, ou ambas punições, a critério do tribunal". (Tradução Livre).

53 Statutes Enforced by the Antitrust Division. *Sherman Antitrust Act, 15 U.S.C. §§4.* Disponível em: www.justice.gov. Acesso em: 13 maio 2013. Seção 4. Competência dos órgãos jurisdicionais; Dever dos advogados dos Estados Unidos; Procedimento; "Os vários tribunais distritais dos Estados Unidos são investidos com a competência para prevenir e reprimir as violações das secções 1 a 7 deste título, e deve ser o dever dos vários advogados dos Estados Unidos, em seus respectivos distritos, sob a direção do Procurador geral, interpor recurso no patrimônio líquido para prevenir e coíbir tais violações. Tais processos podem ser por meio de petição, expondo o caso e rezando para que tal violação deva ser ordenada ou não proibida. Quando as partes se queixarem de ter sido devidamente notificada dessa petição, o tribunal deve proceder, tão logo, com a audiência e a determinação do caso, e enquanto se aguarda essa petição e antes da sentença final, o juiz pode, a qualquer momento, fazer tal ordem de restrição temporária ou interdiçã, que será considerada apenas no local". *(Tradução Livre)*

tribunais distritais, a fim de que as infrações cometidas pudessem ter seus reais autores identificados e, devidamente, punidos, como segue:

SECTION 5. BRINGING IN ADDITIONAL PARTIES

Whenever it shall appear to the court before which any proceeding under section 4 of this title may be pending, that the ends of justice require that other parties should be brought before the court, the court may cause them to be summoned, whether they reside in the district in which the court is held or not; and subpoenas to that end may be served in any district by the marshal thereof.[54]

A fim de garantir efetividade aos processos julgados pelos tribunais distritais, o *Sherman Act*, em sua seção 6, especificou modelo análogo ao adotado em sede de execução judicial, hoje vivenciado pelos tribunais em todo o mundo, efetuando-se a constrição de bens e de valores objetos da combinação/conspiração para o Governo dos Estados Unidos:

SECTION 6. FORFEITURE OF PROPERTY IN TRANSIT

Any property owned under any contract or by any combination, or pursuant to any conspiracy (and being the subject thereof) mentioned in section 1 of this title, and being in the course of transportation from one State to another, or to a foreign country, shall be forfeited to the United States, and may be seized and condemned by like proceedings as those provided by law for the forfeiture, seizure, and condemnation of property imported into the United States contrary to law.[55]

---

[54] Statutes Enforced by the Antitrust Division. *Sherman Antitrust Act, 15 U.S.C. §§5.* Disponível em: www.justice.gov. Acesso em: 13 maio 2013. Seção 5. Trazendo Terceiros para o Processo. "Sempre que um terceiro tiver de se apresentar no tribunal perante qualquer processo nos termos do ponto 4 do presente título pode ser pendente, que os fins da justiça exijam que outras partes devam ser levadas perante o tribunal. O tribunal pode levá-los a serem convocados, se residir no mesmo distrito do tribunal ou distinto, com intimações para esse fim, podendo ser servido em qualquer distrito pelo marechal do mesmo". (Tradução Livre)

[55] Statutes Enforced by the Antitrust Division. *Sherman Antitrust Act, 15 U.S.C. §§6.* Disponível em: www.justice.gov. Acesso em: 13 maio 2013. Seção 6. Perda de Bens em Trânsito. "Qualquer propriedade pertencente ao abrigo de qualquer contrato ou por qualquer combinação, ou por força de qualquer conspiração (e sendo o assunto do mesmo) mencionado na seção 1 deste título, e sendo no curso de transporte de um Estado para outro, ou para um país estrangeiro, será executada para os Estados Unidos, e podem ser apreendidos e condenados por processos análogos, como as previstas na lei para o confisco, a apreensão e condenação dos bens importados para os Estados Unidos contrária à lei". (Tradução Livre).

CAPÍTULO 6
APONTAMENTOS HISTÓRICOS SOBRE A DEFESA DA CONCORRÊNCIA E DO DIREITO ANTITRUSTE

Ao fim, definiu o conceito de pessoas, usadas na lei, consoante a Seção 7:

> SECTION 7. "PERSON" OR "PERSONS" DEFINED
>
> The word "person", or "persons", wherever used in sections 1 to 7 of this title shall be deemed to include corporations and associations existing under or authorized by the laws of either the United States, the laws of any of the Territories, the laws of any State, or the laws of any foreign country.[56]

Destarte, mesmo que de forma superficial, inespecífica e bastante precária, o *Sherman Act*[57] inovou todo o sistema concorrencial até então adotado, contribuindo, significativamente, como precedente para a legalização paulatina, nos ordenamentos jurídicos, da matéria concorrencial, constituindo-se como verdadeiro marco na defesa da concorrência, não só nos Estados Unidos, mas em todo o mundo.

Apenas esse diploma, entretanto, mostrou-se insuficiente para propiciar aos agentes econômicos a segurança e a previsibilidade que sempre almejam. Ressentia-se no texto do Sherman Act, da vagueza de suas previsões. Não se pode ainda olvidar que o Sherman Act não continha regras que disciplinassem o processo de concentração de empresas, deixando à margem da regulamentação prática geralmente condenada pela opinião pública.[58]

Contudo, conforme já mencionado, o *Sherman Act*, deixava diversos aspectos concorrenciais em obscuridade, sendo omisso em relação a grande parte dos problemas envolvendo infrações e

---

[56] Statutes Enforced by the Antitrust Division. *Sherman Antitrust Act, 15 U.S.C. §§7.* Disponível em: www.justice.gov. Acesso em: 13 maio 2013. Seção 7. *"'Pessoa' ou 'pessoas'; Definição; A palavra "pessoa", ou "pessoas", sempre que utilizado em seções de 1 a 7 deste título será considerado para incluir as corporações e associações existentes sob ou autorizado pelas leis de ambos os Estados Unidos, as leis de qualquer dos Territórios, as leis de qualquer Estado, ou as leis de qualquer país estrangeiro". (Tradução Livre).*

[57] Conhecem-se, todavia, as dificuldades que esta legislação encontrou na sua aplicação. Com efeito, no caso Standard Oil of New Jersey v. United States, de 1911, o Supremo Tribunal adoptou uma posição mais flexível admitindo uma "rule of reason" (regra da razoabilidade), que, em certas circunstâncias, poderia justificar uma derrogação das interdições previstas na lei antitruste americana. *In:* CORDEIRO, António José da Silva Robalo. *As Coligações de Empresas e os Direitos Português e Comunitário da Concorrência.* Lisboa: Lusolivro, 1994, p. 13.

[58] FORGIONI, *op. cit, p.* 73.

concentrações empresariais. Surgiu nesse contexto, o *Clayton Act*, como promessa de solidificação definitiva da matéria concorrencial no ordenamento jurídico norte-americano, sob análise a seguir.

6 The Clayton Antitrust Act, de 1914 (*Clayton Act*)

No ano de 1914, é promulgado o *Clayton Act*, que exemplifica e condena algumas práticas restritivas da concorrência, tais como vendas casadas, aquisição e controle de outras companhias.[59]

O *Clayton Act* reinaugurou o processo inicial de defesa da concorrência, mas com um novo enfoque sobre algumas práticas, a saber: a) discriminação de preços; b) promoções exclusivas; c) processos privados; d) organização sindical dos trabalhadores e; e) fusões anticompetitivas.

Cabe ressaltar que o *Clayton Act* se originou, basicamente, do julgamento de 3 casos paradigmáticos[60] dentro da perspectiva concorrencial, quais sejam: 1) United States *versus* Addyston Pipe; Seel Co.; 2) Standard Oil Co. *versus* United States e 3) United States *versus* Terminal Railroad Association of Saint Louis.[61]

---

[59] *Ibid*, p. 73.

[60] Importante relevo também tiveram os casos Microsoft, AT&T e Kodak, assim entendidos: *Microsoft*: Antitrust laws examples also include the famous Microsoft case. When Microsoft began bundling their Microsoft Internet Explorer with Microsoft Windows products they ran afoul of the law. However, in this case there were other options on the market such as Macintosh Apple. Consumers were not forced to purchase Microsoft products and had the right to refuse the product. Microsoft was still held liable under anti-competition laws and lost nearly $70 billion in market value after the verdict.
AT&T: The forced breakup of AT&T still has repercussions for Americans today. Antitrust laws examples differ here slightly as AT&T was allowed to work as a natural monopoly by the government for many years. However in 1974, Attorney General William Saxbe filed an antitrust lawsuit against them. It would take seven years for the Department of Justice to render a verdict and the end result was a division of the company into seven separate regional companies. Today only three remain: AT&T, Verizon and Qwest.
Kodak: Another antitrust laws example is the division of Kodak. At one time, Kodak controlled 96 percent of the film and camera market in the U.S. Despite winning several antitrust lawsuits, two would lead to strengthening of the laws. In one lawsuit in 1921, Kodak was prevented from selling any private-label film under their label. Following this, they developed Kodacolor film that could only be developed by Kodak. They began to include a fee in the pricing structure of the film that paid for processing and delivery. In 1954, this was deemed product "tying" and a violation of the Sherman Act. After the verdict Kodak was required to license the processing to third party vendors. Disponível em: http://www.antitrustlaws.org. Acesso em: 12 abr. 2013.

[61] GABAN; DOMINGUES, *op. cit*, p. 66.

CAPÍTULO 6
APONTAMENTOS HISTÓRICOS SOBRE A DEFESA DA CONCORRÊNCIA E DO DIREITO ANTITRUSTE | 149

Esses casos inspiraram a promulgação, em 1914, do *Clayton Act* e do *Federal Trade Comission* (FTC) Act. O primeiro reduziu a discricionariedade judicial proibindo algumas uniões arranjadas, tais como acordos de exclusividade, a fixação de preços e entre outras variáveis concorrenciais e concentrações obtidas pela compra de fundos. A FTC Act finalizou o *executive branch's public enforcement monopoly* (formação de um corpo administrativo para construção de uma política antitruste). Desse modo seguindo as decisões do *Standard Oil e do Terminal Railroad*, além do Clayton Act e da criação do FTC, parecia que naquele momento histórico a implementação de uma política antitruste iria engrenar; contudo, o sistema antitruste entrou em um período de relativo repouso. Entre 1915 e até a metade de 1930, as Cortes confiaram seriamente em testes racionais para avaliar as condutas empresariais e até mesmo trataram comportamentos suspeitos de forma permissiva. Ao mesmo tempo, o *"executive branch"* se opunha às investigações agressivas realizadas pelo Departamento de Justiça do FTC.[62]

Com a perspectiva da concorrência ganhando relevo mundial, o mercado, os agentes econômicos e a economia dos grandes países mudaram. O direito, finalmente, amoldou uma nova forma de regulamentar o fato social decorrente das práticas mercantis e de disciplinar a concorrência, tornando-se um instrumento eficaz no que acena para o combate aos *trustees*. Essa regulamentação do direito concorrencial fortaleceu o estudo da matéria por diversos autores, entre estes, John Nash, com o aprofundamento da teoria dos jogos, aplicável à economia, cuja análise se faz a seguir.

7 A Teoria dos Jogos (The Theory of Games) e o "Equilíbrio de Nash"

Devido ao grande desenvolvimento dos agentes econômicos em esfera mundial, com o fenômeno da globalização e o surgimento de empresas multinacionais, tornou-se necessário buscar um modo de controle, de regulação[63] e de organização de todos esses processos de evolução mercantil, pacificando e harmonizando o avanço no mercado e na economia, pautando-se, sobretudo, no equilíbrio[64] entre os agentes do mercado no exercício da exploração da atividade econômica.

---

[62] *Ibid*, p. 67.
[63] Cf. SALGADO, Lúcia Helena. *A economia política do antitruste*. São Paulo: Singular, 1997.
[64] Vale ressaltar neste ponto, a fulcral e necessária contribuição de *John Nash* para o direito

SUZY ELIZABETH CAVALCANTE KOURY, FELIPE GUIMARÃES DE OLIVEIRA
DIREITO ECONÔMICO E CONCORRÊNCIA

A história do pensamento econômico, desde o início, com as Corporações de Ofício, na Idade Média, já assentava as primeiras regras de concorrência, como princípios que visavam à proteção dos interesses que são comuns aos exploradores de atividade econômica, conforme já ficou demonstrado.[65] Trata-se, antes de mais nada, de um profundo e grave desequilíbrio entre os agentes econômicos, provocado, sobretudo pelas práticas anticompetitivas, perpetradas no tempo e no espaço econômico-histórico.

Nesse sentido, destacamos que a moderna doutrina econômica segue novas tendências de pensamentos, mormente a teoria dos jogos, desenvolvida pelo matemático suíço John Von Neumann, no início do século XX, que analisa a forma como os agentes econômicos ou sociais definem sua atuação no mercado, considerando as possíveis ações e estratégias dos demais agentes econômicos.[66]

A teoria dos jogos analisa as características dos agentes da economia, as estratégias de cada um deles e os possíveis resultados, diante de cada estratégia, para avaliar as prováveis decisões que esses agentes tomarão. Ressalte-se que essa teoria constituiu significativo avanço nas ciências econômicas e sociais, pois permite se examinar a conduta do jogador (agente econômico) em interação com os demais agentes, e não só de forma isolada. Cuida-se de uma análise comportamental das estratégias adotadas por dois ou mais agentes (jogadores ou players) diante das possíveis escolhas a serem tomadas e suas eventuais consequências.[67]

> Baseia-se no clássico dilema dos prisioneiros, no qual se apresenta a seguinte situação hipotética: dois criminosos são presos por um ilícito que acarreta pena máxima de sete anos, porém contra os mesmos as autoridades só tem provas circunstanciais que garantem prisão por um período de um ano. Caso confessem o crime, o Estado concede um acordo que acarreta pena de cinco anos. Porém, se apenas um confessar, somente este fará jus à benesse e produzirá prova contra o outro que pegará pena

---

econômico concorrencial na sua *"Teoria do Equilíbrio"*, aduzindo este, que nenhum agente poderá expandir seus lucros usando-se da estratégia do agente com quem compete no mercado. Assim expõem, BAIRD, Douglas G; GERTNER, Robert H. e PICKER, Randal C. em seu *Game Theory and the Law*. Harvard University Press, 1994.

[65] FRANCESCHELLI, Remo. *Trattato di Diritto Industriale. Vol. I.* Milano: Giuffrè, 1960, p. 56.

[66] FIGUEIREDO, Leonardo Vizeu. *Lições de Direito Econômico.* 4. ed. Rio de Janeiro: Forense, 2011 p. 15.

[67] FIGUEIREDO, *loc. cit.*

CAPÍTULO 6
APONTAMENTOS HISTÓRICOS SOBRE A DEFESA DA CONCORRÊNCIA E DO DIREITO ANTITRUSTE | 151

máxima. Assim estando cada um dos prisioneiros em salas separadas, incomunicáveis entre si, apresentam-se as seguintes situações, diante das escolhas e suas possíveis consequência: a) caso ambos confessem, pegam pena de cinco anos; b) caso um silencie e o outro confesse, este fará prova contra aquele. Logo o que confessou pegará pena de cinco anos e o que silenciou pena máxima de sete anos; c) caso ambos silenciem, somente pegarão pena de um ano. Assim a melhor escolha para os dois é silenciarem. Porém, como um não tem ciência da atitude do outro e, na hipótese de um silenciar e o outro confessar o resultado será prejudicial ao que se calar, a possibilidade de ambos guardarem silêncio é extremamente remota. Logo, caso silenciem, há grandes possibilidades de estarem combinando previamente suas estratégias.[68]

Aprofundando essa teoria, John Nash estudou mais a fundo o equilíbrio entre os agentes econômicos, aplicando a Teoria dos Jogos em situação em que não haja cooperação pelos sujeitos, como no próprio mercado.

Denomina-se "Equilíbrio de Nash" a solução para determinado mercado competitivo, no qual nenhum agente pode maximizar seus resultados diante da estratégia de outros agentes. A análise combinada das estratégias de mercado a serem escolhidas levará, segundo Nash, a um resultado do qual nenhum dos agentes individualmente experimentará prejuízo, em vista da estratégia de mercado de outros agentes, garantindo o êxito da atividade econômica e a salutar manutenção do mercado. (...) Destarte, pela conceituação acima delineada, resta claro que o Direito Econômico interessa-se pelos fenômenos macroeconômicos, focando seu estudo nas relações jurídicas oriundas da intervenção do estado no controle e condução da utilização racional dos fatores de produção por parte de seus detentores. Assim, o Direito Econômico visa, com a condução da política econômica, alcançar e realizar os interesses coletivos e transindividuais objetivados pelo Estado.[69]

Assim, na atualidade, deve ser aplicada a Teoria dos Jogos, aprofundada pelo Equilíbrio de Nash, a fim de que as distorções provocadas pela história da concorrência, como a concentração de poder e a formação de monopólios, sejam minoradas, pugnando-se sempre pela perspectiva do equilíbrio de mercado, desenhada por John Nash.

---

[68] FIGUEIREDO, *loc. cit.*
[69] FIGUEIREDO, *op. cit.*, p. 45.

Referências

ALBINO DE SOUZA, Washington Peluso; CLARK, Giovani. *direito econômico e a ação estatal na pós-modernidade*. São Paulo: Revista dos Tribunais, 2011.

ALBINO DE SOUZA, Washington Peluso. *Direito econômico do planejamento*. Belo Horizonte: Revista Brasileira de Estudos Políticos, 1971.

ALBINO DE SOUZA, Washington Peluso. *Direito econômico*. São Paulo: Saraiva, 1980.

ALBINO DE SOUZA, Washington Peluso. *Estudos de Direito Econômico*. v. 1 e 2. Belo Horizonte: Movimento Editorial da Faculdade de Direito da UFMG, 1995.

ALBINO DE SOUZA, Washington Peluso. *Lições de Direito Econômico*. Porto Alegre: Sergio Antônio Fabris, 2002.

ALBINO DE SOUZA, Washington Peluso. *Primeiras linhas de Direito Econômico*. Belo Horizonte: Fundação Brasileira de Direito Econômico, 1971.

ALBINO DE SOUZA, Washington Peluso. *Teoria da Constituição Econômica*. Belo Horizonte: Del Rey, 2002.

BACHA, Edmar Lisboa. *Política econômica e distribuição de renda*. Paz e Terra: Rio de Janeiro, 1978.

BAIRD, Douglas G; GERTNER, Robert H. e PICKER, Randal C. *Game Theory and the Law*. Harvard University Press, 1994.

BERCOVICI, Gilberto. *Direito Econômico do petróleo e dos recursos minerais*. São Paulo: Quartier Latin, 2011.

BRESSER-PEREIRA, Luiz Carlos. *Da macroeconomia clássica à keynesiana*. Disponível em: www.bresser-pereira.org.br. Acesso em: 12 jan. 2013.

CORDEIRO, António José da Silva Robalo. *As coligações de empresas e os Direitos Português e Comunitário da Concorrência*. Lisboa: Lusolivro, 1994.

FAGUNDES, Jorge. Política de defesa da concorrência e política industrial: convergência ou divergência?. *In: Grupo de Regulação da Concorrência*. Rio de Janeiro: UFRJ, 2013.

FIGUEIREDO, Leonardo Vizeu. *Lições de Direito Econômico*. 4. ed. Rio de Janeiro: Forense, 2011.

FORGIONI, Paula A. *Os fundamentos do antitruste*. São Paulo: Revista dos Tribunais, 2012.

FRANCESCHELLI, Remo. *Trattato di Diritto Industriale. Vol. I*. Milano: Giuffrè, 1960.

GABAN, Eduardo Molan; DOMINGUES, Juliana Oliveira. *Direito antitruste*. 3. ed. São Paulo: Saraiva, 2012.

GALBRAITH, John Kenneth. *A economia das fraudes inocentes*. São Paulo: Companhia das Letras, 2004.

GRAU, Eros Roberto. *A ordem econômica na Constituição de 1988*. 14. ed. São Paulo: Malheiros, 2010.

HOBSBAWM, Eric J. *A era das revoluções, 1789-1848*. 7. ed. Rio de Janeiro: Paz e Terra. 1989.

HOVENKAMP, Herbert. *Federal Antitrust Policy:* The Law of competition and its practice. 3. ed. St. Paul: West Publishing, 2005.

APONTAMENTOS HISTÓRICOS SOBRE A DEFESA DA CONCORRÊNCIA E DO DIREITO ANTITRUSTE

HURBERMAN, Leo. *História da riqueza do homem*. 21. ed. Rio de Janeiro: LTC, 1986.

KEYNES, John Maynard. *Teoria geral do emprego, do juro e da moeda*. São Paulo: Nova Cultural, 1996.

LEITÃO, Miriam. *A saga brasileira*: a longa luta de um povo por sua moeda. 2. ed. Rio de Janeiro: Record, 2011.

NASSAR, Sylvia. *A imaginação econômica*. São Paulo: Companhia das Letras, 2012.

NUSDEO, Fábio. *Curso de economia*: introdução ao direito econômico. 6. ed. São Paulo: Revista dos Tribunais, 2010.

PREOBRAJENSKY, Eugen. *A nova econômica*. Paz e Terra: Rio de Janeiro, 1979.

SALGADO, Lúcia Helena. *A economia política do antitruste*. São Paulo: Singular, 1997.

SAY, Jean-Baptiste. *A Treatise on Political Economy*. 4. ed. Kitchener: Batoche Books, 2001.

SCHUMPETER, Joseph Alois. *Historia del Análisis Económico*. México: Fondo de Cultura Económica, 1964.

SCHUMPETER, Joseph Alois. *Business Cycles*: A Theoretical Historical and Statistical Analysis Cycles. Londres: Porcupine Press, 1989.

SCHUMPETER, Joseph Alois. *Capitalism, Socialism and Democracy*. Londres: Taylor e Francis, 2003;

SCHUMPETER, Joseph Alois. *Teoria do desenvolvimento econômico*. São Paulo: Nova Cultural, 1997.

SINGER, Paul. *Desenvolvimento e crise*. Paz e Terra: Rio de Janeiro, 1982.

SMITH, Adam. *A riqueza das nações*. São Paulo: Madras, 2009.

TAUFICK, Roberto Domingos. *Nova lei antitruste brasileira*. Rio de Janeiro: Forense, 2012.

VAITSOS, Constantine V. *Distribuição de renda e empresas multinacionais*. Paz e Terra: Rio de Janeiro, 1977.

VARGAS, João Tristan. Qual é o liberalismo da Lei Chapelier? Seu significado para os contemporâneos e para a historiografia francesa dos séculos XIX e XX. *Revista Mundo do Trabalho*, Santa Catarina, UFSC, v. 3, n. 5, 2011.

VAZ, Isabel. *Direito Econômico da Concorrência*. Rio de Janeiro: Forense, 1993.

VERSIGNASSI, Alexandre. *Crash*: uma breve história da economia da Grécia antiga ao Século XXI. São Paulo: LeYa, 2011.

CAPÍTULO 7

PODER ECONÔMICO DE MERCADO E DIREITO CONCORRENCIAL

FELIPE GUIMARÃES DE OLIVEIRA

1 O poder econômico de mercado

1.1 Conceito e definição

Diagnosticada a evolução do pensamento e suas interferências sobre a vida econômica no mercado e no direito, torna-se necessário evidenciar, para fins de estudo sobre as concentrações empresariais, a configuração, a conceituação e a definição do chamado poder econômico de mercado e sua interferência nessas operações societárias.

De acordo com a doutrina nacional e internacional, inúmeras são as variáveis acerca da análise da efetiva formação do poder econômico, seja por meio da dominação e da constituição de mercados relevantes, materiais ou geográficos, seja por meio de requisitos elencados em lei, como é o caso do art. 36, §2º, da Lei Antitruste nº 12.529/11.

Assim, ensina Calixto Salomão Filho:

> A definição teoricamente mais correta de poder de mercado não é a possibilidade de aumentar os preços, mas sim a possibilidade de escolher entre essas diferentes alternativas: grande participação no mercado e menor lucratividade ou pequena participação no mercado e maior lucratividade. Essa forma de definir o poder de mercado é, de resto, a única capaz de explicar as situações de monopsônio e oligopsônio. Nesses casos o poder dos agentes consiste exatamente na possibilidade

de reduzir o preço através da redução de suas aquisições, o que, visto da perspectiva dos adquirentes, implica exatamente a alternativa acima definida.[1]

De outra banda, define Ana Maria Nusdeo poder econômico como:

> A possibilidade de exercício de uma influência notável e a princípio previsível pela empresa dominante sobre o mercado, influindo na conduta dos demais concorrentes ou, ainda, subtraindo-se à influência dessas últimas, através de uma conduta indiferente e delas independente em alto grau.[2]

A empresa que se encontra em posição dominante tende a adotar o comportamento típico do monopolista, aumentando preços no limite máximo, não prezando pela qualidade de seu produto ou serviço e, ainda, impondo a outros, práticas que não seriam adotadas caso houvesse concorrência.[3]

Neste sentido, assinala Calixto Salomão Filho:

> Se esse poder manifesta-se através da possibilidade de aumentar preços, não basta observar uma grande participação percentual na produção total ou comercialização total de determinado produto para concluir que o agente tem poder no mercado. Mesmo uma empresa com participação nas vendas de determinado produto pode não ter qualquer poder de aumentar preços. Basta que existam (a) vários substitutos para seu produto ou, então, (b) vários concorrentes prontos a entrar no seu mercado tão logo preços mais elevados tornem maiores as possibilidades de sucesso e de lucro daquele mercado. As letras "a" e "b" correspondem, respectivamente, aos conceitos microeconômicos de elasticidade cruzada da demanda (*demand cross elasticity*) e elasticidade cruzada da oferta (*supply cross elasticity*).[4]

Convém mencionar que o poder econômico, por si só, não se configura como uma infração à ordem econômica, tampouco, como

---

[1] SALOMÃO FILHO, Calixto. *Direito concorrencial*: as estruturas. 3. ed. São Paulo: Malheiros, 2007, p. 93-94.

[2] NUSDEO, Ana Maria de Oliveira. *Defesa da Concorrência e globalização econômica*: o controle da concentração de empresas. São Paulo: Malheiros, 2002, p. 240-241.

[3] FORGIONI, Paula A. *Os fundamentos do antitruste*. São Paulo: Revista dos Tribunais, 2012.., p. 257.

[4] SALOMÃO FILHO, *op. cit.*, p. 96.

um ato ilegal, muitas vezes, resulta do próprio sucesso econômico da empresa concorrente e de suas táticas mercantis de atuação e, vedar isso seria atentar claramente contra a ordem constitucional insculpida no art. 170 da CRFB/88, com os princípios da liberdade de iniciativa e livre concorrência.

Repita-se, o poder econômico, isoladamente, não é punível, mas tão somente o seu abuso. Como mencionado, quando analisado o poder econômico de determinado agente ou empresa, exsurge uma potencial e latente preocupação com o abuso desse poder, o que, quando configurado, é reprimido pelo ordenamento jurídico.

Quer se dizer com isso que, o poder econômico em si não é proibido, o que tão somente se torna ilegal e atentatório à ordem econômica é, justamente, o seu abuso na *práxis* mercantil. Seguindo essa linha, o abuso de poder econômico passa a ser entendido como a sua utilização para fins contrários aos estabelecidos normativamente.[5]

> Não é a posição dominante que se sanciona mas o respectivo abuso. A dificuldade em delimitar o abuso da simples posição de domínio é difícil, porque não se pode impedir a empresa de usar esta última para consolidar vantagens no mercado, atendendo a que entre empresas nunca há situação de perfeita igualdade. O que se pretende, tal como no direito europeu, é impedir que a empresa possa actuar como se estivesse sozinha no mercado; isso que é abusar de uma posição de domínio. Os comportamentos abusivos, por sua vez, podem ser os mesmos que justificam a nulidade dos contratos, decisões de associação e práticas concertadas que lhes dão origem (preços inferiores, recusas de venda, discriminações, certos descontos, etc.).[6]

Destarte, a análise do poder econômico dos agentes e das empresas assume relevante importância nas chamadas concentrações empresariais (atos de concentração econômica), pois se busca visualizar se, naquela determinada operação societária, o poder econômico pode ser um obstáculo ou mesmo um verdadeiro instrumento de supressão de concorrência, exprimido na Lei nº. 12.529/11 como mercado relevante, cujo estudo passa agora a ser realizado.

---

[5]   NUSDEO, 2002, *op. cit.*, p. 241.
[6]   CABRAL DE MONCADA, Luís S. *Direito Econômico*. 5. ed. Coimbra: Coimbra, 2007, p. 578.

2 O mercado relevante (*relevant market*)

O mercado relevante configura-se como uma das formas de exteriorização do conceito de poder econômico, podendo ser uma das facetas de tal poder. Designa o poder de determinada empresa ou agente econômico de exploração de determinado bem ou serviço, com grande percentual de exclusividade. Preceitua o artigo 36, parágrafo 2º, da Lei nº. 12.529/11 o seguinte:

> Presume-se posição dominante sempre que uma empresa ou grupo de empresas for capaz de alterar unilateral ou coordenadamente as condições de mercado ou quando controlar 20% (vinte por cento) ou mais do mercado relevante, podendo este percentual ser alterado pelo CADE para setores específicos da economia.

Observa-se que a lei, em uma das formas presumidas de aferição da posição dominante de determinada empresa, dispõe sobre o controle de 20% ou mais do mercado relevante, podendo ser alterado pelo Conselho Administrativo de Defesa Econômica, consoante os critérios que achar conveniente.

Importante ressaltar que, este percentual pode ser significativo nas concentrações empresariais, o que pode levar, inclusive, o CADE a negar um pedido de concentração econômica,[7] face, única e exclusivamente, à análise da posição dominante no mercado relevante de determinado bem ou serviço. Nesse sentido, cumpre ressaltar, que esse mercado relevante assume duas feições, no aspecto material e/ou no aspecto geográfico, cuja análise agora será realizada.

---

[7] É bastante comum, principalmente na doutrina estaduniense, que se identifique o mercado relevante com o abuso de posição dominante, ou mesmo com o poder de mercado. Por essa razão, a maioria dos livros estrangeiros trata das matérias em conjunto. Tecnicamente, entretanto, tal aproximação não deve ser automática, pois o mercado relevante é um conceito que permeia todo o direito antitruste (e não, apenas, o abuso de posição dominante). Com efeito, a partir do momento em que as práticas são vedadas por produzirem (ou poderem produzir) efeitos anticoncorrenciais, a determinação da ilicitude passará pela delimitação do mercado relevante no qual esses efeitos serão sentidos. Em outras palavras, não se pode falar de impactos anticoncorrenciais senão em determinado mercado: o mercado relevante. *In*: FORGIONI, *op. cit.*, p. 211.

2.1 Mercado relevante material

O mercado relevante material configura-se como aquele em que, necessariamente, o produto ou bem em si que é produzido ou prestado por determinado agente econômico, tem pouca ou quase nenhuma produção/prestação pelos demais concorrentes. Traduz-se como uma espécie de exclusividade a determinado agente econômico relacionado ao material (bem ou serviço) produzido ou prestado por este.

O mercado relevante material (ou mercado de produto[8]) é aquele em que o agente econômico enfrenta a concorrência, considerando o bem ou serviço que oferece.[9]

Nesse sentido, inúmeros são os julgados do CADE, *in verbis:*

> Ato de concentração que trata da aquisição, pela Schenectady Participações, de ações anteriormente pertencentes à Hüttenes-Albertus na empresa brasileira Crios – Resinas Sintéticas S/A. Mercado relevante nacional de resinas sintéticas. *A participação conjunta de Crios e Schenectady no mercado nacional de resinas sintéticas perfaz um "market share" de 1,8%, com índice C4 de 30,08%.* A operação não gera efeitos anticoncorrenciais, nem pode levar à dominação de mercados relevantes, nos termos do art. 54 da lei nº 8.884/94. Operação apresentada tempestivamente. Aprovação do Ato de Concentração sem restrições.[10]

> Ato de concentração que trata da aquisição, pelo grupo Koch, das ações detidas direta e indiretamente pela Imasab na joint venture Kosa, detida integralmente pelos grupos Kock e Imasab. Antes da operação a KoSa era

---

[8] Sobre a constatação do mercado relevante material, Paula Forgioni, apresenta algumas soluções: Primeiramente, deve-se atentar para a necessidade do consumidor satisfeita pelo produto para verificar se ele está normalmente disposto a substituí-lo por outro. Se a resposta for afirmativa, ambos (ou todos) farão parte do mesmo mercado relevante material. Assim, a *fungibilidade* (ou *intercambialidade*) dos produtos para o consumidor faz com que integrem mercado relevante idêntico. (...) No entanto, a *intercambialidade,* nem sempre é fácil de ser constatada. Podemos ter indício de que dois ou mais produtos são intercambiáveis (ou fungíveis) quando o aumento no preço de um deles conduz ao aumento da procura do(s) outro(s) (fenômeno da elasticidade cruzada ou cross elasticity). Ocorrendo tal hipótese, há certo indicativo de que os consumidores estão dispostos a substituir um bem pelo outro, o que situaria ambos em relação de concorrência e autorizaria sua integração no mesmo mercado relevante material. Aqui as pesquisas junto aos consumidores podem mostrar-se úteis. *In:* FORGIONI, *op. cit.,* p. 218-219.

[9] *Ibid.,* p. 218.

[10] BRASIL. Conselho Administrativo de Defesa Econômica. CADE. *Ato de Concentração Econômica nº 08012.007095/2001-54.* Brasília/DF, 2001.

detida em 25% pela Koch International Equity Investments B.V. (Koch International), 25% pela Imasab e em 50% pela Arteva, que por sua vez era detida em 50% pela Imasab e em 50% pela Koch Equity Investments, Inc. Com a operação a Imasab vende suas ações da Kosa e da Arteva à Koch, que passa a ser a única detentora do capital da KoSa, portanto, a operação não se tratou de uma reestruturação societária, pois com a saída de um participante do corpo societário, sobrevive a hipótese de efeitos concorrenciais pela mudança do controle de ativos entre entidades econômicas independentes. *Mercado relevante brasileiro de produto de resina de poliéster para embalagens PET, fibras técnicas (fibras industriais) e fibras têxteis. A KoSA detém 5% do market share no mercado nacional de resina de poliéster para embalagens, 4% no mercado de fibras técnicas e 2% no mercado de Fibras têxteis. Em 20 de setembro de 2001, a Imasab aceitou a proposta de Compra feita pela Koch, a aceitação da proposta de compra é o marco de realização da presente operação configurando a concentração econômica nos termos do par 3º do art. 54 da Lei nº 8.884/94, em função da atuação da KoSa no mercado brasileiro a partir de dezembro de 1998.* Tendo sido a operação tempestivamente apresentada ao Sistema Brasileiro da Concorrência em 10 de outubro de 2001. A operação não gera efeitos anticoncorrenciais, nem pode levar à dominação de mercados relevantes, nos termos do art. 54 da lei nº 8.884/94. Operação apresentada tempestivamente. Aprovação do Ato de Concentração sem restrições.[11]

Ato de concentração que trata de aquisição, pela Buchler GmbH, dos ativos da DSM Minera B.V. relacionados à produção e comercialização, em âmbito mundial, dos produtos derivados da cinchona. *O mercado relevante do produto é o de derivados da cinchona, cujos processos de fabricação conferem bastante substituibilidade pelo lado da oferta, e o mercado geográfico é o mundial, visto que não existe produção nacional de derivados da cinchona. A operação gera uma concentração horizontal que, apesar de alta (40,4%), não é suficiente para viabilizar o exercício de poder de mercado devido à capacidade de contestação dos preços demonstrada no mercado e à facilidade de ingresso de novos fornecedores.* Operação apresentada tempestivamente. Aprovação do Ato de Concentração sem restrições.[12]

Ato de Concentração nº: 08012.005812/2001-11

Ato de concentração – Aquisição da totalidade das ações da C-Mac Industries Inc., em âmbito internacional, pela Slectron Corporation – Operação realizada sob a forma de troca de ações – *Mercado relevante de prestação de serviços de eletrônica avançada, especialmente produção de PBAs,*

---

[11] BRASIL. Conselho Administrativo de Defesa Econômica. CADE. *Ato de Concentração Econômica nº 08012.006381/2001-01.* Brasília/DF, 2001.

[12] BRASIL. Conselho Administrativo de Defesa Econômica. CADE. *Ato de Concentração Econômica nº 08012.004115/2001-35.* Brasília/DF, 2001.

de Circuitos Híbridos, de Controle de Freqüência e de montagem de painéis traseiros – Mercado geográfico internacional – Hipótese contemplada pelo §3º do artigo 54 da Lei 8.884/94 em função do faturamento das requerentes – Apresentação tempestiva – Inexistência de prejuízo à concorrência – Aprovação sem restrições.[13]

Assim, pode-se afirmar que o conceito de mercado relevante material está relacionado à *substituibilidade* de determinado bem ou serviço à esfera de opções dadas ao consumidor. Quanto menor for esta opção de substituibilidade, maior será o mercado relevante material.

2.2 Mercado relevante geográfico

Enquanto o mercado relevante material se estrutura no estudo do produto em si e de sua fungibilidade em relação aos consumidores, no mercado relevante geográfico a análise será efetivada sobre o aspecto territorial onde é vendido um bem ou prestado determinado serviço.

Novamente, a jurisprudência do CADE vem mostrando-se farta quanto à necessidade de análise conjunta do chamado mercado relevante geográfico, conforme os julgados transcritos:

Averiguação Preliminar: 08012.001233/1998-71

Averiguação Preliminar instaurada pela Secretaria Direito Econômico em fevereiro de 1999 para apurar possível conduta infracional à livre concorrência por parte das Representadas, relacionada com a possível imposição de restrições de acesso aos serviços da cadeia de transporte sobre as pequenas empresas processadoras de suco. A presente Averiguação Preliminar se originou por denúncia dos presidentes da Associação dos Citricultores do Estado de São Paulo (AcieSP) e da Associação Brasileira da Citricultura (Associtrus), de que as empresas Cutrale, Citrosuco, Cargill, Citrovita e Frigorífico Avante, valeram-se dos termos do Compromisso de Cessação celebrado no Processo Administrativo nº 08000.012720/94-74 para negar às pequenas empresas processadoras de suco de laranja a prestação de serviços de transporte, acondicionamento, armazenamento e embarque de suco nos terminais de embarque do Porto de Santos. A denúncia da Associtrus e AcieSP

---

[13] BRASIL. Conselho Administrativo de Defesa Econômica. CADE. *Ato de Concentração Econômica nº 08012.005812/2001-11*. Brasília/DF, 2001.

abrangia dois diferentes temas: (i) o exercício de poder de mercado das representadas nas negociações de preços de aquisição de laranjas junto aos produtores; (ii) restrições de acesso à logística de transporte do suco de laranja e cítricos, impostas pelas representadas às pequenas empresas processadoras de suco. A segunda acusação originou a presente averiguação preliminar e também a Averiguação Preliminar nº 08000.005438/97-29 em que é representada a empresa Cemibra, acusada de restringir a oferta de tambores usados para a acomodação e transporte de suco de laranja pelas pequenas empresas processadoras. A referida Averiguação Preliminar foi anexada ao processo em comento por dependência em decisão proferida pelo Conselheiro Mércio Felsky durante a instrução do feito. *Mercados relevantes, sob o ponto de vista do produto:* (i) serviços de transporte rodoviário de suco de laranja frigorificado em tambores e a granel; (ii) armazenamento no local do porto de suco de laranja frigorificado em tambores e a granel; (iii) embarque no navio de suco de laranja frigorificado em tambores e a granel; (iv) de transporte marítimo do suco de laranja frigorificado em tambores e a granel; (v) e de produção barris de aço. *Quanto aos mercados relevantes geográficos, foi considerada ser a área do Estado de São Paulo para os mercados relevantes de transporte rodoviário, a área do Porto de Santos para os mercados relevantes de armazenagem e embarque e o mercado mundial para o mercado de transporte marítimo, por serem estas aproximações razoáveis das áreas onde se localizam os fornecedores dos respectivos produtos relevantes, concorrentes das empresas representadas. O mercado de transporte marítimo é international. Ausência de poder de mercado das Representadas nos mercados relevantes de serviços voltados para o manuseio de suco de laranja embalado em tambores. Todas as representadas declararam utilizar serviços de terceiros para o transporte rodoviário de suco de laranja acondicionado em tambores, quando não regularmente, para suplementar sua capacidade própria. Nesse sentido foram listadas várias empresas independentes que realizam tais serviços, e não há indícios de que qualquer delas tivesse posição dominante no mercado relevante serviços no mercado relevante. Não há indícios de poder de mercado das representadas no mercado relevante de armazenamento no local do porto de suco de laranja frigorificado em tambores e a granel. As representadas eram as únicas proprietárias de instalações portuárias especializadas no embarque de suco de laranja a granel e, portanto, detinham poder dominante no mercado relevante. Sendo o embarque o elo final da cadeia de transporte, tal poder de mercado seria suficiente para a imposição de barreiras à entrada de concorrentes. Há evidências de que na época as representadas prestavam normalmente serviços de transporte rodoviário, armazenagem, embarque e transporte marítimo de suco de laranja a granel para outras empresas concorrentes que também empregavam esta modalidade de acondicionamento do produto. Os dados dos autos permitiram inferir que nem as empresas que operavam com suco de laranja a granel nem aquelas que utilizavam somente a embalagem em barris reconheceram as condutas alegadas por esta averiguação preliminar. Não havia motivos nem condições para o exercício de poder de mercado pela Cemibra contra as produtoras de suco envasado em barris, de modo que não há sustentação pelo art. 20 da Lei 8.884/94 para a alegação da conduta imputada à Cemibra.* Não havendo conjunto probatório suficiente para a caracterização da conduta como indício de infração segundo o artigo 21 da Lei nº 8.884/94, o Plenário determinou o arquivamento da presente Averiguação Preliminar assim como pela extinção da AP nº 08000.005438/97-29, apensada por conexão à presente.[14] (Grifo Nosso).

Ato de concentração que trata da aquisição, pela Margarita International, dos ativos e negócios de fungicidas à base de Fenarimol, Nuarimol e do inseticida Fenazaquim, pertencentes ao Grupo Dow. *Mercados relevantes nacionais de fungicidas à base de fenarimol para culturas de: a) cucurbitáceas; b) uvas; c) maçãs; d) roseiras; e e) seringueiras. A pormenorização do conjunto de produtos defensivos por parâmetros de utilização cultura-praga é o modelo mais adequado de determinação de mercado relevante deste setor. Os fungicidas à base de Nuarimol e o inseticida à base de Fenazaquim não eram comercializados no país até a realização da operação. A operação gera apenas a entrada da empresa Margarita no país. Nos mercados em que atuava o grupo Dow, com defensivos à base de Fenarimol, a sua parcela de mercado era inferior a 20%.* Segundo dados da ANDEF e SINDAG os market-shares da Dow nos mercados aqui identificados eram os seguintes: a) em cucurbitáceas, 1,7%; b) em uvas, 2,5%; c) em maçãs, 1,3%; d) em roseiras, 2%; e e) seringueiras, 1%. A operação não gera efeitos anticoncorrenciais, nem pode levar à dominação de mercados relevantes, nos termos do art. 54 da lei nº 8.884/94. Operação apresentada tempestivamente. Aprovação do Ato de Concentração sem restrições.[15] (Grifo Nosso).

Consoante Paula Forgioni, Aldo Frignani e Cristóforo Osti, alguns aspectos são importantes na delimitação do mercado relevante geográfico, quais sejam:

(i) *Hábito dos Consumidores.* Deve ser verificado se o consumidor está disposto a se afastar do local onde se encontra para adquirir outro produto ou serviço similar ou idêntico. Esse fato somente será determinado em cada caso concreto, podendo variar de acordo com a intensidade e as características da prática antitruste considerada.

(ii) *Incidência de Custo de Transporte.* Os custos de transporte constituem um dos mais fluentes fatores na determinação do mercado relevante geográfico, fazendo com que, muitas vezes, os produtores locais

---

[14] BRASIL. Conselho Administrativo de Defesa Econômica. CADE. *Averiguação Preliminar nº 08012.001233/1998-71.* Brasília/DF, 1998.

[15] BRASIL. Conselho Administrativo de Defesa Econômica. CADE. *Ato de Concentração Econômica nº 08012.000361/2002-07.* Brasília/DF, 2002.

encontrem-se em posição de independência e indiferença em relação a agentes econômicos localizados em áreas diversas.

(iii) *Características do Produto*. Tais como a durabilidade e resistência ao transporte etc, Analisando-se as características dos bens, já se decidiu que os mercados relevantes geográficos do leite pasteurizado e do leite fresco não se identificam (o lei pasteurizado pode ser comercializado – e, portanto, "concorrer" – em uma área mais ampla que a referente ao leite fresco).

(iv) *Incentivos de Autoridades Locais* à produção ou comercialização.

(v) *Existência de Barreiras à Entrada* de novos agentes econômico no mercado.

(vi) *Taxa de Câmbio* praticada pelo país, que inviabiliza a importação de produtos estrangeiros a preços competitivos, ou mesmo entraves burocráticos, podem isolar o mercado relevante geográfico.[16]

Destarte, revela-se também o mercado relevante geográfico como expressivo e importante requisito para análise do comportamento das estruturas dos agentes econômicos no mercado, marcante nos processos de concentração econômica submetidos ao CADE.[17]

2.3 Mercado relevante temporário

Uma última forma de mercado relevante pode, ocasionalmente, ser encontrada quando analisado o poder econômico de mercado de uma determinada empresa ou agente econômico, trata-se, do mercado relevante temporário ou temporal, entendido pela

---

[16] FORGIONI, *op. cit.*, p. 216-217.

[17] Exemplos práticos citados pela doutrina concorrencial: No caso Vale-Usiminas/CPFL, que tratou do mercado de ferro-ligas, a reduzida penetração das importações, mesmo depois da abertura comercial, foi explicada pela presença de reservas minerais e baixo custo de energia no país, que sendo insumos essenciais ao setor, explicam a vantagem comparativa do produto nacional, sendo este o mercado considera. Ainda neste sentido, no caso Eletrolux/Oberdorfer, que trata do mercado de equipamento para a limpeza doméstica (aspiradores de pó, água e afins), a consideração do mercado geográfico como o mundial foi condicionada a que fluxo de comércio externo fosse ao menos equivalente ao consumo doméstico da linha do produto considerado. A questão do transporte foi abordada no caso Worthington/Metaplus, que tratou do mercado de recipientes transportáveis de gás liquefeito do petróleo, em que o alto custo do frete para distribuição em outras regiões, limitou o mercado geográfico a uma parte do território nacional (Sul, Sudeste e Centro-Oeste). *In*: FABRIS, Fernando Smith. *Concentrações empresariais e o mercado relevante*. Porto Alegre: Sérgio Antônio Fabris, 2002, p. 89-90. Caso Eletrolux/Oberdorfer, referente ao Ato de Concentração Econômica 0062/1995.

doutrina[18] como aquele em que se estuda tanto a dimensão geográfica (espacial) quanto a dimensão material (produto ou serviço).

Esse mercado relevante configura-se, sobretudo, pela interferência do fator tempo na disponibilidade ou não de determinados serviços e produtos, principalmente, como aqueles advindos de contratos com prestação futura, como acontece em casos de safra, em que o mercado relevante pode ocorrer somente nas épocas de colheita e de comercialização de determinado produto. A aferição do mercado relevante temporal em sede de concentração empresarial pode ser difícil de ocorrer, porém não se nega a possibilidade de existência da referida formação, ainda mais quando restar configurado um regime de oligopólio na exploração de determinada atividade econômica.

3 O mercado competitivo (*competitive market*)

3.1 Mercado perfeitamente competitivo (concorrência perfeita)

Com o fenômeno da globalização e a revolução técnico-científica dos meios de comunicação, a proliferação das chamadas multinacionais, o aumento do crédito, a expansão além dos limites de fronteira de trocas comerciais, com importações e exportações, tornou-se muito difícil a constatação de um mercado perfeitamente competitivo ou, como convém a doutrina, em concorrência perfeita.

Releva destacar, nesse sentido, as considerações traçadas por Ana Maria Nusdeo:

> A principal das condições que definem o mercado perfeitamente competitivo é a existência de um grande número de produtores e

---

[18] Interessante a abordagem com exemplos descrita por Paula Forgioni: "Em virtude de safras em épocas distintas, mercados relevantes poderiam ser apartados, de forma que haveria, também um mercado relevante temporal a ser considerado. Não vemos elementos, entretanto, para considerar o caráter temporal do mercado relevante como distinto daquele material: se, por questões temporais, os produtos não se encontram em direta relação de concorrência e não são intercambiáveis, é porque não fazem parte do mesmo mercado relevante material. *In:* FORGIONI, *op. cit.* 2012, p. 212-213.

de compradores, todos eles pequenos com relação ao todo e, assim, incapazes de afetar, a partir de suas decisões individuais, o preço do bem ou serviço e a conduta dos outros concorrentes. Dessa forma nenhuma empresa poderia individualmente elevar o preço do bem, pois isso resultaria na perda de suas venda; ou abaixá-lo substancialmente, já que sofreria prejuízos diante de seus custos de produção. Por outro lado, nenhum deles poderia tentar reduzir unilateralmente sua oferta, já que a parcela não vendida seria facilmente suprida pelos concorrentes. Nessa perspectiva, o preço no mercado perfeitamente competitivo seria considerado pelos produtores e compradores como um dado, não passível de modificação pela conduta individual de qualquer um deles.[19]

Percebe-se, assim, que o mercado perfeitamente competitivo assume mais um caráter ideológico de mercado, a ser seguido pelos agentes econômicos e o pelo Estado, do que uma realidade prática, pois como se verá adiante, alguns mercados concentram-se em formas de monopólio, oligopólio, monopsônio e oligopônio. O gráfico a seguir representa o ideal de concorrência perfeita, conforme indicação da Secretaria de Acompanhamento Econômico (SEAE), *in fine*:

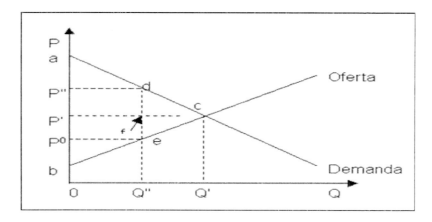

Fonte: Secretaria de Acompanhamento Econômico (SEAE) do MF.[20]

---

[19] NUSDEO, 2002, *op. cit.*, p. 32.
[20] Disponível em: http://www.seae.fazenda.gov.br/central_documentos/notas_imprensa/1999-1/parecer_bolsa. Acesso em: 26 ago. 2019.

Os pontos P' e Q' representam, respectivamente, o preço e a quantidade praticados em um mercado em concorrência perfeita. Os pontos P" e Q" representam, respectivamente, o preço e a quantidade praticados pelo monopolista. A área "dce" representa a perda de peso morto que ocorre em uma situação de monopólio.[21]

Nesse tipo de mercado,[22] é irrelevante a forma como determinado agente econômico se comporta, pois, como o mercado está em concorrência perfeita, o agente econômico que não se enquadrar, nos moldes mercantis instaurados, certamente será excluído do mercado, ou seja, a participação de um não interfere ou interfere muito pouco na atuação de todos os demais concorrentes.

Destarte, nessa situação hipotética de mercado perfeitamente competitivo, não existe nenhum tipo de deformidade no ambiente concorrencial, o que difere do que ocorre na concorrência imperfeita, cujo estudo passa a ser enfrentado.

3.2 Mercado imperfeitamente competitivo (concorrência imperfeita)

Diferentemente da hipótese do mercado perfeitamente competitivo, a concorrência imperfeita é comum aos dias atuais de globalização e de mercados altamente mutáveis, com forte fidelização de consumidores a padrões e a marcas, fortalecendo e criando monopólios e oligopólios.

Trata-se de mercados nos quais os produtos conseguem diferenciar seu produto daqueles oferecidos pelos seus concorrentes, de modo a cativar consumidores. Quando esse expediente, levado a efeito através de publicidade, da criação de faixas de qualidade e de nichos de mercado distintos e de técnicas comerciais destinadas a manter cativos os clientes, é bem sucedido, rompe-se com os pressupostos de homogeneidade dos produtos e, de certa forma, da informação total dos agentes de

---

[21] BRASIL. Conselho Administrativo de Defesa Econômica. CADE. *Ato de Concentração Econômica* nº 08012.004117/99-67. Brasília/DF, 1999.

[22] Segundo a doutrina da economia três características consagram o mercado perfeitamente competitivo: "Há muitos compradores e vendedores no mercado; Os bens oferecidos pelos diversos vendedores são em grande escala o mesmo; (...) As empresas podem entrar e sair livremente do mercado". *In*: MANKIW, N. Gregory. *Introdução à economia*. São Paulo: Thomson Learning, 2005, p. 266

mercado, pois com sua segmentação é mais difícil aos consumidores e concorrentes manter-se a par de detalhes sobre preços, qualidades e condições de oferta.[23]

Consoante Fábio Nusdeo, na concorrência imperfeita:

> O mercado apresenta-se, pois, não uno, mas compartimentado, de sorte que em cada um desses compartimentos será possível sentir-se o peso ou a importância de um ou de alguns operadores. Obviamente eles não são estanques e incomunicáveis e será sempre possível a passagem de um para o outro. Por isso, aliás, é que o regime ainda é chamado *concorrencial*. Trata-se, porém de uma concorrência imperfeita, distinta daquela justamente designada por perfeita, tão perfeita que praticamente não existe. (...) Na concorrência imperfeita, como também no oligopólio, existe a possibilidade de uma empresa atuar não em um, mas em vários mercados, discriminados em função do processo de diferenciação do produto. Tal diferenciação não precisa ser objetiva, nem mesmo psicológica, como no caso da propaganda. Ela pode ser geográfica – questão do *ponto* comercial – e também financeira, quando se refere às facilidades no pagamento, crediários, brindes.[24]

Em uma situação de monopólio, a empresa maximiza seu lucro, por meio de uma decisão racional, cobrando um preço superior ao preço praticado no mercado concorrencial e, para tanto, uma quantidade inferior no mercado. Isso representaria uma perda de bem-estar social, por meio da perda de peso morto, ou seja, a parte do excedente total que não seria apropriada, nem por produtores, nem por consumidores.[25]

A diferenciação de produtos e a criação de uma rede de clientes e consumidores cativos atribuem ao produtor um poder de mercado superior àquele que desfrutaria se seus produtos competissem mais efetivamente com os de seus concorrentes.[26]

Assim, o mercado imperfeitamente competitivo, assemelha-se aos padrões modernos de fidelização à marca e de forte influência na construção de verdadeiros monopólios e oligopólios, marco do

---

[23] NUSDEO, 2002, *op. cit.*, p. 32.

[24] NUSDEO, *op. cit.*, p. 269-270.

[25] BRASIL. Conselho Administrativo de Defesa Econômica. CADE. *Ato de Concentração Econômica nº. 08012.004117/99-67.* Brasília/DF, 1999.

[26] NUSDEO, 2002, *op. cit.*, p. 35.

fenômeno da globalização com a implantação mundial das chamadas multinacionais e transnacionais, cuja análise específica será realizada a seguir.

4 O mercado soberano (*sovereign market*)

4.1 Monopólio

4.1.1 Monopólio convencional

Os monopólios são os maiores exemplos de mercados imperfeitamente competitivos. Atualmente, a constatação da existência de monopólios na forma pura[27] opera-se quase como uma impossibilidade, diante da globalização das formas de atuação no mercado e na economia pelos agentes econômicos.

Consoante David Bensanko e Ronald Braeutigam,[28] um monopolista tendo lucro não vai ser ignorado pelos outros, muito pelo contrário, será o alvo dos demais agentes no mercado contra o monopólio constituído. Complementa José Toro Hardy[29] sobre o monopolio, que, "con ello, las empresas competitivas alcanzan su equilibrio en el ponto de intersección de las curvas de la oferta y la demanda, en el cual se obtienen los mayores niveles de producción al precio más bajo posible".

Em sua forma conceitual, revela-se no mercado em que somente um único e exclusivo agente econômico explora determinada atividade, ou quando o monopolista detém parcela substancial de mercado e seus concorrentes são todos atomizados,[30] revelando-se

---

[27] Consoante esse entendimento, Fábio Nusdeo: "É bem de ver que o monopólio é um caso também relativamente raro, pois o poder de monopolista estará sempre limitado pela possibilidade de entrada no mercado de novos agentes econômicos, atraídos justamente pelos altos lucros gerados pelo monopólio ou então, o que dá na mesma, pelo surgimento de produtos sucedâneos, os quais, de maneira mais ou menos perfeita poderão substituir o produto monopolizado". *In:* NUSDEO, *op. cit.,* p. 274

[28] BENSANKO, David; BRAEUGTIGAM, Ronald R. *Microeconomia:* uma abordagem completa. São Paulo: LTC, 2004, p. 313.

[29] TORO HARDY, José. *Fundamentos de teoría económica:* un análisis de la política económica venezolana. Caracas: Panapo, 2005. p. 292.

[30] Na lição de Calixto Salomão Filho: "A teoria do monopólio não se aplica exclusivamente àquelas empresas que detêm 100% de mercado, mas, também, àquelas situações em que um dos produtores detém parcela substancial de mercado (por hipótese, mais de 50%) e

como a maior forma de expressão do exercício de poder econômico na práxis mercantil. Muitas vezes, esse poder de monopólio também poderá ser mitigado, quando optar o consumidor por produtos que se integrem ao conceito de substitutibilidade perfeita ou quase perfeita. Nesses casos, havendo a perfeita substituição do produto ou do serviço, logicamente, haverá concorrência quase que igual com o monopolista. De outra banda, também é possível a quebra do poder de monopólio,[31] quando possível for, na oferta de mercado, fontes de substituição quase perfeitas e parecidas, substituíveis aos produtos e aos serviços ofertados pelo explorador de atividade econômica em condição de monopólio.

A forma convencional é a espécie de monopólio que comporta maior atenção e preocupação para fins de análise antitruste e de defesa da concorrência, pois nela repousa infração à ordem econômica, sendo caracterizado como verdadeiro exercício abusivo de posição dominante.

A doutrina conceitua monopólio convencional como uma estrutura de mercado, em que um ou alguns produtores ou fornecedores exercem o controle de preços e de suprimentos, e em que não é possível, por obstáculos naturais ou artificiais a entrada de novas empresas, ofertando os mesmos produtos ou sucedâneos.[32]

Traduz-se na disposição do artigo 36, inciso II e no artigo 36, parágrafo 2º da Lei nº 12.529/11, que assim dispõem:

> Art. 36. Constituem infração da ordem econômica, independentemente de culpa, os atos sob qualquer forma manifestados, que tenham por objeto ou possam produzir os seguintes efeitos, ainda que não sejam alcançados:
>
> II – dominar mercado relevante de bens ou serviços;
>
> §2º Presume-se posição dominante sempre que uma empresa ou grupo de empresas for capaz de alterar unilateral ou coordenadamente as condições de mercado ou quando controlar 20% (vinte por cento) ou

---

seus concorrentes são todos atomizados, de tal forma que nenhum deles tem qualquer influência sobre o preço de mercado. *In:* SALOMÃO FILHO, *op. cit.,* p. 144.

[31] Fábio Nusdeo aponta exemplos de bastante perspicácia: "É o que, num certo sentido, ocorreu com o álcool em relação à gasolina. Os altos preços desta última, impostos pelo cartel dos produtores, levou a tornar viável a utilização daquele. O monopólio das ferrovias foi quebrado pelo aparecimento dos veículos automotores". NUSDEO, *op. cit.,* p. 274.

[32] VENÂNCIO FILHO, Alberto. *A intervenção do Estado no domínio econômico:* o direito público econômico no Brasil. Rio de Janeiro, 1968, p. 336.

mais do mercado relevante, podendo este percentual ser alterado pelo Cade para setores específicos da economia.

A lei antitruste brasileira veda, justamente, a tendência de dominação de mercados de bens e serviços, configurando a prática como infração econômica. Foi por esse motivo que o legislador, intencionalmente, dentro da própria legislação em comento, resolveu criar um capítulo próprio dentro do título VII, entre os artigos 88 e 91, para estabelecer o procedimento a ser seguido nos casos de concentração econômica de empresas, os quais serão exaustivamente examinados em espécie no próximo capítulo do presente trabalho, tais como fusões, incorporações, cisões, consórcios e *holdings*, entre outras formas de operações societárias, que podem, de acordo com o caso concreto, acenar para a criação de um monopólio convencional. Nesse sentido, complementa Hal Varian:

> Quando somente há uma empresa no mercado, é pouco provável que ela considere os preços como dados. Pelo contrário, o monopólio reconheceria sua influência sobre o preço de mercado e escolheria o nível de preço e de produção que maximizasse seus lucros totais. É claro que a empresa não pode escolher preços e nível de produção de maneira separada; para qualquer preço determinado, o monopólio só poderá vender o que o mercado suporta. Se escolher um preço muito alto, a empresa só conseguirá vender uma quantidade pequena. O comportamento da demanda dos consumidores registrará a escolha do monopolista no que tange ao preço e à quantidade. Podemos visualizar o monopolista a escolher o preço e deixar que os consumidores escolham o quanto desejam comprar àquele preço, ou podemos visualizá-los a escolher a quantidade e deixar que os consumidores decidam o quanto pagarão por aquela quantidade. A primeira abordagem é provavelmente mais natural, mas a segunda é mais conveniente do ponto de vista analítico. E, claro, ambas abordagens equivalem-se quando efetuadas de maneira correta.[33]

Destarte, consoante o entendimento anteriormente esposado de Varian, a condição de monopolista é apenas auferida pelo potencial econômico, mas, também, pelo próprio ritmo negocial imposto pelo mercado, seja pelo valor do produto ou serviço oferecido e seu sucesso neste, seja pela quantidade (demanda) exigida.

---

[33] VARIAN, Hal R. *Microconomia*: princípios básicos. 7. ed. Rio de Janeiro: Elsevier, 2006. 453.

O monopólio não se constitui, em regra, somente por vontade própria do agente econômico de dominar determinado mercado relevante, mas na condição de mercado em que são ofertados os produtos e os serviços do monopolista e sua relação de sucesso, no que tange ao binômio *preço x quantidade*, eis que será do mercado a responsabilidade pela obtenção de êxito pelo monopolista.

Na verdade, grande parte das preocupações sobre o estudo dos monopólios, está no manto do direito concorrencial e nas suas possíveis interferências sobre a competição no mercado. O monopólio, consoante Calixto Salomão Filho, poderá apresentar três consequências relevantes para o direito concorrencial (antitruste):

> Em primeiro lugar, consequência dos monopólios é o chamado *dead--weight loss*. (...) a obtenção de uma posição monopolista leva o agente a aumentar os preços. Como consequência disso, certo número de consumidores simplesmente deixa de consumir o produto. O *dead-weight loss* é composto exatamente da perda de utilidade para esses consumidores decorrente da impossibilidade de consumir o produto, acrescida do custo de oportunidade daqueles consumidores que continuam a consumir o produto o que para arcar com os preços supracompetitivos cobrados pelo monopolista têm de deixar de consumir ou reduzir o consumo de outros produtos.[34]

Assim, o primeiro problema-consequência do monopólio é a possível elevação unilateral de preços por parte do monopolista, tendente à diminuição do consumo ou mesmo à manutenção deste na redução do poder de compra do consumidor, que passará a não comprar produtos de concorrentes.

O segundo problema-consequência, consoante Calixto Salomão Filho:

> (...) está na destinação dos recursos transferidos. Recentemente tem crescido na doutrina a preocupação com o destino do faturamento extra obtido pelo monopolista em função de sua posição no mercado. Na medida e na proporção em que cresce esse faturamento, cresce o valor para o monopolista em função de sua posição. Mais disposto estará ele, então, a utilizar parte ou até a totalidade desse faturamento adicional na manutenção de sua posição monopolista.[35]

---

[34] SALOMÃO FILHO, *op. cit.*, p. 145.

[35] *Ibid, loc. cit.*

Como uma terceira consequência negativa da constituição dos monopólios, Calixto Salomão Filho ensina:

> A terceira consequência nociva dos monopólios é o desestímulo à inovação e à melhoria da eficiência decorrente de uma posição monopolista. Esse ponto é bastante discutido na teoria econômica e não pode ter aqui solução satisfatória. Pode-se no máximo indicar as diferentes posições e seus principais fundamentos. Em jogo está o principal dos argumentos: a eficiência decorrente da economia de escala. O que a teoria aqui apresentada defende é a consideração concomitantemente de um outro lado dos monopólios. Se é verdade que os monopólios podem representar ganhos de escala em um primeiro momento, logo a seguir há uma tendência à acomodação, desaparecendo a preocupação com os concorrentes em função de sua posição privilegiada no mercado (daí por que, como visto, indício da existência de monopólio é a desconsideração da existência de concorrentes no planejamento empresarial).[36]

Essa terceira consequência, elencada pela doutrina concorrencial, que aponta o monopólio como desestímulo à inovação e à melhoria da eficiência, claramente, esbarra na teoria econômica de Joseph Alois Schumpeter,[37] pois, segundo este, é condição para existência de ambiente concorrencial a existência do lucro decorrente dos esforços empregados pelo agente econômico no mercado, sendo uma das formas de obtenção do êxito empresarial e econômico as inovações lançadas no mercado pelo agente que nele opera.[38]

Assim, a análise sobre a constituição dos monopólios impõe, necessariamente, uma preocupação sobre a manutenção de um ambiente concorrencial saudável e capaz de garantir os postulados a livre concorrência e iniciativa, pois, como visto acima, os monopolistas, em sua atuação na práxis mercantil, podem gerar efeitos anticoncorrenciais danosos e irreversíveis sobre as diversas formas de exploração de atividade econômica existentes.

---

[36] *Ibid*, p. 146.

[37] SCHUMPETER, 1997, *op. cit.*

[38] Regra do Direito econômico sedimentada em *terrae brasilis* por Washington Peluso Albino de Souza ao tratar da regra da recompensa: *"A toda ação econômica deve corresponder um proveito que coincida com os sacrifícios e dispêndios efetuados pelo sujeito da ação e, ao mesmo tempo, com o interesse geral dela decorrente" In*: ALBINO DE SOUZA, Washington Peluso. *Primeiras linhas de Direito Econômico*. 3. ed. São Paulo: LTr, 1994. p.95.

Porém, em algumas hipóteses, vislumbra-se a formação de monopólio em sua forma natural, independente de vontades e de estratégias de mercado pelo agente econômico, como decorrência natural da exploração da atividade econômica, formando, assim, o chamando monopólio natural, cuja análise passa agora a ser realizada.

4.1.2 Monopólio natural

Diferentemente do que se viu anteriormente, no estudo do monopólio convencional, o monopólio natural não é considerado como uma infração à ordem econômica, muito menos, como fator de limitação ao exercício da livre concorrência, tratando-se de formação monopolista decorrente da natural e eficiente exploração de determinada atividade econômica. Em certas ocasiões, inclusive, é favorável a existência de monopólios naturais. Assim destacam Robert Pindyck e Daniel Rubinfeld:

> O monopólio natural normalmente surge onde há grandes economias de escala (...). Caso a empresa fosse dividida em duas que competissem entre si, cada uma suprindo metade do mercado, o custo médio de cada uma seria maior do que o custo do monopólio original.[39]

A economia de escala, mencionada na doutrina econômica de Pindyck e Rubinfeld, reflete-se, geralmente, nas obras de grande porte e infraestrutura, que envolvem grande parcela de investimentos e de injeção de capital, tendo um custo muito elevado. Em linhas gerais, os monopólios naturais estão compreendidos no setor de infraestrutura, como transmissão de energia elétrica e exploração de metrô urbano.[40]

Nesse tipo monopólio, ocorre uma espécie de indução à existência de monopolistas naturais, pois a exploração da atividade econômica, caso executada por mais de um agente, não é

---

[39] PINDYCK, Robert; RUBINFELD, Daniel. *Microeconomia*. 6. ed. São Paulo: Pearson Education, 2005, p. 308.

[40] Supostos danos à concorrência estão sendo apurados pelo CADE no caso do Cartel envolvendo a Siemens e a alemã Alstom em cinco projetos, como trens e equipamentos para o primeiro trecho da linha 5 (lilás), expansão da linha 2 (verde), bem como, manutenção e assistência aos trens de séries S2000, S2001 E S3000 e a modernização da linha 12 (safira) da Companhia de Trens e Metrô de São Paulo (CPTM).

financeiramente rentável para o capitalista investidor. Assim, seriam as próprias condições estruturais desses setores que impediriam sua organização em regime de concorrência.[41]

> As formas mais comumente associadas à regulação de monopólios naturais são a nacionalização das empresas atuante no setor e/ou a criação de órgãos reguladores. Em termos substantivos, implica o estabelecimento de um mecanismo de preços administrados e a proibição da entrada de agentes no setor, a fim de permitir aproveitamento dos ganhos de eficiência, presumivelmente associados à exploração da atividade em regime de monopólio.[42]

Com essa condição peculiar de exploração, as empresas monopolistas, sobretudo no Brasil, passaram a contar com um regime próprio de fiscalização para que, justamente, eventuais distorções ou danos aos consumidores sejam efetivamente reparados e pedagogicamente punidos, o que culminou com a criação das chamadas agências reguladoras, como a que trata da energia elétrica e a sua transmissão, a Agência Nacional de Energia Elétrica (ANEEL) e, de telecomunicações, com a fiscalização por parte da Agência Nacional de Telecomunicações (ANATEL).[43]

Contudo, o grande problema que exsurge da fiscalização realizada por estas agências é a falta coercitividade das multas impostas às empresas, que atuam no regime de monopólio natural, e das sanções comidas, que, por vezes, acabam sendo judicializadas, tendência atual, denominada pela doutrina como fenômeno da judicialização da regulação.

Ainda assim, o monopólio formado a partir da conquista de mercado (dominação de mercado relevante de bens ou serviços) por parte do agente econômico também não é visto como infração à ordem econômica, ao que dispõe o art. 36, §1º, da Lei nº 12.529/11, *in verbis*:

> Art. 36 (*omissis*), §1º. A conquista de mercado resultante de processo natural fundado na maior eficiência de agente econômico em relação

---

[41] NUSDEO, 2002, *op. cit.*, p. 40.
[42] *Ibid*, p. 41.
[43] Cf. SCHAPIRO, Mario Gomes (Coord.). *Direito Econômico*: direito e economia na regulação setorial. São Paulo: Saraiva, 2009.

a seus competidores não caracteriza o ilícito previsto no inciso II do caput deste artigo.

Destarte, os monopólios naturais, como regra geral, não comportam danos efetivos à concorrência, contudo, poderão fazê-lo, caso, efetivamente, fique comprovado exercício abusivo de poder econômico por parte desses agentes, diferentemente dos chamados monopólios convencionais, como acima ficou comprovado.

De igual sorte, inexistem violações à ordem econômica nos monopólios decorrentes de inovação tecnológica, em virtude, regra geral, do direito da propriedade industrial, patentes, registro e marca, sendo também este uma espécie de monopólio natural, como demonstraremos.

4.1.3 Monopólio decorrente de inovação tecnológica

Como salientado, o monopólio decorrente de inovação tecnológica não pode e nem deve ser visto como uma espécie de monopólio danoso à livre concorrência e à livre iniciativa, pois decorre, assim como nos monopólios em economia de escala ou de escopo, de resultados naturais e de necessidades do próprio mercado, constituindo-se, inclusive, como um direito legítimo do explorador da atividade econômica.

O poder econômico em decorrência da inovação, e, por conseguinte, do monopólio, é, ao contrário das situações dos monopólios convencionais, devidamente protegido pelo ordenamento jurídico brasileiro, através chamadas patentes de invenção ou modelo de utilidade, devidamente registradas no Instituto Nacional de Propriedade Industrial (INPI). O registro segue regramento próprio, preceituado na Lei nº 9.279/1996, que regula os direitos e obrigações relativos à propriedade industrial.

Para tanto, será apenas patenteada a invenção ou modelo de utilidade, conforme o art. 8 da LPI, que atender aos requisitos da novidade, atividade inventiva e aplicação industrial, devendo este compreender uma única invenção ou a um grupo de invenções inter-relacionadas de modo a formarem um único conceito inventivo, consoante o art. 22 da LPI, no caso das invenções, e, no dos modelos de utilidade, observando a exigência do art. 23 da LPI, referindo-se a um único modelo principal.

O monopólio é reforçado nesses casos tanto pelo tempo de vigência concedido à patente, quanto pelos direitos inerentes ao registro, consoante os artigos 40 e 42 da LPI, *in verbis:*

Art. 40. A patente de invenção vigorará pelo prazo de *20 (vinte) anos* e a de modelo de utilidade pelo prazo de *15 (quinze)* anos contados da data de depósito.

Parágrafo único. O prazo de vigência não será inferior a 10 (dez) anos para a patente de invenção e a 7 (sete) anos para a patente de modelo de utilidade, a contar da data de concessão, ressalvada a hipótese de o INPI estar impedido de proceder ao exame de mérito do pedido, por pendência judicial comprovada ou por motivo de força maior. *(grifo nosso).*

Art. 42. A patente confere ao seu titular *o direito de impedir terceiro, sem o seu consentimento, de produzir, usar, colocar à venda, vender ou importar com estes propósitos:*

I – produto objeto de patente;

II – processo ou produto obtido diretamente por processo patenteado.

§1º Ao titular da patente é assegurado ainda o direito de impedir que terceiros contribuam para que outros pratiquem os atos referidos neste artigo.

§2º Ocorrerá violação de direito da patente de processo, a que se refere o inciso II, quando o possuidor ou proprietário não comprovar, mediante determinação judicial específica, que o seu produto foi obtido por processo de fabricação diverso daquele protegido pela patente. *(grifo nosso)*

Assim, pela análise dos artigos 40 e 42 da LPI, percebe-se a ratificação do direito ao legítimo exercício de poder econômico por parte do agente detentor de patente de invenção ou de modelo de utilidade registrado no INPI, não havendo nenhum tipo de dano à concorrência, ou mesmo, à livre iniciativa, na existência dos chamados monopólios decorrentes de inovação tecnológica.

Cabe ressaltar que mesmo as inovações tecnológicas não registradas no INPI não configuram infração à ordem econômica, mas apenas a criação de um ônus para o próprio agente econômico em não ter seu monopólio devidamente protegido e assegurado pelo registro da patente.

Cabe referir a uma última forma de monopólio, que decorre da própria legislação brasileira, o chamado monopólio legal.

4.1.4 Monopólio legal

O monopólio legal é decorrente de força normativa, estabelecido de acordo com parâmetros legais que atribuem ao Estado e/ou a terceiros, a prerrogativa do exercício do monopólio em algumas atividades específicas, definidas em lei.

A CRFB/88 estabelece, no artigo 177, os monopólios da União, com expressiva regulação sobre o petróleo,[44] *in verbis:*

> Art. 177. Constituem monopólio da União:
>
> I – a pesquisa e a lavra das jazidas de petróleo e gás natural e outros hidrocarbonetos fluidos;
>
> II – a refinação do petróleo nacional ou estrangeiro;
>
> III – a importação e exportação dos produtos e derivados básicos resultantes das atividades previstas nos incisos anteriores;
>
> IV – o transporte marítimo do petróleo bruto de origem nacional ou de derivados básicos de petróleo produzidos no País, bem assim o transporte, por meio de conduto, de petróleo bruto, seus derivados e gás natural de qualquer origem;
>
> V – a pesquisa, a lavra, o enriquecimento, o reprocessamento, a industrialização e o comércio de minérios e minerais nucleares e seus derivados, com exceção dos radioisótopos cuja produção, comercialização e utilização poderão ser autorizadas sob regime de permissão, conforme as alíneas *b* e *c* do inciso XXIII do *caput* do art. 21 desta Constituição Federal.

Em outro momento, no art. 25, §2º, da CRFB/88, definiu o constituinte a exploração, direta ou mediante concessão pelos Estados, do gás canalizado:

> Art. 25. Os Estados organizam-se e regem-se pelas Constituições e leis que adotarem, observados os princípios desta Constituição.
>
> §2º – Cabe aos Estados explorar diretamente, ou mediante concessão, os serviços locais de gás canalizado, na forma da lei, vedada a edição de medida provisória para a sua regulamentação.

---

[44] Cf. BERCOVICI, *op. cit.,* p. 260-296.

Interessante o tratamento dado ao assunto pela jurisprudência do STF na ADI nº 3.273, com relação aos monopólios legais e suas espécies:

CONSTITUCIONAL. MONOPÓLIO. CONCEITO E CLASSIFICAÇÃO. PETRÓLEO, GÁS NATURAL E OUTROS HIDROCARBONETOS FLUÍDOS. BENS DE PROPRIEDADE EXCLUSIVA DA UNIÃO. ART. 20, DA CB/88. MONOPÓLIO DA ATIVIDADE DE EXPLORAÇÃO DO PETRÓLEO, DO GÁS NATURAL E DE OUTROS HIDROCAR-BONETOS FLUÍDOS. ART. 177, I a IV e §§1º E 2º, DA CB/88. REGIME DE MONOPÓLIO ESPECÍFICO EM RELAÇÃO AO ART. 176 DA CONSTITUIÇÃO. DISTINÇÃO ENTRE AS PROPRIEDADES A QUE RESPEITAM OS ARTS. 177 E 176, DA CB/88. PETROBRAS. SUJEIÇÃO AO REGIME JURÍDICO DAS EMPRESAS PRIVADAS [ART. 173, §1º, II, DA CB/88]. EXPLORAÇÃO DE ATIVIDADE ECONÔMICA EM SEN-TIDO ESTRITO E PRESTAÇÃO DE SERVIÇO PÚBLICO. ART. 26, §3º, DA LEI Nº 9.478/97. MATÉRIA DE LEI FEDERAL. ART. 60, CAPUT, DA LEI Nº 9.478/97. CONSTITUCIONALIDADE. COMERCIALIZAÇÃO ADMINISTRADA POR AUTARQUIA FEDERAL [ANP]. EXPORTA-ÇÃO AUTORIZADA SOMENTE SE OBSERVADAS AS POLÍTICAS DO CNPE, APROVADAS PELO PRESIDENTE DA REPÚBLICA [ART. 84, II, DA CB/88].

1. O conceito de monopólio pressupõe apenas um agente apto a desen-volver as atividades econômicas a ele correspondentes. Não se presta a explicitar características da propriedade, que é sempre exclusiva, sendo redundantes e desprovidas de significado as expressões "monopólio da propriedade" ou "monopólio do bem".

2. Os monopólios legais dividem-se em duas espécies: (i) os que visam a impelir o agente econômico ao investimento – a propriedade industrial, monopólio privado; e (ii) os que instrumentam a atuação do Estado na economia. 3. A Constituição do Brasil enumera atividades que con-substanciam monopólio da União [art. 177] e os bens que são de sua exclusiva propriedade [art. 20].

(STF – ADI nº 3273 DF, Relator: CARLOS BRITTO, Data de Julgamento: 15/03/2005, Tribunal Pleno, Data de Publicação: DJ 02-03-2007 PP-00025 EMENT VOL-02266-01 PP-00102)

Assim sendo, no Brasil, pode-se afirmar, consoante a decisão anterior, a existência de duas espécies de monopólio legal, uma com fulcro na imposição de investimento pelo agente econômico e outra na instrumentalização das formas de atuação do Estado para com a política econômica vigente.

Cabe mencionar, ainda, dentro da perspectiva do monopólio legal, o tratamento jurídico concedido pelo Poder Judiciário brasileiro aos serviços postais da Empresa Brasileira de Correios e Telégrafos (ECT), conforme o julgamento da ADPF nº 46 pelo Supremo Tribunal Federal. *In verbis,* a decisão em comento:

ARGÜIÇÃO DE DESCUMPRIMENTO DE PRECEITO FUNDAMENTAL. EMPRESA PÚBLICA DE CORREIOS E TELEGRÁFOS. PRIVILÉGIO DE ENTREGA DE CORRESPONDÊNCIAS. SERVIÇO POSTAL. CONTROVÉRSIA REFERENTE À LEI FEDERAL 6.538, DE 22 DE JUNHO DE 1978. ATO NORMATIVO QUE REGULA DIREITOS E OBRIGAÇÕES CONCERNENTES AO SERVIÇO POSTAL. PREVISÃO DE SANÇÕES NAS HIPÓTESES DE VIOLAÇÃO DO PRIVILÉGIO POSTAL. COMPATIBILIDADE COM O SISTEMA CONSTITUCIONAL VIGENTE. ALEGAÇÃO DE AFRONTA AO DISPOSTO NOS ARTIGOS 1º, INCISO IV; 5º, INCISO XIII, 170, CAPUT, INCISO IV E PARÁGRAFO ÚNICO, E 173 DA CONSTITUIÇÃO DO BRASIL. VIOLAÇÃO DOS PRINCÍPIOS DA LIVRE CONCORRÊNCIA E LIVRE INICIATIVA. NÃO-CARACTERIZAÇÃO. ARGUIÇÃO JULGADA IMPROCEDENTE. INTERPRETAÇÃO CONFORME À CONSTITUIÇÃO CONFERIDA AO ARTIGO 42 DA LEI Nº 6.538, QUE ESTABELECE SANÇÃO, SE CONFIGURADA A VIOLAÇÃO DO PRIVILÉGIO POSTAL DA UNIÃO. APLICAÇÃO ÀS ATIVIDADES POSTAIS DESCRITAS NO ARTIGO 9º, DA LEI.

1. O serviço postal – conjunto de atividades que torna possível o envio de correspondência, ou objeto postal, de um remetente para endereço final e determinado – não consubstancia atividade econômica em sentido estrito. Serviço postal é serviço público.

2. A atividade econômica em sentido amplo é gênero que compreende duas espécies, o serviço público e a atividade econômica em sentido estrito. Monopólio é de atividade econômica em sentido estrito, empreendida por agentes econômicos privados. A exclusividade da prestação dos serviços públicos é expressão de uma situação de privilégio. Monopólio e privilégio são distintos entre si; não se os deve confundir no âmbito da linguagem jurídica, qual ocorre no vocabulário vulgar.

3. A Constituição do Brasil confere à União, em caráter exclusivo, a exploração do serviço postal e o correio aéreo nacional [artigo 20, inciso X].

4. O serviço postal é prestado pela Empresa Brasileira de Correios e Telégrafos – ECT, empresa pública, entidade da Administração Indireta da União, criada pelo decreto-lei nº 509, de 10 de março de 1.969.

5. É imprescindível distinguirmos o regime de privilégio, que diz com a prestação dos serviços públicos, do regime de monopólio sob o qual, algumas vezes, a exploração de atividade econômica em sentido estrito é empreendida pelo Estado.

6. A Empresa Brasileira de Correios e Telégrafos deve atuar em regime de exclusividade na prestação dos serviços que lhe incumbem em situação de privilégio, o privilégio postal.

7. Os regimes jurídicos sob os quais em regra são prestados os serviços públicos importam em que essa atividade seja desenvolvida sob privilégio, inclusive, em regra, o da exclusividade. 8. Argüição de descumprimento de preceito fundamental julgada improcedente por maioria. O Tribunal deu interpretação conforme à Constituição ao artigo 42 da Lei nº 6.538 para restringir a sua aplicação às atividades postais descritas no artigo 9º desse ato normativo. (STF – ADPF: 46 DF, Relator: Min. MARCO AURÉLIO, Data de Julgamento: 05/08/2009, Tribunal Pleno, Data de Publicação: DJe-035 DIVULG 25-02-2010 PUBLIC 26-02-2010 EMENT VOL-02391-01 PP-00020)

Em suma, o STF entendeu que o setor postal é serviço público, constituído como monopólio de atividade econômica em sentido estrito, específica, tendo a própria CRFB/88, no art. 20, inciso X, definido como exclusiva a exploração do serviço postal pela União, configurada como situação de privilégio concedido ao ente público na exploração da referida atividade econômica.

4.2 Oligopólio

Diferentemente da formatação encontrada nos monopólios, em que se encontra somente um único agente econômico realizando atividade econômica, nos oligopólios há apenas um pequeno e reduzido grupo, detentor de todo o mercado relevante de determinados bens ou serviços ou, mantendo a condição de grandes concentradores de mercado relevante, não abrem margem para a concorrência com pequenos concorrentes, sendo estes incapazes de modificar o poder econômico oligopolizado em determinado setor.

A análise da estrutura em mercados oligopolizados, inclusive, levou ao desenvolvimento da teoria dos jogos, estudada neste trabalho. Calixto Salmão Filho apresenta as principais conclusões dessa teoria, aplicada aos oligopólios, a saber:

Em primeiro lugar, só é possível identificar um comportamento necessário dos participantes do mercado caso o "jogo" seja repetido uma vez só ou, então, um número finito de vezes. No primeiro caso, a empresa sabe que, se aumentar o seu preço, seu concorrente manterá os seus preços baixos e ganhará fatias do mercado. Assim, ela mantém seu preço baixo. Note-se que a empresa só se pode comportar dessa maneira porque não precisa se preocupar com os efeitos de sua estratégia sobre uma nova "rodada" do "jogo". Isso significa que nesse modelo teórico não existe a possibilidade de o primeiro concorrente retaliar, abaixando seus preços em resposta ao comportamento da segunda empresa. Ela pode, portanto, adotar uma estratégia individual, semelhante ao que se dá no dilema do prisioneiro.[45]

No Brasil, a cada ano, há maiores exemplos de oligopólios, a exemplo do segmento de telefonia com apenas 4 (quatro) empresas, Vivo, Oi, Tim e Claro e, no setor de agrotóxicos com 10 (dez) fornecedores, como a Syngenta (Suíça), Bayer (Alemanha), Basf (Alemanha), FMC (EUA), Du Pont (EUA), Dow Química (EUA), Monsanto (EUA), Makhteshim-Agan (Israel) e Nufarm (Austrália). No segmento de chocolates e derivados, com expressivas participações no mercado apenas 5 (três) empresas, como a Garoto, Nestlé, Arcor, Hersheys e Lacta, e assim por diante.

A concentração empresarial entre os oligopolistas é o aspecto teleológico da proteção antitruste brasileira, pois tais operações societárias podem culminar na dominação de mercado, criando, por exemplo, um monopólio, evidente no caso Nestlé/Garoto[46] julgado pelo CADE.

Com efeito, no caso Nestlé do Brasil e Chocolates Garoto, foram levados em consideração três aspectos para a definição do mercado relevante, a saber: produto relevante; mercado relevante geográfico e estrutura de oferta.

Na análise detida sobre o aspecto do produto relevante, definiu-se como mercado relevante as balas e confeitos sem chocolates, o mercado de achocolatados (incluindo o pó de cacau e o chocolate em pó), o mercado de cobertura de chocolate, incluindo cobertura sólida e líquida, o mercado de chocolate sob todas as formas, excluindo os chocolates artesanais.

No que tange ao chamado mercado relevante geográfico, optou-se por um delineamento territorial que se restringe às fronteiras do país em todos os mercados relevantes já definidos acima. Recusou-se a ampliação do mercado de chocolate sob todas

---

[45] SALOMÃO FILHO, *op. cit.*, p. 150.

[46] É de extrema perspicácia o exemplo do Ato de Concentração Econômica n° 08012.001697/2002-89, que envolveu a compra da Garoto pela Nestlé, que após (02) dois anos da operação sofreu restrições, sendo objeto de grande celeuma nos tribunais brasileiros.

as formas na abrangência de todos os países do Mercado Comum do Sul (MERCOSUL).[47] Nesses mercados relevantes, também se colocou uma restrição territorial devido às restrições de importação que decorrem da perecibilidade do produto, do gosto do consumidor e da fidelidade da marca, entre outras.

Finalmente verifica-se a chamada estrutura de oferta. No mercado de balas e confeitos, a participação da Nestlé/Garoto não atingiu patamares consideráveis, tornando desnecessário levar em conta o mercado de balas e confeitos pela incapacidade de conferir poder de mercado às empresas supracitadas.

Em relação ao mercado de chocolates, verificou-se a desnecessidade em dar prosseguimento à investigação, pois a Nestlé, mesmo antes da união com a Garoto, já detinha parcela substancial do mercado de achocolatados, demonstrando poder de mercado nesse quesito. O mesmo raciocínio foi adotado para o mercado de cobertura de chocolates, no qual Nestlé/Garoto passaram a deter 88,5%.

No mercado de chocolate sob todas as formas, percebeu-se uma alta concentração de poder de mercado, alcançando a Nestlé e a Garoto em 2001, 58,41% do mercado de chocolate sob todas as formas. Exclui-se da investigação o chamado mercado de chocolates artesanais, que, no entendimento do relator, não configuraria mercado relevante.

O caso Nestlé, além de paradigmático dentro da análise dos chamados oligopólios, também é o maior exemplo de como se torna necessário o regramento próprio e específico sobre as concentrações empresariais no Brasil, mostrando-se, algumas dessas operações altamente desastrosas para a economia nacional, bem como refletindo negativamente sobre o mercado de consumo, o emprego e a renda da população, o que merece ser repelido pela norma antitruste brasileira.

---

[47] Importante ressaltar a aderência do Brasil em 1996 ao Protocolo de Fortaleza (em apenso), que regulamenta a Defesa da Concorrência no Mercosul, incrementando políticas de proteção e defesa de livre competição dentro do bloco econômico ao qual o Brasil está inserido, inclusive devendo ser observado, caso necessário, a formação de mercado relevante dentro do bloco, em operações societárias que envolvam grandes concentrações empresariais como no caso em comento, desconsiderado pelo CADE na oportunidade.

4.3 Monopsônio

As análises acima realizadas verificaram as condutas e as possíveis formas de organização societária, envolvendo os fornecedores, os produtores e os comerciantes (vendedores de modo geral). No monopsônio, é invertida a posição de partícipe do mercado, analisando-se o comportamento do comprador.

Enquanto no monopólio se tem apenas um único agente econômico em regime de exclusividade, ofertando um produto ou serviço no mercado, no monopsônio, encontramos apenas um único comprador de determinado bem ou serviço ofertado por diversos vendedores. O poder de monopsônio corresponde à habilidade de pagar, por um insumo, preços menores do que o preço que seria pago em um mercado competitivo, mantendo lucros econômicos no longo prazo.[48]

> Relevante para o direito antitruste é apenas observar que a teoria econômica nos informa que o monopsonista que não é consumidor final, ou seja, aquele que compra o insumo para utilizá-lo na fabricação de um produto final, não tem a tendência de repassar ao consumidor os preços menores por ele obtidos pelo insumo em cujo mercado tem poder monopsonista (exatamente porque o custo marginal se eleva). A tendência é apropriar essa diferença como lucro.[49]

Na atualidade, a ocorrência de monopsônios é quase que inexistente, visto que grande parte das empresas que ofertam os seus produtos no mercado já diretamente os colocam à disposição do consumidor final, ocorrendo com maior frequência sobre a compra, nos chamados oligopsônios.

4.4 Oligopsônio

A conceituação do oligopsônio assemelha-se à dos monopsônios, só que naquele enquanto existe apenas um único comprador

---

[48] CARLTON, D. W.; PERLOFF, J. M. *Modern Industrial Organization*. 3.th. Reading: Addison-Wesley, 1999, p. 25.
[49] SALOMÃO FILHO, *op. cit.*, p. 157.

para diversos vendedores, neste existem poucos compradores para diversos vendedores, o que ocorre mais frequentemente, inclusive no mercado brasileiro.

Exemplo salutar é lançado por André de Almeida:

> O setor do aço no Brasil é um exemplo de oligopsônio. Há não mais que quatro grandes grupos econômicos que concentram a produção de aço no país (nem sempre foi assim, pois havia mais de 20 em 1975). Levando em consideração que a matéria-prima do aço é a sucata ferrosa ou o ferro-gusa, nota-se que todos os fornecedores de ambos os produtos estão submetidos ao poder econômico, comercial e político do oligopsônio do aço brasileiro. O poder econômico do setor do aço é notado na forma desinibida com que demanda benefícios fiscais e regalias normativas. O poder comercial do mesmo segmento se nota pela compra de suas matérias-primas, pois, cientes de que oligopsônicos são, fazem uso de tal "status" para garantir as altas margens. Já o poder político é revelado sempre que o setor requer regalias de tratamento ao Poder Público, algo cada vez mais frequente.[50]

O poder econômico, portanto, nas suas mais variadas estruturas, refletido na posição dominante revela a possibilidade (latência do exercício do abuso de poder econômico) quando o agente econômico detentor de determinado mercado se utilizando dessa prerrogativa impinge sobre o ambiente mercantil práticas que não ocorreriam caso houvesse um quadro de concorrência perfeita instaurado, ou mesmo com uma pequena margem concorrencial, disposta a abrir o mercado aos demais agentes econômicos.

Referências

ALBINO DE SOUZA, Washington Peluso. *Primeiras linhas de direito econômico*. 3. ed. São Paulo: LTr, 1994.

ALMEIDA, André. *Setor de aço no Brasil é exemplo de oligopsônio*. Disponível em: http://www.conjur.com.br. Acesso em: 20 set. 2013.

BENSANKO, David; BRAEUGTIGAM, Ronald R. *Microeconomia*: uma abordagem completa. São Paulo: LTC, 2004.

BERCOVICI, Gilberto. *Direito econômico do petróleo e dos recursos minerais*. São Paulo: Quartier Latin, 2011.

---

[50] ALMEIDA, André. *Setor de Aço no Brasil é exemplo de Oligopsônio*. Disponível em: http://www.conjur.com.br. Acesso em: 20 set. 2013.

CABRAL DE MONCADA, Luís S. *Direito Económico*. 5. ed. Coimbra: Coimbra, 2007.

CARLTON, D.W.; PERLOFF, J.M. *Modern Industrial Organization*. 3.th. Reading: Addison-Wesley, 1999.

FABRIS, Fernando Smith. *Concentrações empresariais e o mercado relevante.* Porto Alegre: Sérgio António Fabris, 2002.

FORGIONI, Paula A. *Os fundamentos do antitruste.* São Paulo: Revista dos Tribunais, 2012.

MANKIW, N. Gregory. *Introdução à economia.* São Paulo: Thomson Learning, 2005.

NUSDEO, Ana Maria de Oliveira. *Defesa da concorrência e globalização econômica:* o controle da concentração de empresas. São Paulo: Malheiros, 2002.

PINDYCK, Robert; RUBINFELD, Daniel. *Microeconomia.* 6. ed. São Paulo: Pearson Education, 2005.

SALOMÃO FILHO, Calixto. *Direito Concorrencial:* as estruturas. 3. ed. São Paulo: Malheiros, 2007.

SCHAPIRO, Mario Gomes (Coord.). *Direito Econômico:* direito e economia na regulação setorial. São Paulo: Saraiva, 2009.

SCHUMPETER, Joseph Alois. *Teoria do desenvolvimento econômico.* São Paulo: Nova Cultural, 1997.

TORO HARDY, José. *Fundamentos de teoría económica:* un análisis de la política económica venezolana. Caracas: Panapo, 2005.

VARIAN, Hal R. *Microconomia:* princípios básicos. 7. ed. Rio de Janeiro: Elsevier, 2006.

VENÂNCIO FILHO, Alberto. *A intervenção do Estado no domínio econômico:* o direito público econômico no Brasil. Rio de Janeiro, 1968.

CAPÍTULO 8

BACEN *VS.* CADE: POR UMA COMPETÊNCIA REGULATÓRIA COMPLEMENTAR NA ANÁLISE DOS ATOS DE CONCENTRAÇÃO ECONÔMICA DO SETOR BANCÁRIO

FELIPE GUIMARÃES DE OLIVEIRA
SUZY ELIZABETH CAVALCANTE KOURY

Introito

O presente capítulo tem como fulcro o estudo crítico acerca da competência regulatória do Conselho Administrativo de Defesa Econômica (CADE) e do Banco Central do Brasil (BACEN), no que diz respeito aos atos de concentração econômica de instituições financeiras no Brasil.

O Sistema Financeiro Nacional é regulado pela Lei nº 4.595/64, que, por decisão do Supremo Tribunal Federal,[1] foi recepcionada pela CRFB/88 como lei complementar a que se refere o seu artigo 192, com a finalidade precípua de garantir um sistema que promova o desenvolvimento equilibrado do país e os interesses coletivos.

O BACEN, como órgão integrante do Sistema Financeiro Nacional, exerce, entre outras atribuições, a fiscalização sobre as

---

[1] STF – RE nº 395171 RO, Relator: Min. GILMAR MENDES, Data de Julgamento: 28/08/2009, Data de Publicação: DJe-172 DIVULG 11/09/2009 PUBLIC 14/09/2009. Disponível em: http://stf.jusbrasil.com.br/jurisprudencia/5422297/agregno-recurso-extraordinario-re-395171-ro-stf. Acesso em: 17 ago. 2015.

instituições financeiras, o que abrange a concessão de autorização para transformações, fusões ou incorporações (art. 10, inc. X, "c" e 18, §2º, da Lei nº 4.595/64).

Por outro lado, a regulação da concorrência, de que trata o §4º do artigo 173 da CRFB/88, é realizada pelo CADE, autoridade antitruste brasileira, consoante a Lei nº 12.529/11, a quem compete, entre outras atribuições, o controle dos atos de concentração econômica entre os agentes que operam no mercado, a fim de assegurar a efetiva concorrência e evitar posições dominantes que venham a prejudicá-la (art. 88, *caput* e §§, Lei nº 12.529/2011).

As concentrações econômicas que envolvam instituições financeiras, sem qualquer dúvida, submetem-se ao Banco Central, no que diz respeito à análise da higidez do Sistema Financeiro Nacional.

A polêmica doutrinária e jurisprudencial reside na competência complementar do CADE para autorizar as concentrações econômicas das instituições financeiras, no que diz respeito ao mercado concorrencial.

Há entendimento de que a competência do BACEN não exclui, nem substitui a do CADE, autoridade antitruste brasileira, pois, consoante o artigo 31 da Lei nº 12.529/2011, a norma antitruste aplica-se a todas as pessoas jurídicas, sem qualquer exceção. Assim, os atos de concentração econômica de instituições financeiras devem, quando cabível, ser-lhe submetidos previamente (art. 88, §3º, Lei nº 12.529/11), vez que é o órgão competente para efetivar a defesa da concorrência.

Trata-se de aplicação do princípio da complementariedade, a que se referiu o STF quando do julgamento da ADI nº 2.591-1/DF, que considerou que a Lei nº 4.595/64 e o CDC (Lei nº 8.078/90) incidem sobre as relações entre os bancos e os consumidores, com enfoques distintos: o BACEN, regulando a estrutura do sistema, os riscos prudenciais e a função dessas instituições, que integram o Sistema Financeiro Nacional, e o CDC, disciplinando a relação entre elas e os consumidores, no que concerne à exploração da atividade econômica e o mercado de consumo.

A questão, contudo, não é pacífica, o que restou evidenciado quando da análise da concentração dos bancos BCN e Bradesco, que suscitou conflito positivo de competência entre o CADE e o BACEN.

O objetivo desse estudo é buscar dar contribuição ao debate da questão, ainda não solucionada, de forma inconteste, pela jurisprudência pátria, como se demonstrará. Para tanto, proceder-se-á, inicialmente, à análise dos atos de concentração no setor bancário, tanto no que diz respeito à higidez do Sistema Financeiro, quanto nos aspectos concorrenciais.

Após, discutir-se-á a competência do BACEN em matéria de concentração bancária, em contraponto à do CADE, a fim de verificar se há exclusividade ou complementariedade entre elas.

Por fim, serão apresentados e discutidos os posicionamentos doutrinários e jurisprudenciais acerca da existência, ou não, de conflito de competências, com especial ênfase ao caso BCN/Bradesco.

Espera-se, assim, contribuir para o debate da matéria que, contemporaneamente, tem cada vez mais maior relevância, face à constatação de que, em um mundo globalizado, a concentração econômica tem sido um dos meios para o comprometimento da concorrência.

1 Os atos de concentração econômica no setor bancário

As operações de concentrações bancárias, no Brasil, refletem a tendência global de rearranjo na configuração dos modos de exploração da atividade empresarial e de sua função no mercado de bens e serviços, como decorrência do novo sentido atribuído ao capitalismo, impondo a necessidade de acompanhamento, pelo direito,[2] das demandas advindas desses novos fatos sociais, imiscuídos, como regra geral, nas intersecções entre o direito e a economia.[3]

Cabe ressaltar que, dentro do regime de defesa da concorrência e do direito antitruste, algumas categorias de concentrações

---

[2] Evolução também presente no direito comercial. Cf. BULGARELLI, Waldírio. *Direito Comercial*. 14. ed. São Paulo: Atlas, 1999.

[3] Na teoria da empresa, aponta Raquel Sztajn: "Estabelecer vínculos mais estreitos entre o direito e a economia oferece, aos juristas, perspectivas novas de enfrentamento de questões relevantes no âmbito do Direito Comercial. Tomando como ponto inicial a disciplina dos mercados e das empresas, passando por contratos empresariais, o esquema de análise terá como centro institutos jurídicos em que o conteúdo patrimonial é intenso. Igualmente, em primeiro tempo não se discutirão aspectos éticos ou valorativos da atividade, considerando que a produção e circulação da riqueza têm como perspectiva a criação de mais riquezas, não sua distribuição. *In:* SZTAJN, Raquel. *Teoria jurídica da empresa*. São Paulo: Atlas, 2004, p. 28. No mesmo sentido: BULGARELLI, Waldírio. *Sociedades comerciais*. 8. ed. São Paulo: Atlas, 1999.

econômicas moldaram-se com o passar do tempo, reunindo a doutrina uma classificação dos processos concentracionistas sob três formas: concentrações verticais, concentrações horizontais e concentrações conglomeradas.

O Conselho Administrativo de Defesa Econômica (CADE), por intermédio da Resolução nº 15/98, Anexo V, define cada uma destas categorias, classificando as duas primeiras da seguinte maneira:

> Ocorre uma relação vertical quando uma empresa opera como vendedora no mercado de insumos de outra, mesmo não havendo uma relação comercial entre elas. Ocorre uma relação horizontal quando duas ou mais empresas atuam num mesmo mercado como vendedoras de produtos similares (leia-se substitutos) ou quando duas ou mais empresas atuam num mesmo mercado como compradoras.[4]

Assim também ensina Leonardo Vizeu Figueiredo, incluindo as conglomerações econômicas:

> Por concentração horizontal entende-se a concentração que envolve agentes econômicos distintos e competidores entre si, que ofertam o mesmo produto ou serviço em um determinado mercado relevante. Concentração ou integração vertical traduz-se na concentração que envolve agentes econômicos distintos, que ofertam produtos ou serviços diversos, fazendo parte da mesma cadeia produtiva. Conglomeração é a concentração que envolve agentes econômicos distintos, que igualmente ofertam produtos ou serviços diversos, podendo ou não ser complementares entre si, mas que certamente, não fazem parte da mesma cadeia produtiva. Genericamente, uma conglomeração é saudável à competição, pois significa a "entrada" de uma empresa em um determinado mercado de produto ou serviço. No entanto, uma conglomeração pode ter efeitos nocivos à concorrência quando houver complementariedade entre os produtos ou serviços envolvidos.[5]

Cabe ressaltar também que as concentrações econômicas podem, em regra geral, assumir alguns propósitos específicos, como neutralizar a competição entre agentes econômicos,[6] tendo,

---

[4] BRASIL. Conselho Administrativo de Defesa Econômica. CADE. Resolução nº 15 de 19 de Agosto de 1998. Publicação *DOU* 28/08/1998. Brasília/DF.

[5] FIGUEIREDO, Leonardo Vizeu. *Lições de Direito Econômico*. 4. ed. Rio de Janeiro: Forense, 2011, p. 195-196.

[6] FORGIONI, Paula A. *Os fundamentos do antitruste*. 5. ed. São Paulo: Revista dos Tribunais, 2012, p. 360

por isso mesmo, um regramento próprio que irá disciplinar a forma como essa concentração será realizada, almejando a defesa dos demais concorrentes competidores naquele dado mercado relevante material e/ou geográfico.

Poderá, também, ocasionar a concentração, a viabilização de economias de escalas e o melhor aproveitamento dos recursos disponíveis,[7] quando da análise dos chamados monopólios naturais e da necessidade de exploração de atividade econômica que envolva elevada injeção de capital, como as obras de infraestrutura e os demais serviços públicos.

A operação societária poderá, ainda, envolver, como ponto central, não apenas a compra de outro agente econômico, mas, também, a compra indireta de mão de obra especializada,[8] bem como os direitos decorrentes de patente de invenção ou de modelo de utilidade.

> Embora possa parecer uma contradição, muitas vezes a venda da empresa é o meio mais eficiente ou mais seguro de preservar a continuação de suas atividades. O empresário que está encerrando sua vida profissional pode preferir deixar, a seus herdeiros, outros bens que não a unidade produtiva. Para os acionistas, administradores, fornecedores e empregados pode ser menos traumática a opção da venda àquela da bancarrota ou do declínio das atividades empresariais.[9]

Por fim, relembra-se que, mediante a concentração, ganhos ou economias tributárias podem ser viabilizados, o que não prejudica seu papel na forma de investimento de capital, caso não ocorra a distribuição dos lucros. O crescimento aparente poderá, de outro lado, consistir em uma estratégia empresarial de mercado, visando a diminuir os riscos da atividade econômica, com a ampliação do mercado em que a empresa atua.[10]

Ressalta-se que a concentração econômica, em si, não é considerada ilícita, tampouco suscita presunção absoluta de restrição à concorrência, até porque ela é permitida no ordenamento jurídico

---

[7] *Id. Ibid*, p. 361.
[8] *Id. Ibid. loc. cit.*
[9] *Id. Ibid. loc. cit.*
[10] *Id. Ibid. loc. cit.*

brasileiro, que se pauta, sobretudo, pela defesa da livre iniciativa, bem como porque pode propiciar o desenvolvimento econômico de certos mercados. O que deve ser reprimido são eventuais abusos decorrentes desse direito.

É o que aponta Waldírio Bulgarelli,[11] assinalando que, muito embora a intepretação do objetivo de domínio de mercado e de eliminação total ou parcial da concorrência seja difícil, na realidade econômica não se vislumbra em si uma proibição desses processos concentracionistas, mas somente de seus efeitos e consequências que sejam contrários ao direito.

As concentrações bancárias são classificadas como concentrações econômicas horizontais, envolvendo instituições financeiras, das quais resulte a união de dois ou mais agentes econômicos atuantes no mesmo relevante material (produto ou serviço) e/ou geográfico.

Importante ressaltar ainda que a quantidade de bancos e instituições financeiras em funcionamento no país, por si só, não é fundamento apto a constatar a existência de concentração no setor bancário, devendo outros aspectos serem observados nessa perspectiva. Nesse sentido, Roberto Luís Troster[12] aduz que:

> O número de bancos tem sido levantado como uma evidência forte de que o sistema bancário está se concentrando no Brasil. Entretanto, é uma proposição mal formulada, uma vez que a concentração nãose dá em função do número absoluto de bancos. A mesma quantidade de serviços pode ser oferecida por diferentes estruturas de indústria bancária como: muitos bancos pequenos, alguns médios e poucos grandes; ou muitos médios, nenhum pequeno e poucos grandes; ou ainda três megabancos e nenhum pequeno e médio etc. Há um sem-número de combinações que dependem de diferentes fatores tais como: a existência de economias de escala e de escopo; tecnologia; regulamentação; dispersão geográfica da atividade econômica; concentração de renda; o conjunto de produtos oferecidos; estabilidade econômica etc.

Ainda assim, é importante ressaltar, no que tange à competição no mercado bancário, que este, geralmente, é um aspecto

---

[11] BULGARELLI, Waldírio. *O direito dos grupos e a concentração de empresas.* São Paulo: Leud, 1975, p. 54.

[12] TROSTER, Roberto Luís. Concentração bancária. p. 1. Disponível em: www.febraban.org. br. Acesso em: 03 ago. 2015.

desejável porque conduz ao aumento da eficiência institucional, a menores custos para os clientes e à melhoria na qualidade e abrangência dos serviços financeiros oferecidos, de modo que, se houver ganhos significativos de escala, o custo pode cair.[13] Porém, maior concentração implica maior oportunidade de abuso de poder econômico e consequente aumento dos *spreads*.

Estabelecidas essas premissas iniciais que justificam a defesa da concorrência e impõem a necessidade de estudo da matéria pelo direito, passa-se á análise das competências dos órgãos reguladores brasileiros sobre a matéria, em especial, do Banco Central do Brasil (BACEN) e do Conselho Administrativo de Defesa Econômica (CADE).

2 Sistema Financeiro Nacional, BACEN e CADE: competências em matéria de concentração bancária

O Sistema Financeiro Nacional (SFN) pode ser compreendido como um conjunto de órgãos que regulamenta, fiscaliza e executa as operações necessárias à circulação da moeda e do crédito na economia. É composto por diversas instituições e, para efeitos didáticos, pode ser dividos em dois subsistemas.

O primeiro sistema é o normativo, formado por instituições que estabelecem as regras e as diretrizes de funcionamento, além de definirem os parâmetros para a intermediação financeira e fiscalizarem a atuação das instituições operativas. Tem, em sua composição: o Conselho Monetário Nacional (CMN), o Banco Central do Brasil (BACEN), a Comissão de Valores Mobiliários (CVM) e as Instituições Especiais (Banco do Brasil, BNDES e Caixa Econômica Federal).[14]

O segundo subsistema é o operativo. Em sua composição, estão as instituições que atuam na intermediação financeira e têm

---

[13] DANTAS, José Alves *et al*. Relação entre Concentração e Rentabilidade no Setor Bancário Brasileiro. *Revista de Contabilidade e Finanças da USP*. v. 22, n. 55, jan./abr. 2011. São Paulo/SP, p. 7.

[14] FEBRABAN. Sistema Financeiro Nacional (SFN). Disponível em: www.febraban.org.br. Acesso em: 10 ago. 2015.

como função operacionalizar a transferência de recursos entre fornecedores de fundos e os tomadores de recursos, a partir das regras, diretrizes e parâmetros definidos pelo subsistema normativo. Estão nessa categoria as instituições financeiras bancárias e não bancárias e, o Sistema Brasileiro de Poupança e Empréstimo (SBPE), além das instituições não financeiras e auxiliares.[15]

Ainda assim, consoante a Constituição da República Federativa do Brasil de 1988, em seu artigo 192:

> Art. 192. O sistema financeiro nacional, estruturado de forma a promover o desenvolvimento equilibrado do País e a servir aos interesses da coletividade, em todas as partes que o compõem, abrangendo as cooperativas de crédito, será regulado por leis complementares que disporão, inclusive, sobre a participação do capital estrangeiro nas instituições que o integram.

Compreendida, ainda que de maneira perfunctória, a estrutura do SFN, enfrentar-se-á a competência em matéria de concentração de um desses órgãos integrantes do sistema, qual seja, o Banco Central do Brasil.

O BACEN foi criado por meio da Lei nº 4.595/64, para substituir a antiga Superintendência da Moeda e do Crédito, como autarquia federal, com personalidade jurídica e patrimônios próprios, competindo-lhe cumprir e fazer cumprir as disposições que lhes são atribuídas pela legislação em vigor e as normas expedidas pelo Conselho Monetário Nacional, consoante dispõe o artigo 2º da lei.

Competem-lhe, ainda, privativamente, consoante o artigo 10 do mesmo diploma, as seguintes atribuições: emitir papel-moeda e moeda metálica; executar os serviços do meio circulante; receber recolhimentos compulsórios e voluntários das instituições financeiras e bancárias; realizar operações de redesconto e empréstimo às instituições financeiras; regular a execução dos serviços de compensação de cheques e outros papéis; efetuar operações de compra e venda de títulos públicos federais; exercer o controle de crédito; exercer a fiscalização das instituições financeiras; autorizar o funcionamento das instituições financeiras; estabelecer

---

[15] *Ibid*, p. 1.

as condições para o exercício de quaisquer cargos de direção nas instituições financeiras; vigiar a interferência de outras empresas nos mercados financeiros e de capitais e controlar o fluxo de capitais estrangeiros no país.

Entre as funções de competência do Banco Central, cabe mencionar a de maior destaque para o aprofundamento que se propõe neste trabalho, com previsão normativa no artigo 10, inciso X, "c" e "g" e no artigo 18, §2º, da Lei nº 4.595/64, *in verbis:*

> Art. 10. Compete privativamente ao Banco Central da República do Brasil:
>
> X – Conceder autorização às instituições financeiras, a fim de que possam:
>
> *c) ser transformadas, fundidas, incorporadas ou encampadas;*
>
> *g) alienar ou, por qualquer outra forma, transferir o seu controle acionário.*

> Art. 18. As instituições financeiras somente poderão funcionar no País mediante prévia autorização do Banco Central da República do Brasil ou decreto do Poder Executivo, quando forem estrangeiras.
>
> *§2º O Banco Central da Republica do Brasil, no exercício da fiscalização que lhe compete, regulará as condições de concorrência entre instituições financeiras, coibindo-lhes os abusos com a aplicação da pena nos termos desta lei.*

Resta patente a competência do BACEN para conceder autorização às instituições financeiras para que realizem concentrações bancárias, nas suas variadas formas.

Paralelamente à competência atribuída ao BACEN, é importante frisar que o legislador brasileiro, no artigo 31 da Lei nº 12.529/11, que estrutura o Sistema Brasileiro de Defesa da Concorrência (SBDC), legitimou a aplicação da norma antitruste aos processos concentracionistas, de maneira ampla, incluído o setor bancário, senão, vejamos:

> Art. 31. Esta Lei aplica-se às pessoas físicas ou jurídicas de direito público ou privado, bem como a quaisquer associações de entidades ou pessoas, constituídas de fato ou de direito, ainda que temporariamente, com ou sem personalidade jurídica, mesmo que exerçam atividade sob regime de monopólio legal.

De um modo geral, pode-se afirmar que o SBDC visa a prevenir e a reprimir infrações à ordem econômica, bem como a realizar o controle dos atos de concentração econômica entre os agentes que operem no mercado. Para o presente estudo, levar-se-á em consideração, portanto, apenas a análise do controle de processos concentracionistas no âmbito bancário.

Os atos de concentração econômica que interessam ao presente estudo são aqueles que tendem a constituir qualquer forma de concentração, de cunho estritamente econômico, por meio de fusões, incorporações e agrupamentos societários, dentre outros.

Todos esses tipos de atos de concentração econômica devem ser submetidos à análise do CADE, desde que se enquadrem no disposto no artigo 88, incisos I e II, da Lei n$^{\underline{o}}$ 12.529/2011, ou seja, que sejam atos em que, pelo menos, um dos grupos envolvidos na operação tenha registrado, no último balanço, faturamento bruto anual ou volume de negócios total no país, no ano anterior, equivalente ou superior a R\$750.000.000,00 (setecentos e cinquenta milhões de reais) e pelo menos um outro grupo envolvido na operação tenha registrado, no último balanço, faturamento bruto anual ou volume de negócios total no país, no ano anterior à operação, equivalente ou superior a R\$75.000.000,00 (setenta e cinco milhões de reais).[16]

Com a edição da Lei n$^{\underline{o}}$ 12.529/11, houve uma inovação no ordenamento jurídico brasileiro, representada pela obrigatoriedade de alguns agentes econômicos, em operações econômicas, previamente, fazerem a comunicação ao CADE antes de realizar qualquer ato vinculativo ou contratual, consoante o artigo 90, incisos I a IV, da referida lei, que trata das concentrações empresariais.

A análise prévia está preceituada no artigo 88, §2$^{\underline{o}}$, da Lei n$^{\underline{o}}$ 12.529/11, bem como no artigo 108 da Resolução n$^{\underline{o}}$ 1/2012 do CADE, *in verbis*:

> Art. 88, §2$^{\underline{o}}$. O controle dos atos de concentração de que trata o *caput* deste artigo será prévio e realizado em, no máximo, 240 (duzentos e quarenta) dias, a contar do protocolo de petição ou de sua emenda.
>
> Art. 108. O pedido de aprovação de atos de concentração econômica a que se refere o art. 88 da Lei n$^{\underline{o}}$ 12.529, de 2011, será prévio.

---

[16] Valores alterados através da Portaria Interministerial n$^{\underline{o}}$ 994 de 30 de maio de 2012 do CADE, modificando os valores previstos no artigo 88 da Lei n$^{\underline{o}}$ 12.529/11.

A abordagem acima realizada quanto às competências regulatórias e às funções do Banco Central e do CADE, em matéria de concentração econômica, externaliza, sobremaneira, a necessidade de se operar na práxis mercadológica e financeira brasileira, o exercício de uma competência em matéria de concentrações econômicas, a partir de uma visão complementar da atuação desses dois órgãos, como se demonstrará.

Passa-se, então, à análise do conflito positivo de competência entre o BACEN e o CADE, resolvido, no seio do Poder Executivo, pelo Parecer nº 20/2001 da AGU, ressaltando-se que o cerne da questão, qual seja, a possibilidade de os referidos órgãos exercerem suas competências, de forma complementar, ainda carece de apreciação pelo Poder Judiciário.

3 O Parecer nº 20/2001 da Advocacia-Geral da União e a judicialização do conflito de competência

O conflito de competências entre o BACEN e o CADE surgiu com a aquisição, pelo Bradesco do Banco BCN, aprovada pelo Banco Central, mas não submetida ao CADE, em dezembro de 1997.

Relata Tollini[17] que, com a compra, o Bradesco passou a integrar a *joint venture* BCN Alliance, o que levou a uma concentração horizontal nos mercados onde ela atuava.

O desfazimento da *joint venture*, em 12.04.2001, foi submetido ao CADE, ocasião em que a autarquia tomou ciência de que a sua instituição não lhe havia sido submetida, o que a levou a aplicar multa aos envolvidos, apesar de já ter sido aprovado o Parecer nº 20/2001 da AGU.

O referido Parecer nº 20/2001[18] da Advocacia-Geral da União (AGU) foi exarado após consulta, motivada pela existência de posições conflitantes entre as Procuradorias do Banco Central do Brasil e do CADE quanto à competência para a análise de

---

[17] Cf. TOLLINI, Priscilla Tardelli. Complementariedade entre agente regulador e autoridade da concorrência: o caso do sistema financeiro. *Revista de Defesa da Concorrência*, v. 4, novembro de 2014, p. 23-42.

[18] Disponível em: http://www.agu.gov.br/atos/detalhe/8413. Acesso em: 16 ago. 2015.

concentrações econômicas de instituições integrantes do Sistema Financeiro Nacional.

A conclusão contida no Parecer, datado de 5 de abril de 2001, que é vinculante para a Administração Pública, nos termos do disposto no artigo 40, §1º, da Lei Complementar nº 73/93, foi a de que há competência privativa do Banco Central do Brasil para analisar e aprovar os atos de concentração de instituições integrantes do Sistema Financeiro Nacional, bem como para regular as condições de concorrência entre instituições financeiras e aplicar-lhes as penalidades cabíveis.

Em apertada síntese, a AGU entendeu que, sob o ponto de vista infralegal, assistiria razão à Procuradoria do CADE, dada a abrangência da Lei Antitruste, então a Lei nº 8.884/94, revogada pela atual Lei nº 12.529/2011, que, nesse aspecto, não trouxe qualquer alteração quanto à compatibilidade entre a legislação antitruste e a Lei nº 4.595/64.

Todavia, como o artigo 192 da CRFB/88 exige que qualquer alteração na Lei nº 4.595/64, que julgou essencial para concluir-se como fez a Procuradoria do CADE, seja procedida por meio de lei complementar, concluiu pela impossibilidade de atuação do CADE nos casos de concentrações que envolvam instituições financeiras.

Citando o referido Parecer, o Bradesco e o BCN impetraram mandado de segurança contra o ato do então Presidente do CADE (hoje, pela Lei nº 12,529/2011, Superintendente), tendo a segurança sido concedida em 1º grau de jurisdição, pois o juiz entendeu correta a tese defendida pelos autores de que a competência para a análise das operações de aquisição do controle acionário de instituições financeiras é privativa do BACEN.

O TRF da 1ª Região reformou a decisão, ao argumento de que:

1º) as leis do sistema financeiro e do antitruste deveriam ser interpretadas e aplicadas de forma complementar e que o parecer em questão não era vinculante;

2º) a atribuição de autorizar as instituições financeiras a serem transformadas, fundidas, incorporadas ou encampadas, outorgada ao BACEN pelo art. 10, X, "c", da Lei nº 4.595/64, não exclui nem substitui a competência deferida ao CADE pela Lei nº 8.884/64 para apurar e decidir soberanamente sobre os atos de concentração;

3º) a Lei Bancária e a Lei Antitruste devem ser aplicadas tendo presente a regra da complementaridade, coexistindo, uma vez que a primeira fica limitada ao exame da questão concorrencial como instrumento necessário à defesa do equilíbrio do sistema financeiro, ao passo que a segunda versa especificamente sobre a tutela da concorrência, refletindo com mais propriedade e nitidez os princípios que presidem a ordem econômica e financeira e, no particular, a preocupação do legislador constituinte com a defesa da concorrência e do consumidor, em situação mui diversa do que sucedia na época da edição da Lei nº 4.595/64, sem contar que a autarquia antitruste é dotada de longa experiência e de estrutura técnico-jurídica especializada que garantem ao Estado maior eficiência na proteção contra os abusos do Poder Econômico e;

4º) os pareceres da Advocacia-Geral da União, por força do §1º do art. 40 da LC nº 73/93, quando aprovados pelo Presidente da República, têm o poder de vincular a Administração Federal; contudo, não são de observância obrigatória pelo CADE, quer no tocante à interpretação e aplicação das normas da legislação de defesa da concorrência, quer no que diz respeito à delimitação de sua esfera de atribuições jurídicas, pois, se assim não fosse, a autarquia antitruste estaria na contingência de sofrer abalos – no que tange à necessária e imprescindível autonomia e independência de seus julgamentos –, que, eventualmente, possam advir de uma indevida ingerência do Poder Executivo.

Em decisão adotada, por maioria, o STJ[19] deu provimento ao Recurso Especial, interposto pelos bancos, *in verbis*:

ADMINISTRATIVO – ATO DE CONCENTRAÇÃO, AQUISIÇÃO OU FUSÃO DE INSTITUIÇÃO INTEGRANTE DO SISTEMA FINANCEIRO NACIONAL – CONTROLE ESTATAL PELO BACEN OU PELO CADE – CONFLITO DE ATRIBUIÇÕES – LEIS 4.594/64 E 8.884/94 – PARECER NORMATIVO GM-20 DA AGU. 1. Os atos de concentração, aquisição ou fusão de instituição relacionados ao Sistema Financeiro Nacional

---

[19] Disponível em: https://ww2.stj.jus.br/websecstj/cgi/revista/REJ.cgi/ITA?seq=915164&tipo =0&nreg=200801736771&SeqCgrmaSessao=&CodOrgaoJgdr=&dt=20110412&formato=PD F&salvar=false. Acesso em: 16 ago. 2015.

sempre foram de atribuição do BACEN, agência reguladora a quem compete normatizar e fiscalizar o sistema como um todo, nos termos da Lei 4.594/64. 2. Ao CADE cabe fiscalizar as operações de concentração ou desconcentração, nos termos da Lei 8.884/94. 3. Em havendo conflito de atribuições, soluciona-se pelo princípio da especialidade. 4. O Parecer GM-20, da Advocacia-Geral da União, adota solução hermenêutica e tem caráter vinculante para a administração. 5. Vinculação ao parecer, que se sobrepõe à Lei 8.884/94 (art. 50). 6. O Sistema Financeiro Nacional não pode subordinar-se a dois organismos regulatórios. 7. Recurso especial provido.

Apesar de os Ministros terem entendido que não havia como o CADE deixar de observar o Parecer da AGU, houve empate na questão de fundo, qual seja, a competência complementar do CADE e do BACEN.

O Ministro Castro Meira abriu divergência, afirmando que a possibilidade de Parecer Vinculante da AGU restringe-se a matérias que possam ser objeto de orientação geral, relativas às atividades-meio das entidades federais, mas não às suas atribuições específicas. Ademais, argumentou que a competência do Banco Central está relacionada com a estrutura do sistema financeiro nacional, o que não afasta a competência do CADE para preservar a incolumidade do ambiente concorrencial.

Ao proferir voto vencido, o Ministro Herman Benjamin destacou, entre outros aspectos, não haver antinomia alguma entre essas normas de competência (Lei nº 4.595/1964 e Lei nº 8.884/1994), pois a atuação do CADE e do BACEN são absolutamente complementares, pois ambas as leis são especiais, sendo certo que, ainda que a Lei nº 4.595/1964 tenha sido recepcionada como Lei Complementar, "é cediço que são materialmente complementares somente as disposições relativas à regulamentação da estrutura do sistema financeiro, como reconhecido pelo STF ao julgar a paradigmática ADIn dos Bancos (ADI 2.591/DF, rel. p/ acórdão Min. Eros Grau, Pleno, j. 7.6.2006, DJ 29.9.2006)".

Aduziu, ainda, que:

> Compete ao Banco Central autorizar as fusões de forma a proteger e garantir a higidez do sistema financeiro nacional. O CADE, por sua vez, zelará pelo respeito ao ambiente concorrencial, analisando eventuais atos ou condutas "que possam limitar ou de qualquer forma prejudicar a livre concorrência, vou resultar na dominação de mercados relevantes" (art.

54 da Lei 8.884/1994). A atuação do Bacen, por sua própria natureza, é preventiva e orientadora, razão pela qual o art. 18, §2º, da Lei 4.595/1964 refere-se à regulação das condições de concorrência entre as instituições públicas, sem embargo da competência para coibir abusos com aplicação de pena. O CADE age prioritariamente a posteriori, focando os atos e as condutas efetivamente ocorridos e julgando-os à luz da legislação antitruste, sem pretensão de regular, a priori, as condições de concorrência, como faz o Bacen. Trata-se, portanto, de atribuições complementares, em que cada uma das autarquias federais atua dentro do âmbito delineado pela fontes normativas, que, como visto, dialogam harmoniosamente. Por essas razões, inexiste, a rigor, conflito normativo a ser dirimido, havendo de se reconhecer a competência do CADE para analisar as fusões de instituições financeiras, sempre no que se refere a atos ou condutas que possam implicar ofensa à legislação antitruste.

O CADE interpôs Recurso Extraordinário ao STF, que teve seu seguimento negado, tendo interposto, então, agravo regimental, que pende de apreciação.

Cabe referir, por oportuno, que, quando pendente da ação, houve a fusão do Itaú com o UNIBANCO, que foi submetida, tanto ao BACEN, quanto ao CADE, e por ambos aprovadas, cada um, evidentemente, em sua área de competência.

4 A competência regulatória complementar na análise dos atos de concentração econômica do setor bancário

A experiência concorrencial norte-americana tem sedimentado precedentes interessantes e promissores sobre o aparente conflito de competência entre a autoridade antitruste e o órgão estatal regulador, sejam quais forem o mercado e os agentes econômicos envolvidos, mostrando-se, ainda, essencial à manutenção e à coerência da atuação dos dois órgãos na regulação de concentrações empresariais envolvendo instituições financeiras.

Trata-se da aplicação da jurisprudência norte-americana do *Persuasive Power Doctrine:*

> Dois e apenas dois são os casos em que é possível afastar a competência das agências governamentais encarregadas da aplicação do direito antitruste. Em ambos, o poder conferido à agência

governamental deve ser amplo o suficiente (*persuasive*) para afastar a competência de qualquer outro órgão. Em uma primeira hipótese o poder do órgão é *extenso* o suficiente para afastar qualquer outra competência. Por poder extenso o suficiente entende-se aquele poder que é conferido com o intuito de substituir o sistema concorrencial. (...) A segunda hipótese é aquela que, apesar de não dotado de extensão suficiente para afastar a aplicação do direito antitruste, o poder é *profundo* o bastante para fazê-lo. Nesta hipótese o que ocorre é que o poder conferido à agência governamental independente já inclui a competência para aplicar a lei antitruste; não há que se pensar em controle do ato do ponto de vista concorrencial pelo órgão encarregado da aplicação do direito antitruste (FTC) ou pelas Cortes, simplesmente porque aquelas regras já foram (por hipótese) levadas em consideração quando da regulamentação ou quando da decisão aprovando determinado tipo de procedimento.[20]

Assim sendo, para que o poder regulamentar possa ser exercido, sem consideração dos princípios concorrenciais, é necessário que a competência atribuída ao órgão regulamentar, no ordenamento jurídico brasileiro, ao BACEN, seja extensa o suficiente para excluir a aplicação do direito concorrencial. Isso se verifica quando a lei, claramente, substitui o sistema concorrencial pela regulamentação, declarando, expressamente, esse objetivo e/ou oferecendo os meios para tal.[21]

Em outra senda, a análise da profundidade dos poderes estatais põe em realce um aspecto muito importante. A profundidade, ao contrário da extensão, não pode ser determinada, de maneira eficaz, sem a verificação da atuação efetiva da referida agência ou órgão. Por isso mesmo, para que a aplicação desse método conduza a resultados coerentes, é necessário, também, que o órgão encarregado da regulamentação e da fiscalização seja dotado de capacidade técnica e conhecimento do mercado superiores aos que é possível imaginar que o Judiciário ou agências de controle da concorrência possam ter.[22]

No Brasil, a agência governamental competente é o Banco Central (BACEN) e o órgão encarregado pela aplicação do direito

---

[20] SALOMÃO FILHO, Calixto. *Direito concorrencial*: as estruturas. 3. ed. São Paulo: Malheiros, 2007, p. 241-242.

[21] SALOMÃO FILHO, p. 243.

[22] *Ibid*, p. 248.

antitruste, o Conselho Administrativo de Defesa Econômica (CADE).

Nesse sentido, segundo a jurisprudência norte-americana da *Persuasive Power Doctrine,* já mencionada, duas seriam as hipóteses de afastamento da competência da autoridade antitruste, ou seja, do CADE: a primeira ocorreria no caso de o poder do Banco Central ser extenso e legitimado para substituir o sistema concorrencial estabelecido e a segunda de o poder concedido ao BACEN ser profundo o suficiente a ponto de lhe conferir competência para a aplicação do direito antitruste. Nenhuma dessas hipóteses ocorre no Brasil, em termos de concentração bancária, quer no que diz respeito à substituição do sistema concorrencial, quer quanto à competência para aplicar norma antitruste, o que permite concluir que a atuação do BACEN e do CADE, em controle de concentrações bancárias, é operada de forma complementar e não exclusionária.

Por isso mesmo, a teoria do *persuasive power* oferece um interessante instrumental para a análise dos setores regulamentados no sistema brasileiro. Isso porque é preciso, em primeiro lugar, notar que a Constituição *não cria imunidade para qualquer setor* em relação à aplicação do direito antitruste.[23]

Como já relatado, a Lei nº 12.529/11, no artigo 31, submete, expressamente, ao sistema concorrencial brasileiro (SBDC) todas as pessoas físicas ou jurídicas, de direito público ou privado, ou seja, submete ao controle do CADE todos os atos e os ajustes entre empresas, mesmo aquelas sujeitas ao controle estatal.

Ao mesmo tempo em que a teorética e a análise de competências do CADE e do BACEN fornecem uma "válvula de escape" para o conflito aparente de competência para o controle dos atos de concentrações bancárias, há um problema operacional a ser enfrentado. Como, então, compatibilizar os poderes e instrumentalizar a atuação complementar desses dois órgãos na práxis do mercado bancário brasileiro?

Uma resposta viável e factível é encontrada no estudo de Gesner Oliveira, com pequenas atualizações legislativas realizadas pelos autores do presente trabalho, que delineia a configuração

---

[23] *Ibid,* p. 249.

institucional do modelo de competências complementares, que pode ser esquematizada da seguinte forma:

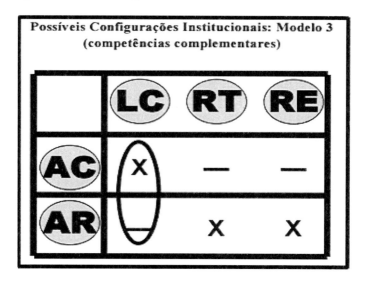

Fonte: Relatório de Pesquisa nº 49/01FGV.24.

Desse modo, na configuração de competências complementares, as atribuições entre as duas autoridades não se sobrepõem. Há nítida divisão de trabalho, segundo a qual a agência regulatória (AR) cuida, exclusivamente, das tarefas de regulação técnica (RT) e econômica (RE), enquanto a autoridade de defesa da concorrência (AC) aplica a lei antitruste (AC).[25]

Por seu turno, independentemente dos modelos de configuração, a ratificação de um sistema de competências complementares na análise de concentrações bancárias pelo BACEN e pelo CADE depende de uma análise, também normativa, debruçada sobre: 1º) o fenômeno da recepção constitucional, que busca interpretar a validade e o âmbito de competência da legislação infraconstitucional, a partir da análise das repartições de competências materiais estabelecidas na Constituição; 2º) a

---

[24] OLIVEIRA, Gesner. Defesa da concorrência e regulação: o caso do setor bancário. In: *Relatório de Pesquisa nº 49/01*. EAESP/FGV/NPP. São Paulo, 2001, p. 13.
[25] *Ibid*, p. 12.

natureza ordinária da norma de conteúdo concorrencial, prevista na Lei nº 4595/64, constatada a partir da aplicação da hermenêutica constitucional às normas de defesa da concorrência previstas nesta lei; e 3) a harmonização sistêmica entre as Leis nº 4.595/64 e Lei nº 12.529/11, que, considerando ambos os textos normativos e em conformidade com o direito intertemporal e a Lei de Introdução às Normas do Direito Brasileiro, busca construir exegese capaz de identificar o âmbito de incidência legal de cada norma analisada.[26]

Sobre esse primeiro item, destaca Gesner Oliveira:

> As diferentes matérias reguladas pela Lei nº 4.595/64 passaram a ter como fundamento de validade a nova carta política, sendo que a recepção de seus dispositivos condiciona-se ao apoio expresso ou tácito dessa norma maior. Considerando constituir tarefa improvável ou mesmo impossível ao legislador realizar, imediatamente após a entrada em vigor de uma nova carta magna, a completa regulação de todas as matérias por essa prevista, opera-se, por conseguinte, o fenômeno da recepção constitucional da legislação ordinária já existente. Assim, as normas ordinárias preexistentes devem ser reinterpretadas em toda sua extensão, para que possam adequar-se aos princípios componentes da nova ordem constitucional, e somente continuam a integrar o ordenamento jurídico os dispositivos consoantes com a lei maior.[27]

Ainda assim, consoante a leitura do artigo 192 da CRFB, verifica-se que a matéria relativa ao sistema financeiro nacional somente poderá ser regulamentada por meio de lei complementar. Por outro lado, não cabe à lei complementar regular outras matérias que não estejam, por força da Constituição, expressamente inseridas no âmbito de competência da referida espécie normativa. Resta claro, portanto, que não se confundem as esferas de incidência das diferentes espécies de lei, complementar e ordinária. Em verdade, o que existe é o fenômeno da reserva de lei, em razão da natureza da matéria.[28]

Continua o autor, destacando que é importante, nesse sentido, analisar a Lei nº 4.595/64 pela perspectiva de seus conteúdos normativos, com fulcro na identificação de quais normas teriam

---

[26] OLIVEIRA, Gesner, p. 38-39.
[27] *Ibid*, p. 39-40.
[28] *Ibid*, p. 42.

sido recepcionadas, com *status* de lei complementar e quais o teriam sido com o *status* de lei ordinária.

A ordem econômica, por sua vez, notadamente o abuso do poder econômico, veio a ser previsto pela nova constituição em seu artigo 173 §4º, in verbis: Art. 173 §4º A lei reprimirá o abuso do poder econômico que vise a dominação dos mercados, à eliminações da concorrência e ao aumento arbitrário dos lucros. Depreende-se do texto legal que no tocante ao direito concorrencial, notadamente o abuso do poder econômico que vise a dominação dos mercados, à eliminação da concorrência e ao aumento arbitrário dos lucros, a nova constituição atribuiu competência regulatória à lei ordinária com a exclusão de qualquer outra espécie normativa. Assim sendo, o dispositivo da Lei nº 4.595/64 que trata da regulação pelo Banco Central do Brasil das condições de concorrência entre instituições financeiras passou a deter status de lei ordinária, conforme determinação da lei maior. Verifica-se, por conseguinte, que dispositivos constantes de uma mesma lei passaram a deter natureza normativa diversa em razão da recepção constitucional de seu conteúdo, ou seja, a reinterpretação da matéria nele tratada, à luz do novo fundamento de validade, conduz a âmbitos de competência de normativos distintos.[29]

O terceiro aspecto suscitado por Gesner Oliveira em seu estudo é a possibilidade de compatibilização entre as normas estudadas, uma vez que os conteúdos normativos dos artigos 18, §2º, da Lei nº 4.595/64, e 31 da Lei nº 12.529/11, não são incompatíveis. Admitem, portanto, convivência pacífica no ordenamento jurídico por tratarem da defesa da concorrência de maneira específica e geral.

Verifica-se, por conseguinte, que dispositivos constantes de uma mesma lei passaram a deter natureza normativa diversa em razão da recepção constitucional de seu conteúdo, ou seja, a reinterpretação da matéria nele tratada, à luz do novo fundamento de validade, conduz a âmbitos de competência de normativos distintos. Deve-se, assim, interpretar os dispositivos mencionados de forma a distinguir as competências do Banco Central e do CADE na aplicação da legislação de defesa da concorrência. As tarefas do Banco Central assemelham-se às de um órgão regulador, responsável pela regulação técnica e pela observância das regras de defesa da concorrência no setor, devendo proceder à investigação de práticas que possam ser consideradas infrativas à

---

[29] OLIVEIRA, Gesner, p. 45-46.

ordem econômica. Do mesmo modo, deverá o Banco Central proceder à autorização de qualquer transferência societária. E para o cumprimento desta tarefa, deverá o Banco Central atentar para os efeitos de tais transferências, aquisições e fusões sobre a concorrência, elaborando parecer técnico sobre a questão. As funções do Conselho Administrativo de Defesa Econômica assemelham-se à de um Tribunal Administrativo que, de modo independente, procede ao julgamento administrativo dos processos que visem apurar dano à concorrência, bem como aqueles que visem a aprovação de ato de concentração econômica.[30]

Ratificando o entendimento do autor, e respeitando a natureza jurídica e o âmbito de competência legal de cada entidade, ao Banco Central caberá, portanto, instruir os processos administrativos que visem à apuração de infração à ordem econômica, bem como emitir parecer legal acerca dos efeitos de, por exemplo, determinada fusão ou aquisição sobre a defesa da concorrência. Ao CADE, por sua vez, caberá apreciar, como instância decisória administrativa, os processos instaurados pelo Banco Central, bem como os requerimentos de aprovação de ato ou contrato, previsto no artigo 88 da Lei nº 12.529/11.[31]

Pode-se afirmar, portanto, que a configuração do modelo de sistemas complementares é uma alternativa factível para a atuação conjunta do BACEN e do CADE, o que, de modo semelhante, ocorre em outros ordenamentos jurídicos, como os da Austrália, da República Theca, da Finlândia, da Grécia, da Hungria, da Polônia, da Suécia, da Inglaterra e da República Eslovaca.[32]

Por fim, faz-se ver, tal qual destacado pelo Ministro Herman Benjamin, no voto vencido proferido por ocasião do julgamento do caso BCN/Bradesco, anteriormente mencionado, que o STF, ao julgar a ADI nº 2.591-1 DF, cujo relator para o Acórdão foi o Ministro Eros Grau, decidiu não haver razão para excluir do âmbito de incidência do Código do Consumidor a questão dos juros. Vejamos:

CÓDIGO DE DEFESA DO CONSUMIDOR. ART. 5o, XXXII, DA CB/88. ART. 170, V, DA CB/88. INSTITUIÇÕES FINANCEIRAS.

---

[30] *Ibid*, p. 47-48.
[31] *Ibid*, p. 48.
[32] OLIVEIRA, Gesner. p. 22-37.

SUJEIÇÃO DELAS AO CÓDIGO DE DEFESA DO CONSUMIDOR, EXCLUÍDAS DE SUA ABRANGÊNCIA A DEFINIÇÃO DO CUSTO DAS OPERAÇÕES ATIVAS E A REMUNERAÇÃO DAS OPERAÇÕES PASSIVAS PRATICADAS NA EXPLORAÇÃO DA INTERMEDIAÇÃO DE DINHEIRO NA ECONOMIA [ART. 3º, §2º, DO CDC]. MOEDA E TAXA DE JUROS. DEVER-PODER DO BANCO CENTRAL DO BRASIL. SUJEIÇÃO AO CÓDIGO CIVIL. 1. As instituições financeiras estão, todas elas, alcançadas pela incidência das normas veiculadas pelo Código de Defesa do Consumidor. 2. "Consumidor", para os efeitos do Código de Defesa do Consumidor, é toda pessoa física ou jurídica que utiliza, como destinatário final, atividade bancária, financeira e de crédito. 3. O preceito veiculado pelo art. 3º, §2º, do Código de Defesa do Consumidor deve ser interpretado em coerência com a Constituição, o que importa em que o custo das operações ativas e a remuneração das operações passivas praticadas por instituições financeiras na exploração da intermediação de dinheiro na economia estejam excluídas da sua abrangência. 4. Ao Conselho Monetário Nacional incumbe a fixação, desde a perspectiva macroeconômica, da taxa base de juros praticável no mercado financeiro. 5. O Banco Central do Brasil está vinculado pelo dever-poder de fiscalizar as instituições financeiras, em especial na estipulação contratual das taxas de juros por elas praticadas no desempenho da intermediação de dinheiro na economia. 6. Ação direta julgada improcedente, afastando-se a exegese que submete às normas do Código de Defesa do Consumidor [Lei nº 8.078/90] a definição do custo das operações ativas e da remuneração das operações passivas praticadas por instituições financeiras no desempenho da intermediação de dinheiro na economia, sem prejuízo do controle, pelo Banco Central do Brasil, e do controle e revisão, pelo Poder Judiciário, nos termos do disposto no Código Civil, em cada caso, de eventual abusividade, onerosidade excessiva ou outras distorções na composição contratual da taxa de juros. ART. 192, DA CB/88. NORMA-OBJETIVO. EXIGÊNCIA DE LEI COMPLEMENTAR EXCLUSIVAMENTE PARA A REGULAMENTAÇÃO DO SISTEMA FINANCEIRO. 7. O preceito veiculado pelo art. 192 da Constituição do Brasil consubstancia norma-objetivo que estabelece os fins a serem perseguidos pelo sistema financeiro nacional, a promoção do desenvolvimento equilibrado do País e a realização dos interesses da coletividade. 8. A exigência de lei complementar veiculada pelo art. 192 da Constituição abrange exclusivamente a regulamentação da estrutura do sistema financeiro. CONSELHO MONETÁRIO NACIONAL. ART. 4º, VIII, DA LEI Nº 4.595/64. CAPACIDADE NORMATIVA ATINENTE À CONSTITUIÇÃO, FUNCIONAMENTO E FISCALIZAÇÃO DAS INSTITUIÇÕES FINANCEIRAS. ILEGALIDADE DE RESOLUÇÕES QUE EXCEDEM ESSA MATÉRIA. 9. O Conselho Monetário Nacional é titular de capacidade normativa --- a chamada capacidade normativa de conjuntura --- no exercício da qual lhe incumbe regular, além da

CAPÍTULO 8 | 209

constituição e fiscalização, o funcionamento das instituições financeiras, isto é, o desempenho de suas atividades no plano do sistema financeiro. 10. Tudo o quanto exceda esse desempenho não pode ser objeto de regulação por ato normativo produzido pelo Conselho Monetário Nacional. 11. A produção de atos normativos pelo Conselho Monetário Nacional, quando não respeitem ao funcionamento das instituições financeiras, é abusiva, consubstanciando afronta à legalidade.

(STF – ADI nº 2591 DF, Relator: CARLOS VELLOSO, Data de Julgamento: 07/06/2006, Tribunal Pleno, Data de Publicação: DJ 29-09-2006 PP-00031 EMENT VOL-02249-02 PP-00142)

O precedente do STF na discussão sobre a submissão ou não das instituições financeiras ao Código de Defesa do Consumidor teve como premissa a complementariedade de competências, exatamente o que se defende em relação ao CADE e ao BACEN no que diz respeito às concentrações econômicas no setor bancário.

Conclusão

A submissão das concentrações financeiras à análise do CADE não tem qualquer relação com a regulação prudencial do BACEN, que visa a assegurar a credibilidade e a higidez do sistema financeiro.

O CADE tem por atribuição principal a de garantir a livre concorrência, coibindo eventuais abusos de posição dominante, o que, por certo, atende aos interesses dos consumidores.

Conforme ficou demonstrado, a Constituição da República de 1988 em nenhum momento criou imunidade antitruste para determinados agentes econômicos, muito pelo contrário, estabeleceu, dentro do capítulo da ordem econômica, artigo 174, que, como agente normativo e regulador da atividade econômica, o Estado exercerá, na forma da lei, as funções de fiscalização, incentivo e planejamento, sendo este determinante para o setor público e indicativo para o setor privado.

Ainda assim, outro motivo determinante para o reconhecimento da inexistência de imunidade antitruste das instituições financeiras, no sistema brasileiro, é a análise da jurisprudência do *Persuasive Power Doctrine*, precedente do direito norte-americano amplamente utilizada por diversas jurisdições no mundo, consoante a qual, como visto, somente em duas hipóteses é verificado o afastamento da competência da autoridade antitruste, o primeiro no caso de o poder do Banco Central ser extenso e legitimado para substituir o sistema concorrencial constituído e o segundo, de o poder concedido ao BACEN ser profundo o suficiente, a ponto de lhe conferir competência para aplicação do direito antitruste, nenhuma delas se configurando no caso em análise, motivo pelo qual não é possível falar em imunidade antitruste às instituições financeiras quanto à concentração econômica.

Ademais, o sistema normativo brasileiro, ao se estruturar na forma acima estudada, quanto ao controle de concentrações bancárias, claramente, constitui-se como um modelo de configuração institucional sob o regime de competências complementares, sendo este um dos modelos mais utilizados no mundo e referência nos sistemas jurídicos de diversos países.

Nesse sentido, pode-se concluir que as Leis nºs 4.595/1964 e 12.529/2011 incidem sobre os atos de concentração do setor bancário, com enfoques distintos: o BACEN, regulando a estrutura do sistema, os riscos prudenciais e a função das instituições, que integram o Sistema Financeiro Nacional e a lei antitruste, disciplinando a concorrência, a fim de verificar se o ato de concentração pode limitá-la ou, de qualquer forma, prejudicá-la, havendo claro precedente do STF quanto à incidência direta e à aplicação do princípio da complementariedade, firmado quando do julgamento da ADI nº 2.591-1/DF, quanto à aplicabilidade do Código do Consumidor às instituições financeiras.

Referências

BRASIL. Conselho Administrativo de Defesa Econômica. CADE. Resolução nº 15 de 19 de Agosto de 1998. Publicação *DOU* 28/08/1998. Brasília/DF.

BULGARELLI, Waldírio. *Direito Comercial*. 14. ed. São Paulo: Atlas, 1999.

BULGARELLI, Waldírio. *O direito dos grupos e a concentração de empresas*. São Paulo: Leud, 1975.

BULGARELLI, Waldírio. *Sociedades comerciais*. 8.ed. São Paulo: Atlas, 1999.

DANTAS, José Alves et all. Relação entre concentração e rentabilidade no setor bancário brasileiro. *Revista de Contabilidade e Finanças da USP*. v. 22, n. 55, jan./abr./2011.

FEBRABAN. Sistema Financeiro Nacional (SFN). Disponível em: www.febraban.org. br. Acesso em: 10 ago. 2015.

FIGUEIREDO, Leonardo Vizeu. *Lições de Direito Econômico*. 4. ed. Rio de Janeiro: Forense, 2011.

FORGIONI, Paula A. *Os fundamentos do antitruste*. 5. ed. São Paulo: Revista dos Tribunais, 2012.

OLIVEIRA, Gesner. Defesa da concorrência e regulação: o caso do setor bancário. *Relatório de Pesquisa n° 49/01*. EAESP/FGV/NPP. São Paulo, 2001.

SALOMÃO FILHO, Calixto. *Direito Concorrencial*: as estruturas. 3. ed. São Paulo: Malheiros, 2007.

SZTAJN, Raquel. *Teoria jurídica da empresa*. São Paulo: Atlas, 2004, p. 28.

TOLLINI, Priscilla Tardelli. Complementariedade entre agente regulador e autoridade da concorrência: o caso do sistema financeiro. *Revista de Defesa da Concorrência*, v. 4, nov. de 2014.

TROSTER, Roberto Luís. Concentração bancária. Disponível em: www.febraban.org.br. Acesso em: 03 ago. 2015.

CAPÍTULO 9

CONCENTRAÇÕES EMPRESARIAIS NA PRÁXIS MERCANTIL E O DIREITO DA CONCORRÊNCIA

FELIPE GUIMARÃES DE OLIVEIRA

1 Concentrações empresariais e mercado

As operações societárias atinentes ao atual, crescente e acentuado nível de concentrações empresariais refletem a tendência global de rearranjo na configuração dos modos de exploração da atividade empresarial pelas sociedades e sua função no mercado de bens e serviços, consistindo as operações de concentração uma decorrência do novo sentido atribuído ao capitalista, revelando também a necessidade acompanhamento por parte do direito,[1] das demandas advindas desses novos fatos sociais, imiscuídos, como regra geral, nas intersecções entre o direito e a economia.[2]

A doutrina encabeçada por Waldírio Bulgarelli, Raquel Sztajn, Paula Forgioni e Washington Albino, entre outros teóricos,

---

[1] Evolução também presente no direito comercial. Cf. BULGARELLI, Waldírio. *Direito Comercial*. 14. ed. São Paulo: Atlas, 1999.

[2] Na teoria da empresa, aponta Raquel Sztajn: "Estabelecer vínculos mais estreitos entre o direito e a economia oferece, aos juristas, perspectivas novas de enfrentamento de questões relevantes no âmbito do Direito Comercial. Tomando como ponto inicial a disciplina dos mercados e das empresas, passando por contratos empresariais, o esquema de análise terá como centro institutos jurídicos em que o conteúdo patrimonial é intenso. Igualmente, em primeiro tempo não se discutirão aspectos éticos ou valorativos da atividade, considerando que a produção e circulação da riqueza têm como perspectiva a criação de mais riquezas, não sua distribuição. *In*: SZTAJN, Raquel. *Teoria jurídica da empresa*. São Paulo: Atlas, 2004, p. 28. No mesmo sentido: BULGARELLI, Waldírio. *Sociedades comerciais*. 8. ed. São Paulo: Atlas, 1999.

é enfática ao estabelecer a necessidade de visão do direito, com destaque às normas de direito empresarial, como um campo plural e não segmentado, havendo a necessidade empírica do cotejo com os demais ramos do direito, em especial, no trato das concentrações, com o direito econômico, concorrencial, civil e também com as disciplinas que estudam os setores de macro e de microeconomia.

Cabe ressaltar que dentro do regime de defesa da concorrência e do direito antitruste algumas categorias de concentrações econômicas moldaram-se com o passar do tempo, reunindo a doutrina uma classificação das concentrações em três formas: verticais, horizontais e a concentração conglomerada.

O Conselho Administrativo de Defesa Econômica (CADE), por intermédio da Resolução nº 15/98, Anexo V, define cada uma dessas categorias, classificando as duas primeiras formas da seguinte maneira:

> Ocorre uma relação vertical quando uma empresa opera como vendedora no mercado de insumos de outra, mesmo não havendo uma relação comercial entre elas. Ocorre uma relação horizontal quando duas ou mais empresas atuam num mesmo mercado como vendedoras de produtos similares (leia-se substitutos) ou quando duas ou mais empresas atuam num mesmo mercado como compradoras.[3]

Assim também ensina Leonardo Vizeu Figueiredo, incluindo as conglomerações econômicas:

> Por concentração horizontal entende-se a concentração que envolve agentes econômicos distintos e competidores entre si, que ofertam o mesmo produto ou serviço em um determinado mercado relevante. Concentração ou integração vertical traduz-se na concentração que envolve agentes econômicos distintos, que ofertam produtos ou serviços diversos, fazendo parte da mesma cadeia produtiva. Conglomeração é a concentração que envolve agentes econômicos distintos, que igualmente ofertam produtos ou serviços diversos, podendo ou não ser complementares entre si, mas que certamente, não fazem parte da mesma cadeia produtiva. Genericamente, uma conglomeração é saudável à competição, pois significa a "entrada" de uma empresa em um determinado mercado de produto ou serviço. No entanto, uma

---

[3] BRASIL. Conselho Administrativo de Defesa Econômica. CADE. Resolução nº 15 de 19 de Agosto de 1998. Publicação *DOU* 28/08/1998. Brasília/DF.

CAPÍTULO 9
CONCENTRAÇÕES EMPRESARIAIS NA PRÁXIS MERCANTIL E O DIREITO DA CONCORRÊNCIA | 215

conglomeração pode ter efeitos nocivos à concorrência quando houver complementariedade entre os produtos ou serviços envolvidos.[4]

Cabe ressaltar, também, que as concentrações econômicas podem, em regra geral, assumir alguns propósitos específicos, como neutralizar a competição entre agentes econômicos,[5] tendo, por isso mesmo, um regramento próprio (vide Capítulo 4), que irá disciplinar a forma como essa concentração será realizada, almejando, assim, a defesa dos demais concorrentes competidores naquele dado mercado relevante material e/ou geográfico.

Poderá também ocasionar a concentração, a viabilização de economias de escalas e o melhor aproveitamento dos recursos disponíveis,[6] consoante abordou-se no capítulo anterior, quando da análise dos chamados monopólios naturais e da necessidade de exploração de atividade econômica que envolva elevada injeção de capital, como as obras de infraestrutura e os demais serviços públicos.

A operação societária poderá, ainda, envolver, como ponto central, não apenas a compra de outro agente econômico, mas sim a compra indireta de mão de obra especializada,[7] bem como os direitos decorrentes da patente de invenção ou de modelo de utilidade.

Embora possa parecer uma contradição, muitas vezes a venda da empresa é o meio mais eficiente ou mais seguro de preservar a continuação de suas atividades. O empresário que está encerrando sua vida profissional pode preferir deixar, a seus herdeiros, outros bens que não a unidade produtiva. Para os acionistas, administradores, fornecedores e empregados pode ser menos traumática a opção da venda àquela bancarrota ou do declínio das atividades empresariais.[8]

Por fim, relembra-se que, mediante a concentração, ganhos ou economias tributárias podem estar sendo viabilizados, o que

---

[4]   FIGUEIREDO, Leonardo Vizeu. *Lições de Direito Econômico*. 4. ed. Rio de Janeiro: Forense, 2011, p. 195-196.
[5]   FORGIONI, Paula A. *Os fundamentos do antitruste*. São Paulo: Revista dos Tribunais, 2012, p. 360.
[6]   *Id. Ibid.*, p. 361.
[7]   *Id. Ibid.*, p. 362.
[8]   *Ibid, loc. cit.*

não prejudica seu papel da forma de investimento de capital, caso não ocorra a distribuição dos lucros, assim como também o crescimento aparente poderá consistir em uma estratégia empresarial de mercado, ou como mencionado, visar diminuir os riscos da atividade econômica, ampliando-se o mercado em que a empresa atua.[9]

Ressalta-se que a concentração não é considerada ato ilícito, nem mesmo a presunção absoluta de restrição à concorrência, até porque ela é permitida em nosso ordenamento jurídico, que se pauta, sobretudo, na livre iniciativa, bem como pode propiciar o desenvolvimento econômico de certos mercados, devendo, apenas, serem reprimidos eventuais abusos decorrentes desse direito.

É o que aponta Waldírio Bulgarelli,[10] assinalando que, muito embora a intepretação do objetivo de domínio de mercado e de eliminação total ou parcial da concorrência seja difícil na realidade econômica não se vislumbra em si uma proibição desses processos concentracionistas, mas somente seus efeitos e consequências.

Entendido esse termo inicial que justifica a defesa da concorrência e impõe a necessidade de estudo da matéria pelo direito, suas classificações e seu fundamento na práxis mercantil, far-se-á, agora, a análise das concentrações empresariais específicas, sob o manto do atual Sistema Brasileiro de Defesa da Concorrência (SBDC), regulamentado pela Lei Antitruste brasileira nº 12.529/11.

O objeto deste capítulo é analisar, portanto, as espécies de processos concentracionistas previstos em lei e estudados pela doutrina, aos quais são aplicáveis a Lei Antitruste brasileira, consoante o artigo 90 desse mesmo diploma, entre outras operações societárias, como fusões, incorporações, cisões, consórcios e *holdings*, por tratar-se de norma de tipo aberto e meramente exemplificativa, tendo como fulcro o presente trabalho a investigação profunda sobre as operações de concentração no Brasil, suas espécies e o procedimento que devem observar dentro do direito processual concorrencial brasileiro.

---

[9] *Idem.*
[10] BULGARELLI, Waldírio. *O direito dos grupos e a concentração de empresas.* São Paulo: Leud, 1975, p. 54.

1.1 Fusão

A fusão, forma convencional estabelecida na práxis mercantil, é considerada como uma operação societária em que duas ou mais empresas, com igual ou diferente tipo societário, unem-se, criando uma nova sociedade com personalidade jurídica distinta das anteriores, sucedendo-as em todos os direitos e obrigações decorrentes. Esquematizando a operação epigrafada, exemplifica Sérgio Botrel:

Quadro Esquemático da Operação de Fusão[11]

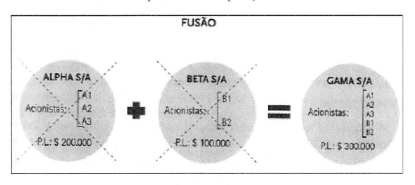

Consoante a doutrina de Giuseppe Ferri, adotada por Waldírio Bulgarelli,[12] a operação societária de fusão fundamentava-se, basicamente, em cinco concepções.

A primeira delas seria a da fusão como um modo de dissolução, extinguindo-se sociedade para esta compenetrar-se em outra já existente (incorporação) ou em uma nova (fusão propriamente dita). Posteriormente, viu-se a fusão como um contrato de constituição de sociedade ou cessão do patrimônio durante a liquidação. Pressupõe a fusão, a extinção das sociedades que se fusionam, porém apenas como pressuposto de uma liquidação prévia e necessária para a transferência do patrimônio social para outra sociedade.[13]

---

[11] BOTREL, Sérgio. *Fusões e aquisições*. 2. ed. São Paulo: Saraiva: 2013, p. 113.
[12] BULGARELLI, Waldírio. *Fusões, incorporações e cisões de sociedades*. 5. ed. São Paulo: Jurídico Atlas, 2000, p. 49.
[13] *Ibid.*, p. 49.

SUZY ELIZABETH CAVALCANTE KOURY, FELIPE GUIMARÃES DE OLIVEIRA
DIREITO ECONÔMICO E CONCORRÊNCIA

Cita-se ainda a fusão como uma transmissão de patrimônio social, por sucessão universal, sem liquidação. Nesse diapasão, seria a fusão uma operação pela qual a transferência do patrimônio da sociedade que se extingue, efetua-se sem liquidação, através de uma sucessão universal.[14] Por fim, Bulgarelli,[15] salienta a fusão como transformação extintiva da sociedade e também como transmissão do patrimônio de uma sociedade a outra, mediante a aquisição da qualidade de sócio que recebe o patrimônio dos sócios da sociedade que o transmite.[16]

Conceitua Marlon Tomazzete:

> A fusão é a aglutinação de duas ou mais sociedades formando uma nova que lhes sucede em todos os direitos e obrigações. Nesta operação, surge uma pessoa jurídica, e todas as envolvidas deixam de existir. Trata-se de uma operação muito similar à incorporação, tanto que em outros países não se trata a incorporação separadamente, tratando-se apenas da fusão, abrangendo ambas as operações. Tal operação está ligada ao processo de concentração empresarial, estando sujeita, praticamente, à mesma disciplina da incorporação no direito brasileiro.[17]

No direito moderno, essa concepção sofreu mudanças, inclusive, inscritas em texto de lei, a exemplo da Lei de Sociedades Anônimas nº 6404/76[18] e do próprio Código Civil Brasileiro de 2002, quando trata a matéria pertinente às sociedades limitadas.

Sobre a disciplina da fusão de sociedades anônimas, importante trazer à baila o artigo 228 da Lei nº 6404/76, Lei das S/A, que regulamenta a aludida espécie concentracionista, *in verbis:*

---

[14] BULGARELLI *apud* FERRI, *op. cit.*,p. 49.

[15] *Ibid., loc. cit.*

[16] *Ibid.*, p. 50.

[17] TOMAZZETE, Marlon. *Direito Empresarial.* v. 1. 3. ed. São Paulo: Atlas, 2011, p. 591.

[18] Sobre as sociedades anônimas, espécie societária bastante comum nas concentrações, ensina Raquel Sztajn: "A sociedade por ações ou anônima é, sem dúvida, uma das mais engenhosas estruturas societárias desenvolvidas pelo homem. Modelo organizacional de imputação de atividades e responsabilidades patrimoniais, por força da absoluta separação entre patrimônio da sociedade e os patrimônios pessoais de seus membros, decorrentes da personificação perfeita da anônima, é um dos tipos preferidos dos operadores econômicos para o exercício da grande empresa. Facilita o desenvolvimento de atividades econômicas de grande complexidade e risco que necessitem volume expressivo de recursos, ao mesmo tempo que garante que os bens dos membros não sejam alcançados por eventual inadimplemento das obrigações sociais. *In:* BULGARELLI, Waldírio (Coord.). *A Reforma da Lei das Sociedades por Ações.* São Paulo: Pioneira, 1998, p. 131.

CAPÍTULO 9
CONCENTRAÇÕES EMPRESARIAIS NA PRÁXIS MERCANTIL E O DIREITO DA CONCORRÊNCIA | 219

Art. 228. A fusão é a operação pela qual se unem duas ou mais sociedades para formar sociedade nova, que lhes sucederá em todos os direitos e obrigações.

§1º A assembléia-geral de cada companhia, se aprovar o protocolo de fusão, deverá nomear os peritos que avaliarão os patrimônios líquidos das demais sociedades.

§2º Apresentados os laudos, os administradores convocarão os sócios ou acionistas das sociedades para uma assembléia-geral, que deles tomará conhecimento e resolverá sobre a constituição definitiva da nova sociedade, vedado aos sócios ou acionistas votar o laudo de avaliação do patrimônio líquido da sociedade de que fazem parte.

§3º Constituída a nova companhia, incumbirá aos primeiros administradores promover o arquivamento e a publicação dos atos da fusão.

De outra banda, tratando da temática da fusão nas sociedades limitadas, preceituam os artigos 1.119 a 1.121 do CC/02:

Art. 1.119. A fusão determina a extinção das sociedades que se unem, para formar sociedade nova, que a elas sucederá nos direitos e obrigações.

Art. 1.120. A fusão será decidida, na forma estabelecida para os respectivos tipos, pelas sociedades que pretendam unir-se.

§1º Em reunião ou assembléia dos sócios de cada sociedade, deliberada a fusão e aprovado o projeto do ato constitutivo da nova sociedade, bem como o plano de distribuição do capital social, serão nomeados os peritos para a avaliação do patrimônio da sociedade.

§2º Apresentados os laudos, os administradores convocarão reunião ou assembléia dos sócios para tomar conhecimento deles, decidindo sobre a constituição definitiva da nova sociedade.

§3º É vedado aos sócios votar o laudo de avaliação do patrimônio da sociedade de que façam parte.

Art. 1.121. Constituída a nova sociedade, aos administradores incumbe fazer inscrever, no registro próprio da sede, os atos relativos à fusão.

No que tange às sociedades limitadas, por força do artigo 1.053 do CC/02, poderá haver regência supletiva das limitadas, pelas normas atinentes às sociedades anônimas, bastando, para tanto, existência de cláusula no contrato social determinando-a, expressamente, e a correlata compatibilidade da norma supletiva aplicável com a natureza contratual da sociedade limitada.[19]

---

[19] PAZZAGLINI FILHO, Marino; CATANESE, Andrea Di Fuccio. *Direito de empresa no novo Código Civil.* São Paulo: Atlas, 2003, p. 89.

Complementa Waldírio Bulgarelli[20] que, com a fusão, cada uma das sociedades, ao concordar com ela, delibera também sua própria extinção; a mesma deliberação serve para a constituição de uma nova sociedade; a totalidade do patrimônio de cada sociedade, eliminando seu passivo, passa a constituir o capital social da nova sociedade e, correspondentemente, ao capital social formado com a soma das contribuições patrimoniais das sociedades são atribuídas aos antigos sócios ações ou quotas de participações, em proporção às suas participações nas sociedades extintas.

A fusão, dessa forma, assume a potencialidade concentracionista com afetação direta ao regime concorrencial, estando inclusive prevista de maneira explícita na própria Lei Antitruste nº 12.529/11, no art. 90, inciso I,[21] como forma de concentração econômica, submetida, portanto, ao regramento próprio em atos de concentração.

1.2 Incorporação de sociedades

Noutra senda, uma segunda forma de concentração empresarial, vivenciada pelo mercado, é a revelada através da operação de incorporação societária com previsão, assim como a fusão, na Lei nº 12.529/11, no art. 90, inciso III, que assim dispõe:

> Art. 90. Para os efeitos do art. 88 desta Lei, realiza-se um ato de concentração quando:
>
> III – 1 (uma) ou mais empresas incorporam outra ou outras empresas;

Sua regulamentação legal, quanto às sociedades limitadas, encontra fundamento entre os artigos 1.116 e 1.118 do CC/02, que assim preceituam:

> Art. 1.116. Na incorporação, uma ou várias sociedades são absorvidas por outra, que lhes sucede em todos os direitos e obrigações, devendo todas aprová-la, na forma estabelecida para os respectivos tipos.

---

[20] BULGARELLI, Waldírio. *Fusões, incorporações e cisões de sociedades*. 6. ed. São Paulo: Jurídico Atlas, 2000, p. 75.

[21] Art. 90, I da Lei nº 12.529/11: "Para os efeitos do art. 88 desta Lei, realiza-se um ato de concentração quando: I – 2 (duas) ou mais empresas anteriormente independentes se fundem".

Art. 1.117. A deliberação dos sócios da sociedade incorporada deverá aprovar as bases da operação e o projeto de reforma do ato constitutivo.

§1º A sociedade que houver de ser incorporada tomará conhecimento desse ato, e, se o aprovar, autorizará os administradores a praticar o necessário à incorporação, inclusive a subscrição em bens pelo valor da diferença que se verificar entre o ativo e o passivo.

§2º A deliberação dos sócios da sociedade incorporadora compreenderá a nomeação dos peritos para a avaliação do patrimônio líquido da sociedade, que tenha de ser incorporada.

Art. 1.118. Aprovados os atos da incorporação, a incorporadora declarará extinta a incorporada, e promoverá a respectiva averbação no registro próprio.

A incorporação pode ser definida como a operação pela qual uma ou mais sociedades são absorvidas por outra, que lhes sucede em todos os direitos e obrigações, operando-se a extinção da sociedade incorporada, enquanto a incorporadora tem seu capital aumentado com a transferência da totalidade do patrimônio líquido da incorporada. Eis a sua esquematização:

Quadro esquemático da operação de incorporação de sociedades[22]

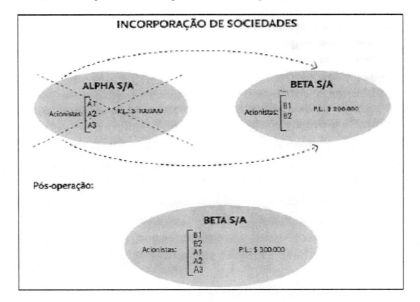

---

[22] BOTREL, op. cit., p. 121.

Observa-se, da análise da ilustração, que a Incorporada Alpha S/A, deixa de existir, sendo transferido para a Incorporadora Beta S/A todo seu patrimônio líquido, bem como o quadro de acionistas, que tera na empresa incorporadora novas ações ou quotas conforme o tipo societário com emissão por esta última, oriundas das participações societárias extintas da Incorporada Alpha S/A, não mais existente no mundo jurídico.

Nesta baila, ainda se justificam as incorporações nas sociedades anônimas, regidas pela Lei nº 6.404/1976, preceituada no artigo 227 da lei em comento:

> Art. 227. A incorporação é a operação pela qual uma ou mais sociedades são absorvidas por outra, que lhes sucede em todos os direitos e obrigações.
>
> §1º A assembléia-geral da companhia incorporadora, se aprovar o protocolo da operação, deverá autorizar o aumento de capital a ser subscrito e realizado pela incorporada mediante versão do seu patrimônio líquido, e nomear os peritos que o avaliarão.
>
> §2º A sociedade que houver de ser incorporada, se aprovar o protocolo da operação, autorizará seus administradores a praticarem os atos necessários à incorporação, inclusive a subscrição do aumento de capital da incorporadora.
>
> §3º Aprovados pela assembléia-geral da incorporadora o laudo de avaliação e a incorporação, extingue-se a incorporada, competindo à primeira promover o arquivamento e a publicação dos atos da incorporação.

Ratificando o exposto, por estas razões, adverte Waldírio Bulgarelli,[23] na incorporação, a alteração deliberada pela assembleia das sociedades irá produzir: a dissolução da sociedade incorporada, a transferência de seu patrimônio total à incorporante e o correspondente aumento do capital social da incorporante e a emissão de ações ou a atribuição de quotas de capital aos sócios da sociedade incorporada, correspondente à contribuição patrimonial e em proporção à sua participação na sociedade extinta.

Destarte, o aspecto concentracionista, também se mostra evidente nas incorporações de sociedades.

---

[23] BULGARELLI, 2000. *op. cit.*, p. 75.

1.3 Incorporação total de ações e subsidiárias integrais

Primeiramente, cumpre salientar que a incorporação de ações e subsidiárias integrais também segue a mesma noção conceitual estudada no item anterior sobre as incorporações de sociedades, com a peculiaridade da transferência apenas de ações. Ensina Marlon Tomazzete:

> A participação capital de outras sociedades pode ser uma estratégia empresarial muito interessante, na medida em que permite a descentralização da administração de diversas atividades, exercidas sob o mesmo controle. Diante disso, surge a subsidiária integral, que é uma sociedade anônima com um único sócio que, por sua vez, deve ser uma outra sociedade brasileira. Trata-se de uma ideia similar À de uma filial, porém dotada de personalidade jurídica própria e, consequentemente, de direitos e obrigações próprios.[24]

A disciplina legal que regula a subsidiária integral e a incorporação total de ações está preceituada na Lei de Sociedades Anônimas, de nº 6.404/1976, nos arts. 251 e 252, que assim dispõem:

> Art. 251. A companhia pode ser constituída, mediante escritura pública, tendo como único acionista sociedade brasileira.
>
> §1º A sociedade que subscrever em bens o capital de subsidiária integral deverá aprovar o laudo de avaliação de que trata o artigo 8º, respondendo nos termos do §6º do artigo 8º e do artigo 10 e seu parágrafo único.
>
> §2º A companhia pode ser convertida em subsidiária integral mediante aquisição, por sociedade brasileira, de todas as suas ações, ou nos termos do artigo 252.
>
> Art. 252. A incorporação de todas as ações do capital social ao patrimônio de outra companhia brasileira, para convertê-la em subsidiária integral, será submetida à deliberação da assembléia-geral das duas companhias mediante protocolo e justificação, nos termos dos artigos 224 e 225.
>
> §1º A assembléia-geral da companhia incorporadora, se aprovar a operação, deverá autorizar o aumento do capital, a ser realizado com as ações a serem incorporadas e nomear os peritos que as avaliarão; os acionistas não terão direito de preferência para subscrever o aumento de

---

[24] TOMAZZETI, *op. cit.*, p. 603.

capital, mas os dissidentes poderão retirar-se da companhia, observado o disposto no art. 137, II, mediante o reembolso do valor de suas ações, nos termos do art. 230.

§2º A assembléia-geral da companhia cujas ações houverem de ser incorporadas somente poderá aprovar a operação pelo voto de metade, no mínimo, das ações com direito a voto, e se a aprovar, autorizará a diretoria a subscrever o aumento do capital da incorporadora, por conta dos seus acionistas; os dissidentes da deliberação terão direito de retirar-se da companhia, observado o disposto no art. 137, II, mediante o reembolso do valor de suas ações, nos termos do art. 230.

§3º Aprovado o laudo de avaliação pela assembléia-geral da incorporadora, efetivar-se-á a incorporação e os titulares das ações incorporadas receberão diretamente da incorporadora as ações que lhes couberem.

Os artigos 251 e 252 em tela tratam, portanto, das formas originárias e derivadas de constituição da subsidiária integral.

Pela forma originária de constituição, a sociedade interessada na criação da subsidiária integral deverá alocar determinada parcela patrimonial própria para criar a subsidiária desejada, devendo o procedimento realizar-se por meio de escritura pública, e a sociedade criada ser brasileira, por exigência do art. 251 da Lei de S/A.

Deve-se atentar, ainda, para o parágrafo 1º desse artigo, na hipótese de a sociedade querer subscrever em bens o capital da subsidiária, caso em que, obrigatoriamente deverá aprovar o laudo de avaliação, tratado no artigo 8ª da Lei nº 6.404/1976, §6º e do parágrafo único do art. 10º.

Na modalidade derivada de constituição, a subsidiária integral poderá ser criada mediante aquisição, de outra sociedade brasileira, de todas as ações de emissão de uma companhia, ou por meio da incorporação de ações.[25]

Sobre a modalidade derivada, ainda acrescenta Marlon Tomazzeti:

> Na constituição derivada, uma sociedade aprova a incorporação das ações da outra e o respectivo aumento do seu capital social, e a outra sociedade aprova a transferência das ações e sua transformação numa subsidiária integral. A "incoporadora" das ações não as compra em dinheiro; ela faz uma permuta com as ações ou quotas que decorrerão do

---

[25] BOTREL, *op. cit.*, p. 141.

aumento no seu capital social. Assim, quem era sócio da "incorporada" passará a ser sócio da "incorporadora" e a "incorporadora" será a única acionista da incorporada.[26]

Na hipótese de incorporação de ações, prevista no art. 252 da Lei de S/A, o total das ações de emissão de uma companhia será usado por meio de decisão em assembleia própria, para que haja a subscrição do aumento de capital de outra, convencionalmente chamada de incorporadora de ações, efetivando-se, apenas, a transferência de ações e não de sócios.[27] A referida operação é verificada da seguinte forma:

Quadro esquemático da operação de incorporação de sociedades[28]

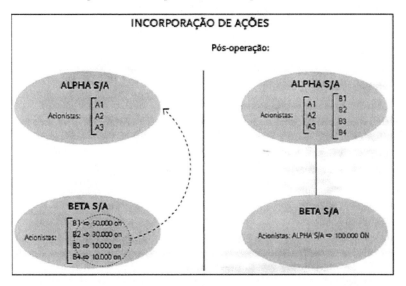

Assim, cabíveis também serão, por analise do CADE, as operações que envolvam incorporação de ações e a criação de subsidiárias integrais, podendo estas terem efeitos de concentração e de possível dominação de determinado mercado relevante material ou geográfico.

---

[26] TOMAZZETI, *op. cit.*, p. 603.
[27] BOTREL, *op. cit.*, p. 140.
[28] *Ibid*, p. 141.

1.4 Cisão

A operação societária de cisão comporta fracionamento empresarial, por meio de transferência para uma ou mais de uma sociedade, de partes do patrimônio societário, sendo estas sociedades constituídas para esse fim especializado ou para sociedades já existentes, com a extinção da sociedade cindida, caso haja versão de todo o patrimônio, ou dividindo-se o seu capital, se parcial a versão, consoante prescreve o art. 229 da Lei de Sociedades Anônimas.

A cisão, portanto, no ordenamento jurídico brasileiro, poderá efetivar-se de duas formas, total ou parcial, consoante se extrai da leitura da parte final do artigo 229 anteriormente mencionado.

Novamente as esquematizações de Sérgio Botrel, sempre aclaradoras no estudo das operações societárias, *in verbis*:

Quadro Esquemático de Cisão Parcial[29]

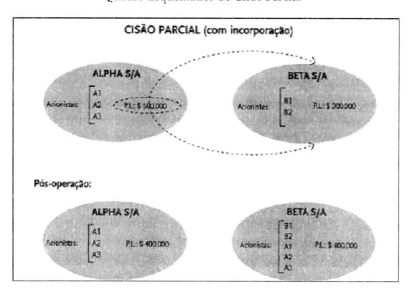

---
[29] BOTREL, *op. cit.*, p. 148.

Quadro Esquemático de Cisão Total[30]

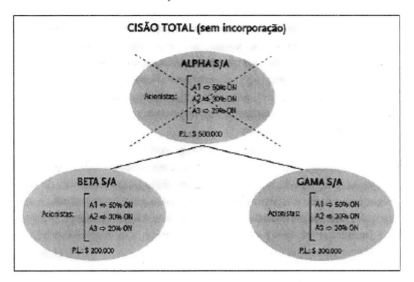

A operação de cisão está, impropriamente, associada ao fracionamento das participações e bens da sociedade, o que, em uma visão superficial sobre a disciplina, pode causar sérios equívocos, pois, como bem ensina Sérgio Botrel,[31] a cisão, de um modo geral, está associada à ideia irregular de divisão, o que pode conduzir à conclusão equivocada de que essa operação acarreta, inexoravelmente, a desconcentração empresarial. Ainda exemplifica o autor em tela:

> Imagine-se a transferência, mediante cisão, e para uma companhia que explora a atividade de armazém em geral, de todos os bens, direitos e obrigações referentes à operação de armazenagem de uma sociedade que decide explorar tão somente a atividade de transporte de mercadorias. É inegável que a cisão, nesse caso, implica concentração empresarial no mercado de armazenagem de mercadorias.[32]

---

[30] BOTREL, op. cit., p. 148.
[31] Ibid., p. 146.
[32] Ibid., p. 146.

SUZY ELIZABETH CAVALCANTE KOURY, FELIPE GUIMARÃES DE OLIVEIRA
DIREITO ECONÔMICO E CONCORRÊNCIA

Essa hipótese também já teve possibilidade de apreciação pela autoridade concorrencial brasileira no Ato de Concentração[33] que envolveu a cisão da Biobrás S/A, com versão de parte de ativos:

> EMENTA: Ato de concentração. Operação celebrada entre a Novo Nordisk Holding do Brasil Ltda. (NN Brasil) e Biopart Ltda. (Biopart), através da qual a maioria das ações da Biobrás e seus quotistas, passarão à propriedade da NN Brasil. Hipótese prevista no §3º do artigo 54 da Lei 8.884/94, em razão do faturamento das Requerentes superar R$ 400 milhões. Apresentação tempestiva. Mercado relevante nacional de insulina no setor privado e mercado relevante nacional de insulina no setor público. Concentração horizontal e integração vertical resultante da operação. Impugnação apresentada pela Eli Lilly do Brasil Ltda. Prejudicialidade alegada pelo Ministério Público Federal em razão da tramitação no CADE do Processo Administrativo nº 08000.018277/95-62. Existência de cláusula de não-concorrência prevista no momento da aquisição. Compromisso de preços firmado junto ao DECOM – Departamento de Defesa Comercial do Ministério do Desenvolvimento, Indústria e Comércio Exterior. Aprovação com imposição de restrições. Exclusão da cláusula de não- concorrência. Recomendação ao DECOM para revisar sua decisão de impor medidas antidumping à Novo Nordisk e à Eli Lilly.
>
> (...)
>
> Em decorrência da operação, foi criada a empresa Biomm S.A., parte cindida da Biobrás, que continuará a deter a patente norte-americana para o processo de produção de cristais de insulina por técnica de DNA recombinante, realizada através de bactérias; propriedade intelectual exclusivamente relativa a tal patente; os contratos relativos à patente e à propriedade intelectual a ela relativa; os contratos adicionais mencionados no "Swap Agreement"; os bens relacionados a patente; determinados empregados e; quantia em espécie no valor de R$ 8,3 milhões. Note-se que a Biomm somente poderá atuar no mercado de insulina 03 anos após a celebração da operação, em razão da existência de cláusula de não-concorrência prevista no "Swap Agreement".

Assumindo, portanto, a condição concentracionista, evidente no caso acima colacionado, a operação de cisão ao direito concorrencial

---

[33] BRASIL. Conselho Administrativo de Defesa Econômica. CADE. Ato de Concentração Econômica nº 08012.007861/2001-81. Brasília/DF, 2001.

também será afeta, devendo seguir os procedimentos específicos regulados pelo Sistema Brasileiro de Defesa da Concorrência (SBDC) disciplinado na Lei nº 12.529/11, definidos do capítulo seguinte do presente estudo.

1.5 *Drop Down*

As operações de *Drop Down*, muito embora, quase não revisitadas pela doutrina brasileira, guardam precedentes no direito norte-americano, constituindo-se também como meio hábil para concentração econômica.

Sérgio Botrel[34] conceitua o *Drop Down* como negócio jurídico atípico, por meio do qual uma sociedade aloca um conjunto específico de elementos de seu patrimônio que guardem as características de um estabelecimento, para a integralização do capital de uma sociedade constituída para esse fim ou para a integralização do aumento de capital de uma sociedade já existente. Assim, a sociedade transferente recebe, como contrapartida pela transferência do estabelecimento, ações/quotas da sociedade receptora.

Justamente por isso, torna-se diferente da cisão parcial, pois lá, enquanto os sócios da sociedade transferente têm, como contrapartida, a participação societária na sociedade receptora, em operações que envolvam *Drop Down*, será a própria sociedade a receptora de ações/quotas, e não seus sócios. Por essa razão, sendo mais concebida por meio das chamadas Subsidiárias Integrais, regradas pelo artigo 251 da Lei de Sociedade Anônimas, na forma originária de constituição.

Ilustração precisa sobre a operação é dada novamente por Sérgio Botrel:

---

[34] BOTREL, *op. cit.*, p. 186.

Quadro Esquemático da *Drop Down*[35]

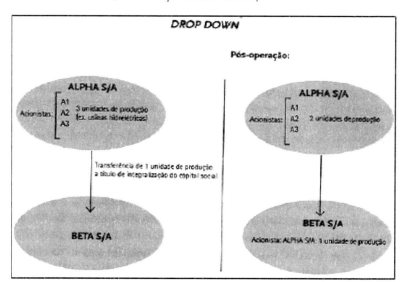

No Brasil, em 2002, ocorreu um dos primeiros pedidos de aprovação de ato de concentração pelo CADE ligados à *Drop Down*, envolvendo a aquisição pela World Minerals dos ativos da Ciemil,[36] *in verbis*:

> A presente operação está sendo notificada previamente à sua realização, dentro do prazo de 15 dias úteis a contar da assinatura do Contrato de Outorga de Opção em 23.07.2002, e com fundamento exclusivo no critério do faturamento, previsto no parágrafo 3º do artigo 54, da Lei nº 8.884/94 (...). Espera-se que a operação seja estruturada da seguinte forma: a World Minerals adquirirá os ativos da Ciemil através de uma operação de "drop down", segundo a qual Ciemil transferirá todos os bens a serem adquiridos pela World Minerals para uma das subsidiárias que irão ser constituídas.

Representando a *Drop Down*, mais um forma que pode ser utilizada como meio claro de concentração empresarial, logicamente será, como no caso acima em apreço, necessária sua regulação, pelo Conselho Administrativo de Defesa Econômica.

---
[35] BOTREL, *op. cit.*, p. 187.
[36] BRASIL. Conselho Administrativo de Defesa Econômica. CADE. Ato de Concentração Econômica nº 08012.005503/2002-14. Brasília/DF, 2002.

1.6 Consórcio societário

O consórcio, no ordenamento jurídico brasileiro, é definido como aquele arranjo societário concentracionista, com fulcro na colaboração interempresarial de agentes econômicos que objetiva a execução de determinado empreendimento, sendo o acordo estabelecido por meio de contrato escrito, definidor de competências e responsabilidades das empresas envolvidas, podendo constituir-se na forma operacional, instrumental e fechado ou aberto.

Consoante Modesto Carvalhosa,[37] os consórcios são operacionais quando criados para a execução de um empreendimento empresarial comum, através da somatória de aptidões e de recursos das consorciadas, mediante o desenvolvimento de um projeto próprio, ao passo que os instrumentais são formados por duas ou mais sociedades, visando contratar com terceiros a execução de determinado serviço, concessão ou obra (pública ou privada). Nesse caso, o consórcio constitui meio de adjudicar uma obra licitada e, em seguida, contratá-la.

Em outra senda, a configuração do consórcio também poderá aceitar a entrada de novos agentes econômicos para a consecução dos fins colimados e contratualmente previstos na exploração do empreendimento, assumindo, assim, caráter aberto, ou na impossibilidade de ingresso, caráter fechado.

No ordenamento jurídico, encontram fundamento na Lei de Sociedades Anônimas, nos artigos 278 e 279, que assim dispõem:

> Art. 278. As companhias e quaisquer outras sociedades, sob o mesmo controle ou não, podem constituir consórcio para executar determinado empreendimento, observado o disposto neste Capítulo.
>
> §1º O consórcio não tem personalidade jurídica e as consorciadas somente se obrigam nas condições previstas no respectivo contrato, respondendo cada uma por suas obrigações, sem presunção de solidariedade.
>
> §2º A falência de uma consorciada não se estende às demais, subsistindo o consórcio com as outras contratantes; os créditos que porventura tiver a falida serão apurados e pagos na forma prevista no contrato de consórcio.

---

[37] CARVALHOSA, Modesto. *Comentários à Lei de Sociedades Anônimas.* São Paulo: Saraiva, 2003, p. 391. v. 4.

Art. 279. O consórcio será constituído mediante contrato aprovado pelo órgão da sociedade competente para autorizar a alienação de bens do ativo não circulante, do qual constarão:

I – a designação do consórcio se houver;

II – o empreendimento que constitua o objeto do consórcio;

III – a duração, endereço e foro;

IV – a definição das obrigações e responsabilidade de cada sociedade consorciada, e das prestações específicas;

V – normas sobre recebimento de receitas e partilha de resultados;

VI – normas sobre administração do consórcio, contabilização, representação das sociedades consorciadas e taxa de administração, se houver;

VII – forma de deliberação sobre assuntos de interesse comum, com o número de votos que cabe a cada consorciado;

VIII – contribuição de cada consorciado para as despesas comuns, se houver.

Parágrafo único. O contrato de consórcio e suas alterações serão arquivados no registro do comércio do lugar da sua sede, devendo a certidão do arquivamento ser publicada.

Não são novidades no Tribunal Administrativo de Defesa Econômica (TADE) julgamentos sobre atos de concentração envolvendo os referidos contratos mercantis, pelo que se observa do seguinte julgado:

> EMENTA: Ato de concentração. Constituição do Consórcio Eletrobolt, entre Sociedade Fluminense de Energia, Eron Comercializadora de Energia Elétrica Ltda. e Petróleo Brasileiro S.A., para a geração e comercialização de energia elétrica, por meio da construção de uma usina termelétrica. Apresentação tempestiva. Mercado relevante do produto: produção de gás natural, distribuição de gás natural e geração de energia elétrica. Mercado relevante geográfico: Bacia de Campos e Bolívia; Estado do Rio de Janeiro; e Subsistema Sudeste/Centro-Oeste, respectivamente. Operação incapaz de gerar efeitos anticoncorrenciais. Pareceres unívocos. Aplicação do artigo 16 da resolução 12/98 do CADE. Aprovação sem restrições.[38]

Dentro de uma análise concorrencial sobre os mercados atuantes pelos segmentos empresariais exploradores da atividade

---

[38] BRASIL. Conselho Administrativo de Defesa Econômica. CADE. Ato de Concentração Econômica nº 08012.005492/2001-91. Brasília/DF, 2001.

econômica, o que se percebe, na grande maioria dos contratos de consórcio, é a formação de mercado relevante temporário ou mesmo de mercado relevante material e geográfico capaz de atentar contra a livre iniciativa e concorrência, merecendo, assim, esse tipo de operação societária também ser regulada pelo CADE em casos específicos em que, efetivamente, ocorra concentração econômica, como no ora epigrafado.

1.7 Joint venture

A criação de *joint ventures* é fruto das novas formas de exploração da atividade econômica, do desenvolvimento tecnológico e expansionista vivenciado pelo mercado nas últimas décadas, com o também crescente envolvimento empresarial dos mais diversos segmentos, na definição do novo conceito dado à empresa.

Consoante Maristela Basso, as *joint ventures* são definidas da seguinte forma:

> Corresponde a uma forma ou método de cooperação entre empresas de um mesmo país ou de países diferentes, sendo usada na linguagem comercial para designar qualquer acordo empresarial para a realização de um projeto específico, uma aventura comum, independentemente da forma jurídica adotada: societária, quando constitui uma terceira pessoa jurídica para a realização do empreendimento comum, ou somente contratual, quando o acordo entre os parceiros não dá nascimento a uma pessoa jurídica independente.[39]

Considera-se como um meio específico de reunir interesses entre empresas, grupos, pessoas jurídicas e físicas na consecução e na ampliação dos resultados econômicos (lucros) advindos da exploração da atividade econômica em conjunto, haja vista a união, na grande maioria dos casos, das *expertises* das empresas envolvidas, o que aumenta a eficiência econômica do projeto desenvolvido, de forma temporária ou, mesmo, permanente.

A Resolução nº 2/2012 do CADE, preceituou, de maneira bastante clara, a necessidade de submissão de criação de *joint ventures*

---

[39] BASSO, Maristela. *Joint venture*. 3. ed. Porto Alegre: Livraria do Advogado, 2002, p. 15.

ao sistema concorrencial no procedimento sumário de análise de atos de concentração, dispondo o seguinte:

> Art. 8º. São hipóteses enquadráveis no Procedimento Sumário, as seguintes operações:
>
> I – Joint-Ventures clássicas ou cooperativas: casos de associação de duas ou mais empresas separadas para a formação de nova empresa, sob controle comum, que visa única e exclusivamente à participação em um mercado cujos produtos/serviços não estejam horizontal ou verticalmente relacionados;

Nessa mesma resolução, nas etapas relativas à operação, ainda especificou a autoridade antitruste que as *joint ventures* poderão apresentar-se na forma de *joint venture clássica*, no qual há a criação de uma empresa para a exploração de um outro mercado ou mesmo na forma de *joint venture concentracionista*, com vistas à criação de empresa para a exploração de mercado já explorado pelas empresas associadas.

A doutrina indica que a *joint venture* poderá assumir, tanto a forma de sociedade comercial, como a forma de consórcio e, em consequência, não ter personalidade jurídica. Fundamental, portanto, será a existência de uma empresa independente, entendida no seu perfil funcional.[40]

A diferença básica entre as *joint ventures* e as formas associativas anteriormente estudadas está na independência da atividade econômica. Independência utilizada no sentido de completude do ciclo econômico, o que traduz o lucro.[41] Ela realiza em si uma atividade econômica destinada ao mercado, que pode ser coincidente ou não com a atividade das empresas que dela participam.[42]

In casu, trata-se de operação perfeitamente aplicável ao direito concorrencial, sendo regulada pelo CADE, quando exsurgirem fatores concentracionistas que atentem contra a livre concorrência.

---

[40] SALOMÃO FILHO, Calixto. *Direito Concorrencial:* as estruturas. 3. ed. São Paulo: Malheiros, 2007, p. 358.

[41] *Ibid.*, p. 358-359.

[42] *Ibid.*, p. 359.

1.8 Holding

A *holding* pode ser considerada como característica de uma espécie societária, não se constituindo, todavia, como uma. Seu objetivo está focado no investimento em indústrias, com a compra de grande parcela de ações, controlando, dessa forma, as decisões tomadas na sociedade controlada. Dessa forma, apresenta-se como uma companhia que detém controle acionário sobre outra.

Encontra previsão legal na Lei das Sociedades Anônimas, no artigo 2º, parágrafo 3º, que preceitua que a companhia poderá ter por objeto participar de outras sociedades, ainda que não prevista no estatuto, e sua participação facultada, como meio de realizar o objeto social, ou para beneficiar-se de incentivos fiscais.

Destarte, a *holding* controla as sociedades operacionais. O regime vertical implica a existência de uma sociedade controladora e de uma ou mais controladas. Há uma relação de subordinação externa, no caso, quanto à política e à escolha da administração da sociedade controlada.[43]

Sobre o direito concorrencial, as *holdings*, conforme visto, representarão concentração vertical, em que haverá dominação de empresas, na medida em que a controladora reúne ações votantes necessárias para formar a vontade social nas assembleias gerais e reuniões, e efetivamente exerce esse poder, inclusive o de eleger os quadros de administração das sociedade, direta ou indiretamente controladas,[44] o que nesse sentido poderá representar dominação de mercados e uso indevido do instituto para atentados contra a livre concorrência e iniciativa.

Sobre seu surgimento, ensina Suzy Koury:

> A *holding* teve sua origem nos Estados Unidos da América, sendo o Estado de New Jersey o primeiro a autorizar legalmente a aquisição de ações de uma companhia por outra, no que foi seguido pelos demais Estados norte-americanos, de tal forma que, em pouco tempo, as *holdings* cobriam todo o território dos Estados Unidos. Após a Primeira Guerra Mundial, difundiram-se também na hoje

---

[43] CARVALHOSA, Modesto. *Comentários ao Código Civil*. v. 13. São Paulo: Saraiva, 2003, p. 422.
[44] *Ibid.*, p. 426.

denominada Comunidade Econômica Europeia, especialmente na Alemanha.[45]

Assim como nos consórcios, não há uma criação de nova personalidade jurídica e seus efeitos mais vantajosos são os seguintes:

1) Controle centralizado sobre um grupo de empresas com um mínimo investimento de capital, bastando que haja a obtenção da maioria das ações votantes, as quais nem sempre representam todo o patrimônio possuído pelas empresas controladas;

2) A administração descentralizada, na medida em que as diversas unidades componentes do grupo gozam de autonomia sendo seus administradores pessoas da confiança da administração central;

3) A limitação de riscos, obtida através da criação de subsidiárias para executarem projetos ou atividades temerárias, sem que sejam comprometidas com as outras empresas integrantes do grupo; e

4) A maximização dos lucros através da maximização dos ganhos das empresas controladas.[46]

Proporciona, portanto, a *holding* concentração econômica no sentido de controle entre empresas, constituindo-se como possível forma de dominação de mercados, devendo, assim, ser regulada pelo SBDC nos casos em que houver necessidade, conforme regula o direito processual da concorrência.

Referências

BASSO, Maristela. *Joint venture*. 3. ed. Porto Alegre: Livraria do Advogado, 2002.

BOTREL, Sérgio. *Fusões e aquisições*. 2. ed. São Paulo: Saraiva: 2013.

BRASIL. Conselho Administrativo de Defesa Econômica. CADE. *Ato de Concentração Econômica nº 08012.007861/2001-81*. Brasília/DF, 2001.

BRASIL. Conselho Administrativo de Defesa Econômica. CADE. Ato de Concentração Econômica nº 08012.005503/2002-14. Brasília/DF, 2002.

BRASIL. Conselho Administrativo de Defesa Econômica. CADE. Ato de Concentração Econômica nº 08012.005492/2001-91. Brasília/DF, 2001.

---

[45] KOURY, Suzy. *A Desconsideração da Personalidade Jurídica: disregard doctrine* e os grupos de empresas. 3. ed. Rio de Janeiro: Forense, 2012, p. 64.

[46] *Ibid.*, p. 65.

BRASIL. Conselho Administrativo de Defesa Econômica. CADE. Resolução nº 15 de 19 de Agosto de 1998. Publicação *DOU* 28/08/1998. Brasília/DF.

BULGARELLI, Waldírio (Coord.). *A reforma da Lei das Sociedades por Ações*. São Paulo: Pioneira, 1998.

BULGARELLI, Waldírio. *Direito Comercial*. 14. ed. São Paulo: Atlas, 1999.

BULGARELLI, Waldírio. *Fusões, incorporações e cisões de sociedades*. 5. ed. São Paulo: Jurídico Atlas, 2000.

BULGARELLI, Waldírio. *O direito dos grupos e a concentração de empresas*. São Paulo: Leud, 1975.

BULGARELLI, Waldírio. *Sociedades comerciais*. 8.ed. São Paulo: Atlas, 1999.

CARVALHOSA, Modesto. *Comentários à Lei de Sociedades Anônimas*. v. 4. São Paulo: Saraiva, 2003.

CARVALHOSA, Modesto. *Comentários ao Código Civil*. v. 13. São Paulo: Saraiva, 2003.

FIGUEIREDO, Leonardo Vizeu. *Lições de Direito Econômico*. 4. ed. Rio de Janeiro: Forense, 2011.

FORGIONI, Paula A. *Os fundamentos do antitruste*. São Paulo: Revista dos Tribunais, 2012.

KOURY, Suzy. *A desconsideração da personalidade jurídica: disregard doctrine* e os grupos de empresas. 3. ed. Rio de Janeiro: Forense, 2012.

PAZZAGLINI FILHO, Marino; CATANESE, Andrea Di Fuccio. *Direito de empresa no novo Código Civil*. São Paulo: Atlas, 2003.

SALOMÃO FILHO, Calixto. *Direito concorrencial: as estruturas*. 3. ed. São Paulo: Malheiros, 2007.

SZTAJN, Raquel. *Teoria jurídica da empresa*. São Paulo: Atlas, 2004.

TOMAZZETE, Marlon. *Direito Empresarial*. v. 1. 3. ed. São Paulo: Atlas, 2011.

CAPÍTULO 10

O DIREITO PROCESSUAL DA CONCORRÊNCIA E O CONTROLE DAS CONCENTRAÇÕES EMPRESARIAIS NO BRASIL

FELIPE GUIMARÃES DE OLIVEIRA

1 Breve introito

Consoante a definição teórica trazida à baila no capítulo anterior, elucidando quais as espécies de concentração empresarial vivenciada na prática forense, tentativa pela qual, se tentou maximizar os institutos do art. 90 da Lei nº 12.529/11, analisar-se-á, a partir deste momento, qual é o procedimento adotado no Brasil para a concretização dos referidos atos, tratando assim do Direito Processual da Concorrência regido por normas próprias insculpidas na Lei nº 12.529/11 entre os artigos 88 e 92 do mesmo diploma legal e resoluções do CADE.

Os atos de concentração econômica, aqui estudados, são aqueles que tendem a constituir qualquer forma de concentração, de cunho estritamente econômico, por meio de fusões, incorporações e agrupamentos societários, entre outros, já analisados na presente obra.

Dessa forma, serão submetidos todos esses tipos de atos de concentração à análise minuciosa do CADE, respeitando o requisito legal disposto no artigo 88, incisos I e II, da Lei nº 12.529/2011, ou seja, atos em que, pelo menos, um dos grupos envolvidos na operação tenha registrado, no último balanço, faturamento bruto anual ou volume de negócios total no país, no ano anterior, equivalente ou superior a R$750.000.000,00 (Setecentos e Cinquenta Milhões de

Reais) e, pelo menos, um outro grupo envolvido na operação tenha registrado, no último balanço, faturamento bruto anual ou volume de negócios total no país, no ano anterior à operação, equivalente ou superior a R$75.000.000,00 (setenta e cinco milhões de reais).[1]

Assim sendo, não mais será seguido o critério adotado pela antiga Lei Antitruste nº 8.884/1994 que dispunha, em seu art. 54, sobre o mercado relevante, dando ênfase ao critério objetivo de submissão (art. 88, incisos I e II).

> O Art. 88 traz um dos pilares do novo antitruste brasileiro. A participação de mercado sai dos critérios de submissão por ser deveras subjetiva e imprecisa. Em seu lugar, segundo as linhas mestras do *Sherman Act*, os critérios de subsunção passam a ser (i) o exercício de atividade econômica *(commercial enterprise)*; (ii) a dimensão mínima de, ao menos, dois dos envolvidos na operação *(size-of-person)*; e (iii) a transferência de ativos *(transfer of assets)* Art. 90.[2]

São atos de concentração, segundo a lei, operações em que duas ou mais empresas, anteriormente independentes, fundem-se, quando uma ou mais empresas adquirem, direta ou indiretamente, quotas, títulos ou valores mobiliários conversíveis em ações, ou ativos, por via contratual ou por qualquer outro meio ou forma, o controle ou partes de uma ou outras empresas.

Ainda nesse sentido, a Lei nº 12.259/2011 aponta, no art. 90, incisos III e IV, outros atos considerados como de concentração, na hipótese em que uma ou mais empresas incorporam outra ou outras

---

[1] Ressalta-se que a Lei nº 12.529/11 dispõe valores diversos no art. 88, I e II, dispondo o seguinte: "Art. 88. Serão submetidos ao Cade pelas partes envolvidas na operação os atos de concentração econômica em que, cumulativamente: I – pelo menos um dos grupos envolvidos na operação tenha registrado, no último balanço, faturamento bruto anual ou volume de negócios total no País, no ano anterior à operação, equivalente ou superior a R$ 400.000.000,00 (quatrocentos milhões de reais); e II – pelo menos um outro grupo envolvido na operação tenha registrado, no último balanço, faturamento bruto anual ou volume de negócios total no País, no ano anterior à operação, equivalente ou superior a R$ 30.000.000,00 (trinta milhões de reais)". Importa atenção a mudança desses valores mencionados, que sofreram alteração pela portaria Interministerial nº 994 do dia 30 de maio de 2012, orçando os valores mínimos de faturamento bruto anual ou volume de negócios no país, no caso do inciso I, do art. 88 para R$750.000.000,00 (setecentos e cinquenta milhões), e, para o inciso II do mesmo artigo o valor de R$75.000.000,00 (setenta e cinco milhões), que é autorizado pela própria lei antitruste no art. 88, parágrafo 1º

[2] TAUFICK, Roberto Domingos. *Nova Lei Antitruste brasileira*. Rio de Janeiro: Forense, 2012, p. 415.

empresas e, também, na situação em que duas ou mais empresas celebram contrato associativo, consórcio ou *joint venture*. Dessa forma, extingue-se o arcaico debate[3] sobre os atos notificáveis ou não. Urge estudar o controle prévio também no direito comparado, evidenciando que este já é uma experiência saudável em outros ordenamentos jurídicos, como se verá a seguir.

2 A análise prévia (*prior review*) em atos de concentração econômica

2.1 Definição

Com a edição da Lei nº 12.529/11, houve uma inovação no ordenamento jurídico brasileiro, representada pela obrigatoriedade de alguns agentes econômicos, em operações econômicas, previamente, fazerem a comunicação ao CADE antes de realizar qualquer ato vinculativo ou contratual, que seguem dispostos no art. 90, incisos I a IV da referida lei, ao tratar das concentrações empresariais.

A análise prévia está preceituada no artigo 88, parágrafo 2º da Lei nº 12.529/11, bem como no artigo 108 da resolução nº 1/2012 do CADE, *in verbis*:

> Art. 88, §2º. O controle dos atos de concentração de que trata o caput deste artigo *será prévio* e realizado em, no máximo, 240 (duzentos e quarenta) dias, a contar do protocolo de petição ou de sua emenda.
>
> Art. 108. O pedido de aprovação de atos de concentração econômica a que se refere o art. 88 da Lei nº 12.529, de 2011, *será prévio. (Grifo Nosso)*

Deve-se ressaltar o grande benefício trazido pelo sistema de análise prévia nas normas brasileiras de proteção à concorrência, principalmente no que tange à segurança jurídica, pois, agora, essas operações específicas não correrão total risco de desfazimento

---

[3] Durante a vigência da Lei nº 8.884/1994, havia um grande debate sobre os atos que deveriam ser notificados ou não. Ocorria uma demasiada e cansativa deliberação sobre as operações econômicas, identificando se estas iriam ou não dominar o mercado relevante de determinado produto ou serviço. Sob a égide da nova norma antitruste, essa discussão caiu por terra, haja vista, a definição de critérios objetivos lançados pela nova lei.

pós-contrato de aquisições e fusões, entre outras operações, realizadas entre os agentes econômicos operante no mercado.

Com o exame prévio, os processos podem tramitar mais rapidamente. As decisões ganharão mais qualidade técnica, especialmente nos negócios de alta complexidade. A análise prévia também evita o desgaste do risco de desconstituição de operações empresariais que, em face da morosidade do julgamento dos atos de concentração, tenham se convertido em situações de fato.[4]

Esse sistema pode se revelar como um excelente mecanismo de defesa da concorrência, mas deve ser analisado com cautela, verificando-se, principalmente, como se dará a sua implantação no sistema brasileiro. É a mesma preocupação que esboça Maria Cecília Andrade:

> De nada adianta uma reforma pró-ativa do ponto de vista teórico se não existirem condições para sua aplicação eficaz. Enfim, apesar de todo o otimismo, a sociedade deve acompanhar com cautela as discussões desse Projeto de Lei, pois as mudanças propostas só podem ser implementadas se realmente vierem acompanhadas de uma reestruturação institucional que permita ao CADE perseguir o seu objetivo de forma independente, eficiente e transparente.[5]

O exame prévio configurará uma ferramenta de controle pelo CADE dos atos de concentração que se amoldem nas hipóteses do art. 88 incisos I e II da Lei nº 12.529/11, não podendo estas operações serem concretizadas sem o anterior aval deste, fazendo com que empresas fiquem impossibilitadas de postergar, muitas das vezes, a análise dos atos de concentração.

2.2 A legislação comparada: os regimes norte-americano e europeu no sistema da *prior review*

O exame prévio dos atos de concentração no direito brasileiro foi, em grande parte, impulsionado pelo direito comparado, em especial, o direito econômico europeu e o norte-americano.

---

[4] Editorial Jornal O Estado de São Paulo. *A Reforma do SBDC*. Disponível em: http://www. cade.gov.br/Imprimir.aspx?Conteudo=699. 2007. Acesso em: 20 abr. 2019.

[5] ANDRADE, Maria Cecilia. Atos de Concentração – Análise Prévia. *In:* BRANCHER, Paulo; ZANOTTA, Pedro (Org.). *Desafios atuais do direito da concorrência*. São Paulo: Singular, 2011, p. 77.

Seguindo o entendimento do Direito norte-americano, o art. 88 da nova lei delimitou que os critérios de submissão seriam o exercício da atividade econômica, a dimensão mínima de, ao menos, dois envolvidos na operação e a chamada transferência de ativos. No Direito da concorrência americano, pioneiro no sistema de notificação prévia, institui-se o controle prévio através do *Hart Scott Rodino Act*,[6] datado do ano de 1976. Nos Estados Unidos, a figura do CADE é representada pela *Federal Trade Commission (FTC)*,[7] que detém função ímpar na defesa de um mercado competitivo harmônico. Richard A. Posner ressalta a importância do órgão, ao tratar do caso *Staples X Office Depot*:

> El potencial del análisis económico para mejorar la acción contra las fusiones se ilustra por el enfoque utilizado por la Comisión Federal de Comercio en su esfuerzo exitoso para impedir que la cadena de tendas de artículos de oficina Staples adquiriera a Office Depot.[8]

De outra banda, encontra-se no Direito Econômico europeu, em especial o Português, a exigência da notificação prévia em atos de concentração econômica. É o que se extrai do ordenamento jurídico português, através da Lei nº 18/2003,[9] art. 9º, números 1 e 2, *in verbis:*

Art. 9º. Notificação prévia:

1 – As operações de concentração de empresas estão sujeitas a notificação prévia quando preencham uma das seguintes condições:

a) Em consequência da sua realização se crie ou se reforce uma quota superior a 30% no mercado nacional de determinado bem ou serviço, ou numa parte substancial deste;

---

[6] FORGIONI, Paula A. *Os fundamentos do antitruste.* São Paulo: Revista dos Tribunais, 2012, p. 442.

[7] No aspecto da notificação prévia e o *Hart-Scott-Rodino Act* na *FTC: The Hart-Scott-Rodino Act established the federal premerger notification program, which provides the FTC and the Department of Justice with information about large mergers and acquisitions before they occur. The parties to certain proposed transactions must submit premerger notification to the FTC and DOJ. Premerger notification involves completing an HSR Form, also called a "Notification and Report Form for Certain Mergers and Acquisitions", with information about each company's business.* Disponível em: http://www.ftc.gov/bc/hsr/index.shtm. Acesso em: 23 abr. 2019.

[8] POSNER, Richard A. *El análisis económico del derecho.* 2. ed. México: Fondo de Cultura Económica, 2007, p. 477.

[9] Lei nº 18 de 11 de junho de 2003, que aprova o regime jurídico da concorrência. Disponível em: http://www.iapmei.pt/iapmei-leg-03.php?lei=1856. Acesso em: 25 mar. 2019.

b) O conjunto das empresas participantes na operação de concentração tenha realizado em Portugal, no último exercício, um volume de negócios superior a 150 milhões de euros, líquidos dos impostos com este directamente relacionados, desde que o volume de negócios realizado individualmente em Portugal por, pelo menos, duas dessas empresas seja superior a dois milhões de euros.

2 – As operações de concentração abrangidas pela presente lei devem ser notificadas à Autoridade no prazo de sete dias úteis após a conclusão do acordo ou, sendo caso disso, até à data da publicação do anúncio de uma oferta pública de aquisição ou de troca ou da aquisição de uma participação de controlo. (Grifo Nosso).

Basicamente, o modelo português de controle prévio de atos de concentração, segue o mesmo ideal Europeu, que é preventivo, sempre ocasionando, a verificação da operação econômica em caráter danoso, na perspectiva potencial do ato. Ensina Luís Cabral de Moncada, sobre o controle prévio no Direito Português que:

A lei abrange as fusões de empresas, por incorporação, por constituição de uma nova sociedade ou por gestão económica comum, as aquisições de controlo e as *joint ventures* (...). Todas as operações de concentração que criem quotas de mercado superiores à 30% ou que importem certo volume financeiro, ficam sujeitas a obrigação de notificação prévia à Autoridade da Concorrência. Assim se possibilita um controlo preventivo. Até à obtenção da autorização, as operações de concentração ficam suspensos e os negócios são nulos. (...) Importante é frisar que a notificação prévia da concentração é imprescindível para a autorização.[10]

Nota-se a tendência mundial na adoção da notificação prévia, ratificando mais uma vez, o quão importante se torna uma análise prévia dos atos de concentração econômica, reduzindo a insegurança jurídica que exsurge, muitas das vezes, de um controle *a posteriori*. No ensejo, torna-se necessário o estudo de como esta tendência mundial de controle prévio encontrou guarida na nova Lei nº 12.529/2011 no Sistema Brasileiro de Defesa da Concorrência.

---

[10] CABRAL DE MONCADA, Luís S. *Direito Económico*. 5. ed. Coimbra: Coimbra, 2007, p. 580-581.

2.3 O prazo para a aprovação do ato de concentração e a aprovação tácita pós-veto presidencial do art. 64 da Lei nº 12.529/11

Mantendo a perspectiva da revogada Lei nº 8.884/94 (art. 54, §7º), quanto ao prazo para aprovação de atos de concentração, a nova legislação brasileira antitruste manteve no Sistema Brasileiro de Defesa da Concorrência o prazo para aprovação dos referidos atos, sob pena de aprovação tácita da concentração submetida à análise perante o CADE, nos termos do que preceituava o art. 64 da nova lei.

Com relação aos prazos para a aprovação dos atos de concentração econômica, submetidos ao CADE, logo após o ingresso da Lei nº 12.529/11 no ordenamento jurídico, ocorreu veto presidencial ao art. 64 do referido diploma, que assim dispunha:

> Art. 64. O descumprimento dos prazos previstos neste Lei implica a aprovação tácita do ato de concentração econômica.
>
> Parágrafo único. Comprovada nos autos a aprovação tácita a que se refere o caput deste artigo, deverá ser providenciada a imediata apuração das responsabilidades penal, cível e administrativa de que lhe deu causa.

Contudo, o referido veto presidencial sofreu certa modificação, com o parecer exarado pelo Procurador-Geral do CADE, Gilvandro Vasconcelos Coelho de Araújo, ProCADE nº 17/2012, PGF/AGU, ratificado em sessão plenária do CADE, com alguns aspectos de bastante perspicácia, *in verbis*:

> Este veto suscitou preocupações em especialistas, manifestadas em órgãos de imprensa, sobre a extensão dos seus efeitos. Teria acabado no Brasil a aprovação por decurso de prazo em caso de inércia da Administração?[11]
>
> O veto ao art. 64 da Lei 12.529/11 não aboliu a aprovação por decurso de prazo previsto na *novel* lei antitruste, a partir de uma interpretação histórica, teleológica e sistemática, conforme será adiante demonstrado. O CADE, através da análise de atos de concentração, realiza o chamado controle prévio ou preventivo, no qual se verifica a possibilidade de determinada operação causar prejuízos à concorrência. A proteção à

---

[11] BRASIL. Conselho Administrativo de Defesa Econômica. CADE. *Parecer ProCADE nº 17/2012 PGF/AGU*. Brasília/DF, p. 3.

concorrência aqui é prospectiva, ou seja, visa evitar dano de natureza futura e incerta, mas provável.[12]

No caso da análise de atos de concentração na nova sistemática da Lei 12.529/2011, há alguns elementos que indicam que a interpretação correta é a de que a omissão do CADE após 240 *importa em aprovação por decurso do prazo*.[13]

Sob o aspecto teleológico, é notório que a finalidade da reforma legislativa do SBDC teve por escopo precípuo a celeridade na análise dos atos de concentração.[14]

Em sua conclusão aponta:

> Pelos motivos aqui aduzidos, posiciona-se pela manutenção no Ordenamento Jurídico Brasileiro da aprovação tácita dos atos de concentração em decorrência do decurso geral do prazo de análise, mesmo após o veto do art. 64 da Lei 12.529/2011, pois: (i) Quando a norma se limita a fixar prazo para a prática do ato pela Administração, sem indicar as conseqüências da omissão administrativa, há que se perquirir, em cada caso, os efeitos do silêncio; (ii) O veto presidencial do art. 64 claramente se direcionou a impedir que o descumprimento de prazos incidentais ao procedimento, e não do prazo legal, levasse à aprovação tácita do ato; (iii) *A finalidade declarada da Lei 12.529/2011 é agilizar os procedimentos de análise, aumentar a eficiência do controle preventivo e diminuir os custos para o administrado, o que tornaria contraditória interpretação que permitisse o silencio administrativo sem conseqüências. (iv) A análise sistemática de diversos dispositivos da Lei 12.529/2011 demonstra que existem prazos peremptórios para análise pelo CADE e indica que a ausência de pronunciamento definitivo do CADE implica reconhecer o direito das partes requerentes de implementar a operação apresentada.*[15] (Grifo Nosso)

Os fundamentos anteriormente descritos só ratificam a tendência nacional da reforma do SBCD quanto à necessidade de celeridade na tramitação dos atos de concentração econômica. Assim sendo, continua a prevalecer no ordenamento jurídico pátrio o instituto da aprovação tácita em caso de descumprimento ao prazo preceituado no art. 88,§2º, da Lei nº 12.529/11, que assim reza:

---

[12] *Ibid.*, p. 5.
[13] *Ibid.*, p. 7.
[14] *Ibid.*, p. 9.
[15] *Ibid.*, p. 14-15.

Art. 88. §2º O controle dos atos de concentração de que trata o caput deste artigo será prévio e realizado em, no máximo, 240 (duzentos e quarenta) dias, a contar do protocolo de petição ou de sua emenda.

Nesse sentido, a contar do protocolo da petição que informa o CADE sobre a possível concentração econômica entre agentes ou de sua emenda, o órgão antitruste terá até 240 (duzentos e quarenta) dias para realizar a aprovação do ato submetido ao regime do *prior review,* nos moldes do art. 88, incisos I e II da mesma lei, sob pena da aprovação tácita do ato submetido à apreciação, consoante o parecer anteriormente examinado, que é prazo com caráter peremptório.

Convém mencionar, ainda, a hipótese inscrita no art. 88, §9º, incisos I e II do diploma em estudo, sobre a possibilidade de dilatação do prazo de 240 (duzentos e quarenta) dias previsto no parágrafo 2º do mesmo artigo, por mais 60 (sessenta) dias, improrrogáveis, a requerimento das partes envolvidas na operação, ou, em até mais 90 (noventa) dias, por intermédio de decisão fundamentada do Tribunal Administrativo, com a pormenorização das razões de dilatação, prazo este que também não será renovado, bem como as providências necessárias para o julgamento do processo.

Destarte, concedida a dilatação de 60 (sessenta) ou 90 (noventa) dias a mais que o previsto no parágrafo 2º do art. 88 da Lei nº 12.529/11, ainda assim, caso transcorrido, *in albis,* o prazo de dilatação, os atos de concentração, submetidos ao exame da notificação prévia também serão aprovados tacitamente, na forma anteriormente delineada.

2.4 Aplicação de multa pecuniária em casos de descumprimento ao sistema da *prior review*: o *gun jumping*

Consoante se verificou no item anterior, os atos que se enquadrarem no disposto do art. 88, incisos I e II, da Lei nº 12.529/11, observados os valores alterados pela Portaria Interministerial nº 994, deverão, necessariamente, ser apreciados pelo sistema de notificação prévia (*prior review)* antes de serem consumados.

O descumprimento ao sistema prévio estabelecido com a norma antitruste acarretará ao agente econômico transgressor,

248 | SUZY ELIZABETH CAVALCANTE KOURY, FELIPE GUIMARÃES DE OLIVEIRA
DIREITO ECONÔMICO E CONCORRÊNCIA

além da nulidade[16] da operação realizada sem o consentimento do CADE, o arbitramento de multa pecuniária de valor não inferior a R$60.000,00 (sessenta mil reais), nem superior a R$60.000.000,00 (sessenta milhões de reais), não ficando prejudicada a abertura de processo administrativo para a apuração de infrações à ordem econômica pelos agentes.

Essa hipótese de formalização do ato de concentração sem a prévia autorização da autoridade concorrencial é chamada no direito norte-americano de *Gun Jumping* ou *"queima da largada"*, configurando-se como a integração de forma prematura dos agentes econômicos.

No Brasil, ocorreu, pós-ingresso à Lei nº 12.529/11, o primeiro caso de *gun jumping* no ato de concentração[17] que julgou a operação em que a OGX adquiriu 40% da participação da Petrobras no Bloco BS4, localizado na Bacia de Santos em São Paulo.

In casu, foi formalizado, perante o CADE, através de proposta lançada pela OGX, Acordo de Controle de Concentração (ACC), confessando a proponente prática dos atos que levaram à *"queima da largada"* (consumação antecipada dos efeitos da operação), comprometendo-se a pagar multa pecuniária no valor de R$3.000.000,00 (três milhões de reais).

No tocante à nulidade da operação, a relatora do AC, Conselheira Ana Frazão, entendeu razoável não considerar nula a operação, mas manteve a multa no valor acima delineado, por considerar que o bloco BS4 ainda nem estava em funcionamento na época da operação societária, tendo sido, apenas, realizados atos operacionais/ordinários de negócios, prática bastante comum nesse ramo de atividade e de que somente a partir do ano de 2013, no mês de abril, a Agência Nacional do Petróleo (ANP) passou a exigir os comprovantes de aprovação das operações realizadas, devidamente julgadas pelo CADE, não importando, assim, a operação, danos e preocupações de ordem concorrencial.

---

[16] Consoante Roberto Taufick não se trata de nulidade, mas de anulabilidade. Segundo o autor: Caberá ao CADE definir se, consumada a operação, é socialmente desejável a separação dos ativos. Essa busca pela decisão socialmente mais desejável, dado o estágio da operação é justamente aquilo que o CADE já fazia pelo sistema de analise *a posteriori* da Lei nº 8.884/1994. Agir de outra forma seria cometer arbitrariedade. *In*: TAUFICK, op. cit, p. 440.

[17] BRASIL. Conselho Administrativo de Defesa Econômica. CADE. Ato de Concentração Econômica nº 08700.005775/2013-19. Brasília/DF, 2013.

2.5 Da exigência de submissão de atos de concentração não enquadrados na análise prévia

Continuando o estudo sobre as concentrações e a obrigatoriedade de submissão ao controle prévio, interessante notar, por oportuno, a disposição prevista no art. 88, §7º, da Lei Antitruste:

> §7º É facultado ao Cade, no prazo de 1 (um) ano a contar da respectiva data de consumação, requerer a submissão dos atos de concentração que não se enquadrem no disposto neste artigo.

O que exsurge, mais uma vez, do diploma em tela é a proteção à livre concorrência e à manutenção de um espaço mercantil garantidor da livre iniciativa, primando-se pela ambientação teleológica de sempre se buscar o ideal de um mercado perfeitamente competitivo.

É justamente nesse sentido a posição de Roberto Taufick:

> Este dispositivo cumpre um papel importante no sentido de viabilizar uma exigência mais parcimoniosa de submissões. Em tese, apesar de o poder de mercado estar usualmente associado positivamente com o tamanho da empresa, tal correlação não é perfeita. Toda fusão pode gerar um efeito anticompetitivo, mesmo com faturamentos pequenos, dado que os mercados relevantes podem ser regionais ou locais. A obrigação de notificar, no entanto, não pode ser para todas as fusões sob pena de sobrecarregar em demasia a autoridade antitruste. Daí a existência de parâmetros de faturamento tal como discutido nos parágrafos anteriores. A solicitação de submissão de atos fora do enquadramento preencheria esta lacuna de atos praticados por empresas menores, mais ainda sim com efeitos relevantes sobre a concorrência.[18]

O dispositivo em questão vincula mesmo operações pequenas a uma possível análise, caso se verifique a necessidade de intervenção na operação, devendo, entretanto, tal requerimento de submissão ser executado por até um ano após a data da consumação da operação de concentração.

---

[18] TAUFICK, *op. cit.*, p. 456.

3 Do processo administrativo de concentração

3.1 Do processo administrativo na Superintendência-Geral

Como ficou demonstrado alhures, a Superintendência-Geral, após a edição da Lei nº 12.529/11, passou a ter significativa função dentro dos processos de concentração econômica no CADE, instaurando, instruindo e julgando os processos distribuídos para submissão prévia.

Consoante o art. 53 da Lei Antitruste, os pedidos de aprovação dos atos de concentração econômica, previstos no art. 88 da mesma lei, deverão ser encaminhados ao CADE, devidamente instruídos com as informações e os documentos necessários à instauração do processo administrativo, definidos em resolução própria, acompanhado do comprovante da respectiva taxa.[19]

Sobre os documentos necessários à instauração do processo administrativo, a Resolução nº 15/1998 do CADE define no Anexo I: I – as informações das requerentes; II – descrição do ato ou contrato notificado; III – toda a documentação pertinente à concentração, IV, V e VI – os mercados de atuação e mercados relevantes, entre outros. Os denominados *4C documents*, que se relacionam à motivação da realização da operação (estudos, correspondências, entre outros), estão entre os mais relevantes documentos analisados pela *FTC*, raramente são apresentados no Brasil, apesar de constarem no Anexo II,[20] o que é lastimável, pois permitem que se visualizem, em grande parte, o exercício de poder econômico e as intenções das requerentes na operação.

Ainda assim, cabe mencionar, para fins de celeridade e de instrução processual adequada, previsto no art. 110, §1º, da Resolução nº 01/2012, que dispõe sobre o Regimento Interno do Conselho Administrativo de Defesa Econômica (RICADE), acerca

---

[19] Sobre a taxa para submissão ao CADE dos atos de concentração econômica, esta encontra regulamento próprio na portaria conjunta CADE/SDE/SEAE nº. 26/2004, no valor de R$45.000,00 (quarenta e cinco mil reais).

[20] TAUFICK, *op. cit.*, p. 312.

da necessidade de o requerimento ser apresentado em conjunto pelas requerentes:

Art. 110, §1º. O requerimento será apresentado, sempre que possível, em conjunto:

I – nas aquisições de controle ou de participação societária, pelo adquirente e pela empresa-objeto;

II – nas fusões, pelas sociedades que se fusionam; e

III – nos demais casos, pelos contratantes.

O ato de concentração que seguir o rito ordinário aqui descrito deverá ser realizado por meio de petição escrita, conforme mencionado, observando esta necessariamente as 11 (onze) etapas previstas no Anexo I da Resolução nº 2/2012 do CADE, como a descrição da operação, informações relativas às partes, elementos relativos à operação, documentação completa com relação à operação e seus requerentes, definição do(s) mercado(s) relevante(s), estrutura de oferta, estrutura de demanda, análise de poder de monopsônio, análise das condições de entrada e rivalidade, análise de poder coordenado e a chamada contrafactual, com a provável configuração futura do mercado relevante, indicado na etapa 5, item V.5, em termos concorrenciais, caso a operação submetida não ocorra por algum motivo.

Vale ressaltar ainda que os atos de concentração econômica submetidos ao Conselho Administrativo de Defesa Econômica terão prioridade sobre o julgamento de outras matérias em tramitação perante o CADE, consoante o que preceitua o art. 51, inciso I, da Lei nº 12.529/11.

Verificando a Superintendência-Geral, o não cumprimento dos requisitos legais ou eventuais documentos faltantes, poderá determinar, uma única vez, que os requerentes emendem o ato de concentração, para instruir corretamente o pedido, sob pena de arquivamento (art. 53, §1º), e, ato contínuo, após a apresentação do ato ou de sua emenda, a Superintendência-Geral publicará edital, fazendo a indicação do nome dos requerentes, a natureza da operação e os setores economicamente envolvidos, consoante o art. 53, §2º, do mesmo diploma.

Cumpridos os requisitos do art. 53 e parágrafos da Lei nº 12.529/11 e da Resolução nº 15/1998, Anexos I e II, a Superintendência-

Geral conhecerá, diretamente, do pedido, em decisão terminativa, nas hipóteses em que o processo dispensar novas diligências ou nos casos em que se verificar menor potencial ofensivo à concorrência, assim definidos em resolução do CADE, o que é mais uma importante inovação dentro do SBDC, tornando mais célere e segura a análise dos casos. Por outro lado, caso entenda fraco o conjunto probatório carreado aos autos, poderá determinar a realização de instrução complementar, com as devidas especificações das diligências a serem executadas, tudo isso consoante o art. 54, incisos I e II, da Lei Antitruste brasileira.

Quando a instrução complementar estiver completa, nos moldes do art. 55 da Lei nº 12.529/11, a Superintendência-Geral deverá manifestar-se sobre o seu satisfatório cumprimento, recebendo-a como adequada ao exame de mérito ou determinando que seja refeita, caso esteja incompleta.

Entendendo a Superintendência-Geral como complexa a operação, poderá, por meio de decisão fundamentada, determinar nova instrução complementar, especificando as diligências que entender necessárias. Inicialmente, é necessário distinguir a instrução complementar dos artigos 54, inciso II, e 55, daquela do art. 56, que lhe é suplementar. Em segundo lugar, deve-se atentar à dúvida acerca da situação dos requerentes, quando eles próprios tiverem interesse em produzir mais provas e não tiverem tempo hábil para tanto (o que não se confunde com a sua inépcia em produzir os documentos, que recai no art. 62).[21]

Ainda de acordo com o parágrafo único do art. 56, declarada complexa a operação de concentração, poderá a Superintendência-Geral prorrogar o prazo do art. 88, §2º, da Lei nº 12.529/11, estudado anteriormente.

> Embora não haja, no art. 53, §1º, c/c o art. 62, nada que impeça nova submissão do ato, seria interessante se o CADE determinasse o recolhimento de nova taxa para submissões ineptas e isentasse de recolhimento os casos de *pull and re-file*.[22] Ademais, seria importante analisar se (i) a

---

[21] TAUFICK, *op. cit.*, p. 320.

[22] Casos em que o requerente solicita a retirada do seu caso, e, aos casos de ressubmissão que o isenta do pagamento de nova taxa.

CAPÍTULO 10

O DIREITO PROCESSUAL DA CONCORRÊNCIA E O CONTROLE DAS CONCENTRAÇÕES EMPRESARIAIS NO BRASIL | 253

ausência de uma restrição quantitativa ao número de submissões agregada à (ii) celeridade processual e (iii) ao baixo custo de uma nova taxa de notificação em casos representativas não representaria incentivo ao risco moral, dado que, ocorrendo o previsto no art. 62, o ato poderia ser submetido à nova análise sem qualquer reprimenda.[23]

Encerrada a instrução processual, com as devidas instruções complementares do inciso II do art. 54 e do art. 56 da Lei Antitruste, a Superintendência poderá proferir decisão aprovando o ato sem restrições ou oferecerá impugnação ao Tribunal Administrativo (TADE), caso opine pela rejeição do ato ou sua aprovação com restrições ou mesmo quando não existirem elementos conclusivos no que tange aos efeitos sobre o mercado da operação submetida, tudo isso conforme dispõe o art. 57 da Lei nº 12.529/11.

Contra a decisão que aprova o ato de concentração econômica pela Superintendência-Geral caberá recurso no prazo de 15 (quinze) dias da publicação que aprovar o ato, na forma do art. 65 da Lei Antitruste:

> Art. 65. No prazo de 15 (quinze) dias contado a partir da publicação da decisão da Superintendência-Geral que aprovar o ato de concentração, na forma do inciso I do caput do art. 54 e do inciso I do caput do art. 57 desta Lei:
>
> I – caberá recurso da decisão ao Tribunal, que poderá ser interposto por terceiros interessados ou, em se tratando de mercado regulado, pela respectiva agência reguladora;
>
> II – o Tribunal poderá, mediante provocação de um de seus Conselheiros e em decisão fundamentada, avocar o processo para julgamento ficando prevento o Conselheiro que encaminhou a provocação.
>
> §1º Em até 5 (cinco) dias úteis a partir do recebimento do recurso, o Conselheiro-Relator:
>
> I – conhecerá do recurso e determinará a sua inclusão em pauta para julgamento;
>
> II – conhecerá do recurso e determinará a realização de instrução complementar, podendo, a seu critério, solicitar que a Superintendência-Geral a realize, declarando os pontos controversos e especificando as diligências a serem produzidas; ou
>
> III – não conhecerá do recurso, determinando o seu arquivamento.

---

[23] TAUFICK, *op. cit.*, p. 320.

§4º A interposição do recurso a que se refere o caput deste artigo ou a decisão de avocar suspende a execução do ato de concentração econômica até decisão final do Tribunal.

Ainda assim, consoante o parágrafo 2º do mesmo artigo 65, as empresas requerentes disporão do prazo de até 5 (cinco) dias úteis para apresentar contrarrazões ao recurso, a contar do seu conhecimento pelo TADE ou da data do recebimento do relatório, com a conclusão da instrução complementar, devendo ser levando em consideração o que por último vier a ocorrer.

Aquele recorrente identificado como litigante de má-fé será condenado em multa arbitrada pelo TADE, compreendida entre R$5.000,00 (cinco mil reais) e R$5.000.000,00 (cinco milhões de reais), valor este a ser apurado conforme a condição econômica do litigante, a sua atuação no processo e o retardo processual injustificado causado à aprovação do ato, consoante o art. 65, §3º, da Lei nº 12.529/11.

3.2 Do processo administrativo no Tribunal Administrativo

O Tribunal Administrativo de Defesa Econômica (TADE), na grande maioria das situações, funcionará para julgar recursos, leiam-se, impugnações da própria Superintendência-Geral quando o ato for aprovado com restrições ou rejeitado, situação em que será aberto prazo para manifestação das requerentes sobre o ato impugnado, ou mesmo, em caso de aprovação ato pela Superintendência-Geral, for objeto de recuso por terceiros interessados[24] ou em mercados regular, por agências reguladoras.

Nesse sentido, o requerente, caso entenda necessário, poderá interpor no prazo de 30 (trinta) dias da data de impugnação pela Superintendência-Geral, recurso em petição escrita direcionada ao Presidente do TADE, expondo as razões de fato e de direito, bem

---

[24] Deve-se observar também o art. 118 do RICADE que assim dispõe: "Art. 118. O pedido de intervenção de terceiro interessado cujos interesses possam ser afetados pelo ato de concentração econômica deverá ser apresentado no prazo de 30 (trinta) dias da publicação do edital previsto no parágrafo único do art. 111, e será analisado nos termos do art. 44. Parágrafo único. O pedido de intervenção deverá conter, no momento de sua apresentação, todos os documentos e pareceres necessários para comprovação de suas alegações".

como todas as provas que instruem o seu pedido, para fins de reforma da decisão inicial de improcedência, devendo a impugnação ser distribuída por sorteio no prazo de 48 (quarenta e oito) horas para um dos Conselheiros-Relatores, consoante o art. 58, *caput* e parágrafo único da Lei nº 12.529/11.

Posteriormente, a manifestação do requerente ao TADE, o Conselheiro-Relator ao qual fora distribuído o processo deverá proferir decisão determinando inclusão do mesmo em pauta de julgamento, caso este esteja devidamente instruído (art. 59, I), ou, na hipótese insuficiência do conjunto probatório, determinar a realização de nova instrução complementar (art. 59, II).

Na fase de julgamento do Tribunal, após a devida inclusão em pauta, os Conselheiros poderão aprovar integralmente o ato, aprová-lo com restrições ou rejeitá-lo, hipótese em que determinará as restrições que deverão ser observadas como condição para a validade e eficácia do ato.

Ainda nesta seara, conforme dita o art. 59, §1º, da Lei Antitruste, o Conselheiro-Relator poderá autorizar, conforme o caso, precária e liminarmente, a realização do ato de concentração econômica, impondo as condições que visem à preservação da reversibilidade da operação, quando assim recomendarem as condições do caso concreto, os chamados Acordo de Preservação de Reversibilidade de Operação (APRO).

Caso bastante peculiar de aplicação do APRO foi no Ato de Concentração nº 08012.003267/2007-14,[25] que tratou da aquisição pela GTI S/A da totalidade das ações da VRG pela Varilob e Volo, devendo seguirem as requerentes o seguinte:

I – As requerentes comprometem-se a manter a identidade jurídica da empresa adquirida, a VRG, e todos os registros necessários para seu funcionamento;

II – As requerentes comprometem-se ainda a manter a independência administrativa da VRG, de forma que os membros de seu Conselho de Administração e seus diretores estatutários não participem como membros do Conselho de Administração e como diretores estatutários da GTI, GLAI ou GTA, e vice-versa;

---

[25] BRASIL. Conselho Administrativo de Defesa Econômica. CADE. Ato de Concentração Econômica nº 08012003267/2007-14. Brasília/DF, 2007.

III – A VRG manterá suas contas e finanças totalmente separadas das contas e finanças da GTI, GLAI ou GTA;

IV – As marcas "GOL" e "Varig" serão utilizadas de maneira separada permitindo a diferenciação entre elas por parte dos consumidores;

(...)

XIII – A assinatura deste Acordo de Preservação de Reversibilidade da Operação (APRO) não implica qualquer compromisso do CADE quanto a análise do mérito da presente operação ou qualquer antecipação no que se refere ao resultado do julgamento pelo Plenário.

XIV – A assinatura deste Acordo de Preservação de Reversibilidade da Operação (APRO) visa apenas garantir condições de reversibilidade da operação notificada e não deve ser interpretada como uma admissão, pelas Requerentes ou pelo CADE, de que uma medida cautelar é necessária neste momento.

Brasília, Junho de 2007.

Luis Fernando Rigato Vasconcellos

Conselheiro-Relator

Essa espécie de APRO foi mantida na nova lei e ratificada pelo RICADE no art. 115 e seguintes, *in verbis:*

Art. 115. O requerente de aprovação de ato de concentração econômica poderá solicitar, no momento da notificação ou após a impugnação pela Superintendência-Geral, autorização precária e liminar para a realização do ato de concentração econômica, nos casos em que, cumulativamente:

I – não houver perigo de dano irreparável para as condições de concorrência no mercado;

II – as medidas cuja autorização for requerida forem integralmente reversíveis; e

III – o requerente lograr demonstrar a iminente ocorrência de prejuízos financeiros substanciais e irreversíveis para a empresa adquirida, caso a autorização precária para realização do ato de concentração não seja concedida.

§1º Para demonstrar a iminente ocorrência de prejuízos financeiros substanciais e irreversíveis para a empresa adquirida, o requerente deverá acompanhar seu pedido com todos os documentos, demonstrações financeiras e certidões indispensáveis para fazer prova inequívoca dos fatos alegados.

§2º O pedido será remetido ao Tribunal com manifestação da Superintendência-Geral a respeito da autorização precária para realização de ato de concentração econômica no prazo de 30 (trinta) dias contados da sua notificação.

§3º O Tribunal apreciará o pedido de autorização precária e liminar, desde que o pedido esteja devidamente instruído, no prazo de 30 (trinta)

O DIREITO PROCESSUAL DA CONCORRÊNCIA E O CONTROLE DAS CONCENTRAÇÕES EMPRESARIAIS NO BRASIL

dias contados do envio do pedido pela Superintendência-Geral, sem prejuízo da continuidade da instrução do processo administrativo para análise de ato de concentração econômica por parte da Superintendência-Geral.

§4º Em caso de concessão da autorização prevista no caput deste artigo, deverão ser impostas condições que visem à preservação da reversibilidade da operação, quando assim recomendarem as características do caso concreto.

§5º Da decisão do Tribunal, não caberá pedido de reconsideração.

Cumpre salientar ainda que no julgamento do pedido de aprovação do ato de concentração econômica, o TADE poderá aprová-lo integralmente, rejeitá-lo ou aprová-lo parcialmente, caso em que determinará as restrições que deverão ser observadas como condição para a validade e eficácia do ato (art. 61, *caput*, da Lei nº 12.529/11). Ainda nesse diapasão, verificados efeitos nocivos do ato de concentração sobre os mercados relevantes afetados pelo Tribunal Administrativo, poderá este determinar as restrições cabíveis no sentido de mitigá-los, que incluem segundo o art. 61, §2º:

I – a venda de ativos ou de um conjunto de ativos que constitua uma atividade empresarial;

II – a cisão de sociedade;

III – a alienação de controle societário;

IV – a separação contábil ou jurídica de atividades;

V – o licenciamento compulsório de direitos de propriedade intelectual;

VI – qualquer outro ato ou providência necessários para a eliminação dos efeitos nocivos à ordem econômica.

Quando no processo administrativo de concentração verificar-se recusa, omissão, enganosidade, falsidade ou retardamento injustificado por parte dos Requerentes, de informações ou documentos cuja apresentação for determinada pelo CADE, sem demais sanções cabíveis, poderá o pedido de aprovação do ato de concentração ser rejeitado por falta de provas, caso em que o requerente somente poderá realizar o ato mediante apresentação de novo pedido nos termos do art. 53 da Lei Antitruste, tudo isso em conformidade com o art. 62 do mesmo diploma.

3.3 Procedimento sumário

Ainda dentro do contexto de procedimentos adotados no CADE em atos de concentração, necessário é o estudo acerca do procedimento sumário para aprovação das concentrações empresariais. Esse tipo de procedimento encontra regulamentação legal por meio da Resolução nº 2 de 29 de maio de 2012, que prevê procedimento sumário para análise de atos de concentração e dá outras providências.

Consoante o art. 6º da referida resolução, o procedimento sumário será apenas aplicado pelo CADE nos casos de menor simplicidade de operações com menores efeitos potenciais nocivos à concorrência, por meio de decisão discricionária do órgão antitruste, conforme os critérios de conveniência e oportunidade, com base na experiência adquirida pelos órgãos integrantes do SBDC na análise de atos de concentração e na identificação que tenham menor potencial ofensivo à concorrência como já mencionado acima (art. 7 da Resolução nº 2/2012).

Por sua vez, o art. 8 da Resolução nº 2/2012 fixa as hipótese de concentração enquadráveis no procedimento sumário, dispondo da seguinte forma:

> I – Joint-Ventures clássicas ou cooperativas: casos de associação de duas ou mais empresas separadas para a formação de nova empresa, sob controle comum, que visa única e exclusivamente à participação em um mercado cujos produtos/serviços não estejam horizontal ou verticalmente;
>
> II – Consolidação de controle: as aquisições de participação notificadas nos termos do artigo 11 desta Resolução;
>
> III – Substituição de agente econômico: situações em que a empresa adquirente ou seu grupo não participava, antes do ato, do mercado envolvido, ou dos mercados verticalmente relacionados e, tampouco, de outros mercados nos quais atuava a adquirida ou seu grupo;
>
> IV – Baixa participação de mercado com sobreposição horizontal: as situações em que a operação gerar o controle de parcela do mercado relevante comprovadamente abaixo de 20%, a critério da Superintendência-Geral, de forma a não deixar dúvidas quanto à irrelevância da operação do ponto de vista concorrencial;
>
> V – Baixa participação de mercado com integração vertical: as situações em que a empresa adquirente ou seu grupo não detinham, comprovadamente,

participação superior a 20% nos mercados relevantes verticalmente integrados, antes da operação.

VI – Outros casos: casos que, apesar de não abrangidos pelas categorias anteriores, forem considerados simples o suficiente, a critério da Superintendência-Geral, a ponto de não merecerem uma análise mais aprofundada.

O que se observa, mais uma vez, é a tendência do direito concorrencial brasileiro em criar normas do tipo aberto, com o máximo de operações possíveis enquadráveis no sistema de concentração regulado pelo CADE, e não de criar um rol taxativo de operações, até porque, como se viu no Capítulo 3 do presente trabalho, inúmeras formas de agrupamento societário e operações entre agentes econômicos surgiram no último século decorrentes do avanço empresarial globalizado, sendo benéfica para o regime concorrencial adotado a edição de normas com aplicabilidade sobre quaisquer formas de concentração que importem formações monopolistas e dominantes de mercados, mesmo que não presentes taxativamente em lei, reforçando o ideal da Constituição Federal de 1988 e da ideologia constitucionalmente adotada com a livre concorrência.

Continuando o estudo da Resolução nº 2/2012 do CADE, em seu Anexo II, encontram-se as exigências formais para a petição de ingresso com o pedido da concentração econômica na qual se aplica o procedimento sumário com etapas próprias, conforme o formulário de procedimento sumário, que deverá observar as seguintes orientações gerais de preenchimento:

(i) As respostas a este formulário devem ser justificadas e as informações exatas e completas, com a indicação da fonte para os cálculos e a apresentação de documentos comprobatórios disponíveis. Na impossibilidade de fornecer informações exatas, as partes devem fornecer estimativas com a indicação das respectivas fontes e metodologia de cálculo utilizada;

(ii) As informações devem ser fornecidas em unidades padronizadas para todas as respostas deste formulário. Os dados relativos a unidades monetárias devem ser fornecidos em reais (R$), com a indicação da taxa de câmbio utilizada para a respectiva conversão, quando for o caso;

(iii) Sempre que possível, apresente fontes alternativas de informações relevantes para a análise da presente operação (sítios eletrônicos, publicações diversas, associações, órgãos de controle, pesquisas realizadas por terceiros, jurisprudência nacional e internacional etc.);

(iv) Na ausência de especificação em sentido contrário, o termo "parte" é utilizado neste formulário de forma a abranger as entidades diretamente envolvidas na operação (referidas como "partes diretamente envolvidas"), e os respectivos grupos econômicos, conforme definição do art. 4º desta Resolução;

(v) Sempre que as partes diretamente envolvidas na operação sejam entidades sem atividades operacionais ou veículos especialmente criados para a realização da operação, devem ser fornecidas as informações relativas à parte concorrencialmente relevante.

A 1ª etapa dentro do procedimento sumário é a realização da descrição da operação em forma de resumo de até 500 palavras, especificando as partes na concentração, suas respectivas áreas de atividade, a natureza da concentração consoante as analisadas de forma individual no capítulo anterior, como fusões, aquisições, entre outras, os mercados impactados com a operação submetida à análise, bem como a justificativa estratégica e econômica para a operação, não devendo possuir o referido resumo informações de natureza confidencial.

Ato contínuo, deverá obedecer o pedido de concentração, o preenchimento com as informações relativas às partes, como qualificação completa das pessoas jurídicas e demais partes diretamente envolvidas na operação. Caso existam grupos econômicos que façam parte das requerentes, deverão estes serem obrigatoriamente citados, bem como sua nacionalidade e lista completa de todas as pessoas físicas e jurídicas pertencentes ao mesmo com atividades no território nacional.

Ainda dentro dessa 2ª etapa, deverão ser informadas as operações realizadas nos últimos 5 (cinco) anos das pessoas físicas ou jurídicas citadas acima, bem como do faturamento bruto das partes envolvidas na operação, e de seus grupos econômicos, no Brasil e em todo o mundo, no ano fiscal anterior à operação.

Na 3ª etapa verificar-se-ão os elementos intrínsecos relativos à operação, assim exigidos:

III.1. Informe se esta notificação refere-se à primeira apresentação. Caso negativo, informe o motivo pelo qual o ato está sendo reapresentado/ emendado.
III.2. Descreva a operação notificada, indicando:
(a) Se a operação projetada consiste em um(a):

CAPÍTULO 10

O DIREITO PROCESSUAL DA CONCORRÊNCIA E O CONTROLE DAS CONCENTRAÇÕES EMPRESARIAIS NO BRASIL | 261

1. fusão;
2. aquisição de controle;
3. aquisição de quotas/ações sem aquisição de controle;
4. consolidação de controle;
5. aquisição de ativos;
6. incorporação;
7. joint venture clássica (criação de empresa para explorar outro mercado);
8. joint venture concentracionista (criação de empresa para explorar mercado jáexplorado pelas empresas associadas);
9. outra forma de operação não coberta pelas alternativas anteriores (especificar);
(b) Se a operação abrange, total ou parcialmente, as atividades das partes;
(c) O valor da operação e a forma de pagamento;
(d) No caso de aquisição de ativos, todos esses ativos, tangíveis e/ou intangíveis. No caso dos ativos tangíveis, indicar também suas localizações (endereço e CEP);
(e) No caso de aquisição de participação societária, o dispositivo da Seção III desta Resolução no qual a operação se enquadra;
(f) A estrutura societária da empresa alvo, antes e após a realização da operação, ou da nova empresa formada. As informações deste item devem ser ilustradas com a utilização de mapas, organogramas ou diagramas.

III.3. Informe as demais jurisdições em que a presente operação foi ou será apresentada, bem como a(s) data(s) da(s) notificação(ões).

III.4. Especifique se a operação está sujeita a aprovação de outros órgãos reguladores no Brasil ou no exterior.

III.5. Descreva a justificativa econômica e/ou estratégica para a operação.

III.6. Informe se a operação contempla cláusulas restritivas à concorrência (por exemplo, cláusulas de não concorrência ou de exclusividade). Caso afirmativo, apresentar tais cláusulas, indicando sua localização nos documentos relativos à operação, bem como sua justificativa econômica.

A etapa 4, basicamente consiste na apresentação dos documentos próprios das requerentes, como instrumentos contratuais relativos à realização da operação que se submete ao CADE para aprovação, adicionados os demais documentos consoante os itens IV.2 a IV.4 do Anexo II da Resolução nº 2/2012 do CADE.

Prosseguindo às exigências legalmente previstas, ainda se faz necessário o estudo dentro do requerimento de concentração da definição do(s) mercado(s) relevante(s), a ser realizado da seguinte forma, consoante a etapa V do Anexo da Resolução nº 2/2012, que assim dispõe:

V.1. Informe e descreva todas as linhas de produtos comercializados e/ou serviços prestados no Brasil pelas partes diretamente envolvidas na operação.

V.2. Informe todas as linhas de produtos comercializados e/ou serviços prestados no Brasil pelas demais empresas que fazem parte dos grupos econômicos envolvidos na operação.

V.3. Identifique todas as linhas de produtos e/ou serviços em que poderiam ser verificadas sobreposições horizontais, verticais e/ou complementares decorrentes da presente operação.

V.4. Indique todas as áreas geográficas atendidas por cada uma das empresas que ofertam as linhas de produtos e/ou serviços identificadas no item V.3 (caso a empresa não atenda todo o Brasil, especificar os municípios e/ou estados atendidos pela mesma).

V.5. Considerando as respostas dos itens V.3 e V.4, defina o(s) mercado(s) relevante(s) sob as dimensões produto e geográfica. Fundamente as definições adotadas, baseando-se nos seguintes fatores, na medida em que aplicáveis:
a) substituibilidade sob a ótica da demanda, levando em consideração, dentre os fatores considerados relevantes, a possibilidade de substituição frente a aumentos de preços entre marcas e/ou produtos ou serviços e entre outros produtos fora do mercado;
b) substituibilidade sob a ótica da oferta, levando em consideração, dentre outros fatores, aspectos técnico-operacionais, tecnologias, custos de instalação (inclusive custos irrecuperáveis) e possibilidade de redirecionamento de atividades;
c) natureza e características dos produtos e/ou serviços;
d) importância dos preços dos produtos e/ou serviços;
e) perfil dos clientes (exemplo: renda, gênero, porte da firma etc.) e dimensionamento do mercado desses clientes (quantidade vendida);
f) preferências dos consumidores, prestando informações sobre fidelidade a marcas, forma e momentos de consumo, dentre outros fatores considerados relevantes;
g) custos de distribuição/transporte;
h) diferenças nas estruturas de oferta e/ou de preços entre áreas geográficas vizinhas;
i) possibilidade de importações;
j) jurisprudência do CADE;
k) jurisprudência internacional;
l) outros fatores.

V.6. Explique a relevância da diferenciação dos produtos e/ou serviços em termos de atributos ou qualidades, e a medida em que os produtos das partes são substitutos próximos.

Uma análise sobre a etapa V revela nitidamente o quanto é importante, nos processos de concentração, a definição correta dos mercados relevantes, pois, sem dúvida, será este um dos fatores decisivos na aprovação ou não do ato submetido à análise, parâmetro este também capaz de identificar tentativas de dominação de mercados e constituição de monopolistas por meio de operações societárias concentracionistas.

Por fim, na etapa seguinte, VI, se analisa a chamada Estrutura de Oferta, que somente irá existir nos casos de sobreposição horizontal e ou integração vertical, concluindo, assim, os requisitos necessários a serem observados na petição direcionada ao CADE com o pedido de aprovação do futuro ato de concentração a ser firmado.

Esse, portanto, é o atual procedimento sumário adotado pelo CADE após o ingresso da Lei nº 12.529/11, bastante simplificado, se comparado ao procedimento do rito ordinário de tramitação processual, que conta com o pedido de aprovação circunscrito a 11 (onze) etapas, consoante o Anexo I da Resolução nº 2/2012 do órgão antitruste.

3.4 A possibilidade de relativização da ilegalidade *per se* pela regra da razão (*rule of reason*)

Sobre a temática das concentrações empresariais, ainda faz-se necessário analisar, consoante o direito antitruste brasileiro, da possibilidade de relativização do ilícito *per se*, por aplicação da regra da razão ao caso concreto.

A conduta ilícita *per se* é entendida como aquela que se amolda aos termos legais de política concorrencial que disciplina as infrações à ordem econômica, bastando para a configuração da infração o enquadramento da conduta econômica no texto legal punitivo, ou seja, uma análise precária e não teleológica sobre os administrados, muitas vezes nem se perquirindo saber se o infrator detém ou não poder de mercado capaz de conduzir danos efetivos à concorrência.

A ilicitude *per se* desobriga o órgão antitruste a realizar um estudo mais profundo do ato realizado e do seu contexto econômico: a partir do momento em que uma conduta é tomada como "ilícita *per se*" e considerada restritiva da concorrência, de forma não razoável, deverá ser repudiada.[26]

---

[26] FORGIONI, *op. cit.*, p. 199.

Essa possibilidade de relativização da ilegalidade, *prima facie* identificada, poderá ser mitigada, caso seja possível eventual flexibilização da caracterização do ilícito, por aplicabilidade do princípio da razoabilidade que se revela nos casos afetos ao direito da concorrência, em especial, na regra da razão *(rule of reason)*, oriunda do direito norte-americano,[27] hipótese esta em que, apesar de existir o ilícito econômico formalmente, pela busca da verdade material e dos reais efeitos do ato econômico executado, serão revertidos os efeitos das sanções de forma que o mesmo não seja considerado ilícito.

> A regra da razão não se identifica com a abordagem *caso a caso* das práticas analisadas, como muitas vezes se tem dado a entender. O chamado *case by case approach* é outra das válvulas de escape que pode lançar mão o intérprete na aplicação de uma norma antitruste, e significa, em linhas gerais que cada caso deve ser analisado individualmente, considerando-se suas particularidades, o contexto econômico no qual se insere e os efeitos anticompetitivos que produz no(s) mercado(s) relevante(s) atingido(s). A regra da razão, por sua vez, é o método de interpretação que impõe a ilicitude, apenas, das práticas que restringem a concorrência de forma "não razoável". Percebe-se, portanto, que a aplicação da regra da razão pode dar ensejo a uma análise caso a caso, mas com ela não se confunde.[28]

O direito brasileiro acompanhou também a tendência de aplicação da *rule of reason* do direito norte-americano, estando preceituada a permissão de relativização da ilegalidade *per se* no art. 88, parágrafos 5º e 6º, da Lei nº 12.529/11, que assim dispõem:

> §5º Serão proibidos os atos de concentração que impliquem eliminação da concorrência em parte substancial de mercado relevante, que possam criar ou reforçar uma posição dominante ou que possam resultar na

---

[27] A regra da razão na verdade se enquadra bem no direito concorrencial norte-americano, pois se aplica a um estatuto que prescreve o seguinte: "todo contrato, acordo na forma de *trust* ou de outra forma, ou conspiração, que provoque a restrição do comércio entre os vários Estados federais com nações estrangeiras será declarado ilegal. Lendo esta norma de forma literal, parece que todo contrato deve ser proibido, pois todo contrato por si só restringe comércio de uma forma ou de outra (se eu prometo vender uma maça a você, eu não posso vendê-la a nenhuma outra pessoa, ou seja o comércio daquele bem fica restrito uma vez que o acordo de venda seja feito). A adoção da regra da razão nos Estados Unidos foi necessária para criar um mecanismo de diferenciação entre acordos desejáveis e não desejáveis. Uma construção interpretativa literal desta norma levaria a resultados absurdos". *In:* LOPES DE LIMA, José Antonio Farah. *Direito concorrencial europeu.* São Paulo: Mizuno, 2008, p. 71-72.

[28] *Ibid.*, p. 199.

dominação de mercado relevante de bens ou serviços, ressalvado o disposto no §6º deste artigo.

§6º Os atos a que se refere o §5º deste artigo poderão ser autorizados, desde que sejam observados os limites estritamente necessários para atingir os seguintes objetivos:
I – cumulada ou alternativamente:
a) aumentar a produtividade ou a competitividade;
b) melhorar a qualidade de bens ou serviços; ou
c) propiciar a eficiência e o desenvolvimento tecnológico ou econômico; e
II – sejam repassados aos consumidores parte relevante dos benefícios decorrentes.

Observa-se que o parágrafo 5º do art. 88, expõe claramente a ilegalidade *per se* na proibição dos atos de concentração empresarial que impliquem na eliminação dos demais concorrentes em parte substancial de mercado relevante, ressalvando, porém, os casos em que tal restrição, apesar de ser verificável, poderá ser realizada por meio da aplicação da regra da razão disposta no mesmo artigo, no parágrafo seguinte, desde que tais operações societárias, de forma cumulada ou alternativa, aumentem a produtividade ou competitividade, melhore a qualidade dos bens e serviços ofertados em mercado, ocasione eficiências econômicas e desenvolvimento tecnológico, e que, tais benefícios, decorrentes do ato, sejam repassados diretamente aos consumidores, autorizando, dessa forma, ato que, em análise formal, seria ilícito, mas que, em análise teológica-material, é plenamente aceitável e lícito, fomentando, inclusive, a concorrência e melhorando as condições de mercado.

A jurisprudência do CADE é firme nesse sentido, utilizando sempre que possível, em operações submetidas à análise perante a autoridade antitruste, a regra da razão, conforme se faz exemplo o perspicaz julgado do Ato de Concentração nº 08012.009118/98-26, de relatoria do Conselheiro João Bosco Leopoldino da Fonseca, estudado pelo ex-Conselheiro do CADE Mauro Grinberg:

O processo administrativo é o de nº 08012.009118/98-26, cujo julgamento terminou em 27 de junho de 2001, e no qual foram Representadas Estaleiro Ilha S/A EISA e Marítima Petróleo e Engenharia Ltda.. Vale observar aqui que o signatário não tem nem teve qualquer relação profissional com as mencionadas empresas, sendo que o presente exame é feito exclusivamente com base no relatório e nos votos do julgamento.

Tratou-se da concorrência interacional nº 571.1.100296-1, referente à reforma da Plataforma Petrobrás 10, de propriedade da empresa Catléia Oil Company, pertencente ao Grupo Braspetro, subsidiário da Petrobrás. Previamente a essa concorrência, as duas Representadas fizeram um acerto que contemplava as melhores aptidões de cada uma delas. Com efeito, uma delas tinha melhor conhecimento do componente naval da obra, enquanto a outra ostentava melhor aptidão para o componente da obra relativo à perfuração. Assim, fizeram um acordo pelo qual trocaram dados sobre as respectivas áreas de atuação. Resolveram que, se uma delas vencesse, a outra seria ressarcida dos custos da preparação da proposta. Esse ressarcimento tinha duas hipóteses, em valores distintos e decorrentes dos valores das propostas, de tal sorte que uma proposta vencedora superior ao limite fixado geraria um ressarcimento maior e, se inferior ao mesmo limite, geraria um ressarcimento menor. O acordo também implicava em que, se nenhuma delas vencesse, cada uma teria incorrido em custos menores

O acerto em questão foi feito por escrito, tendo a Secretaria de Direito Econômico (SDE) esclarecido, em determinado ponto, que "não foi encontrada explicação plausível para a não formação de um consórcio entre as empresas representadas". Esclareça-se aqui que a empresa vencedora (Marítima), apresentou sua proposta em consórcio com outra (Lisnave). É bem verdade que houve o distrato entre as duas Representadas, embora posterior à licitação.

(...)

Para o Conselheiro JOÃO BOSCO LEOPOLDINO DA FONSECA, o critério é objetivo, decorrente dos fatos. Embora não o diga expressamente, o voto parece considerar o mercado relevante como o das empresas que compareceram à concorrência pública e ofereceram propostas. Assim, não se pode inferir daí a aplicação da regra da razão ou da regra per se uma vez que, com tal caracterização do mercado relevante, a aplicação de qualquer uma das regras levaria à constatação da existência da infração.

O Presidente JOÃO GRANDINO RODAS, pautando-se, para a interpretação, na boa-fé das partes, certamente acolhe a regra da razão, já que a regra per se não permitiria esse tipo de interpretação, face à prova de um determinado acerto entre os dois concorrentes.

Para a Conselheira HEBE TEIXEIRA ROMANO, o acordo entre as duas Representadas – não detentoras de parcela significativa do mercado relevante de plataformas de petróleo – não impediu que as I demais empresas participassem do certame. Há aqui também acolhida plena da regra da razão.

O Conselheiro CELSO FERNANDES CAMPILONGO, para quem não é possível saber de antemão quais os adquirentes do edital que compareceriam ao certame para apresentar propostas, resultou claro o fato concreto, que é o comparecimento de apenas dois licitantes, cujo acerto constituiu infração contra a ordem econômica. Aqui também não é possível inferir se houve aplicação da regra da razão ou da regra per se, uma vez que, com tal delimitação do mercado relevante, qualquer delas levaria à constatação da existência da infração.

Para o Conselheiro THOMPSON ANDRADE, havendo indícios de que as duas Representadas poderiam saber que as demais nove adquirentes do edital não apresentariam propostas, o mercado relevante poderia ter sido constituído apenas das duas Representadas. Mas isso é apresentado como uma hipótese e não como uma constatação. Daí porque, tendo também sido implicitamente acolhida a possibilidade das Representadas desconhecerem o fato de que as demais adquirentes do edital não ofereceriam propostas, houve acolhida da regra per se, pois o acerto entre as duas Representadas foi visto, por sua própria natureza, como contrário à livre concorrência.

O Conselheiro AFONSO ARINOS DE MELLO FRANCO NETO diz que há indícios de que era possível o conhecimento, pelas Representadas, de que as demais onze adquirentes do edital não ofereceriam propostas. Poderia parecer que, à semelhança do voto anterior, tendo também sido implicitamente acolhida a possibilidade das Representadas desconhecerem o fato de que as demais adquirentes do edital não ofereceriam propostas, houve acolhida da regra per se.

Entretanto, o voto é claro ao afirmar que, se as Representadas efetivamente não tivessem condição de saber que as demais onze adquirentes do edital não ofereceriam propostas, então o mercado relevante seria constituído por todos os adquirentes do edital. Daí porque é possível concluir que o voto filiou-se à regra da razão.[29]

O presente caso ilustrado, de forma bastante clara, ainda mais quando se lê com maior cautela os votos dos Conselheiros, explicita que a perspectiva da regra da razão não se sobrepõe sobre a regra *per se* ou vice-versa, muito pelo contrário, revelam-se como regras a serem aplicadas conforme a necessidade do caso e sua possibilidade fática de ocorrência.

Permita-se a releitura do excerto no voto do Conselheiro João Grandino Rodas: "Pautando-se, para a interpretação, na boa-fé das partes, certamente acolhe a regra da razão, já que a regra per se não permitiria esse tipo de interpretação, face à prova de um determinado acerto entre os dois concorrentes", deixando claras, assim, a

---

[29] GRINBERG, Mauro. *O CADE e a Regra da Razão:* a aplicação da Regra da Razão pelo CADE e sua análise por meio de um julgamento. Disponível em: www.gcba.com.br. Acesso em: 26 set. 2018.

existência, a aplicabilidade e a forma de exteriorização da regra da razão no ordenamento jurídico brasileiro, em especial, no direito processual concorrencial e na prática forense.

Ainda na análise processual desses atos de concentração econômica, cumpre ressaltar a possibilidade das execuções judiciais das decisões proferidas pelo CADE, estudo este realizado a seguir.

4 Das execuções judiciais de decisões do CADE

Como é sabido, trata-se o CADE de autarquia federal vinculada ao poder executivo, tendo suas decisões cunho eminentemente administrativo, desprovidas dos mesmos efeitos que uma sentença judicial. A autoridade brasileira antitruste é preceituada no art. 4 da Lei nº 12.529/11, que define o CADE como entidade judicante com jurisdição em todo o território nacional, que se constitui em autarquia federal vinculada ao Ministério da Justiça, com sede e foro no Distrito Federal.

Contudo, apesar de não constituírem verdadeiras sentenças judiciais, as decisões proferidas pelo CADE que cominem multa ou imponham obrigação de fazer ou não fazer, serão estas consideradas títulos executivos extrajudiciais (art. 585, VIII, do CPC, e art. 94 da Lei nº 12.529/11).

As execuções movidas perante o Poder Judiciário dos títulos executivos extrajudiciais das decisões do CADE seguirão, em caso de exclusiva cobrança de multa pecuniária, o disposto na Lei nº 6.830/1980, que dispõe sobre a cobrança judicial da Dívida Ativa da Fazenda Pública e dá outras providências.

Da mesma forma que o previsto nas demais execuções comuns reguladas pelo CPC, a execução judicial das decisões do CADE seguirá o procedimento elencado no art. 95 da Lei Antitruste brasileira, que assim dispõe:

Art. 95. Na execução que tenha por objeto, além da cobrança de multa, o cumprimento de obrigação de fazer ou não fazer, o Juiz concederá a tutela específica da obrigação, ou determinará providências que assegurem o resultado prático equivalente ao do adimplemento.

§1º A conversão da obrigação de fazer ou não fazer em perdas e danos somente será admissível se impossível a tutela específica ou a obtenção do resultado prático correspondente.

§2º A indenização por perdas e danos far-se-á sem prejuízo das multas.

O DIREITO PROCESSUAL DA CONCORRÊNCIA E O CONTROLE DAS CONCENTRAÇÕES EMPRESARIAIS NO BRASIL

No tocante à competência, será o foro da Justiça Federal a competência para o processamento e julgamento da ação de execução do título extrajudicial, podendo ser promovida na seção judiciária do Distrito Federal ou da sede ou do domicílio do executado, por escolha do CADE (art. 97).

Ainda assim exorta do art. 98 a seguinte disposição:

> Art. 98. O oferecimento de embargos ou o ajuizamento de qualquer outra ação que vise à desconstituição do título executivo não suspenderá a execução, se não for garantido o juízo no valor das multas aplicadas, para que se garanta o cumprimento da decisão final proferida nos autos, inclusive no que tange a multas diárias.
>
> §1º Para garantir o cumprimento das obrigações de fazer, deverá o juiz fixar caução idônea.
>
> §2º Revogada a liminar, o depósito do valor da multa converter-se-á em renda do Fundo de Defesa de Direitos Difusos.
>
> §3º O depósito em dinheiro não suspenderá a incidência de juros de mora e atualização monetária, podendo o Cade, na hipótese do §2º deste artigo, promover a execução para cobrança da diferença entre o valor revertido ao Fundo de Defesa de Direitos Difusos e o valor da multa atualizado, com os acréscimos legais, como se sua exigibilidade do crédito jamais tivesse sido suspensa.

Comentando esse dispositivo em específico, Roberto Taufick assinala:

> O art. 98 mantém, contrariamente à proposição do Senado Federal, a obrigação de caução no valor integral das multas aplicadas. O objetivo do dispositivo é, claramente, reduzir os incentivos a que as decisões do CADE sejam questionadas no Judiciário. Por outro lado, a exigência da caução é vista, não raramente, com óbice à garantia de acesso pleno ao Judiciário.[30]

Essa discussão também foi debatida em processo judicial com tramitação perante o Superior Tribunal de Justiça, *in verbis:*

> PROCESSUAL CIVIL E ADMINISTRATIVO. LEI 8.884/94. DECISÃO PLENÁRIA DO CADE. IMPOSIÇÃO DE MULTA. TÍTULO EXECUTIVO EXTRAJUDICIAL. DESCONSTITUIÇÃO DO JULGADO. NECESSIDADE DE APRESENTAÇÃO DE GARANTIA. RECURSO ESPECIAL. REQUISITOS DE ADMISSIBILIDADE. 1. "A nova lei antitruste, no art. 60,

---

[30] TAUFICK, *op. cit.*, p. 489.

dispõe que a decisão do CADE continua tendo duplo conteúdo: cominação de multa e imposição de obrigação de fazer ou não fazer. A novidade consiste na atribuição de natureza de título executivo extrajudicial à decisão do CADE. No sistema adotado pelo Código de Processo Civil de 1973, Lei nº 5.869, de 11 de janeiro de 1973, toda execução terá por base um título executivo que poderá ser de origem judicial ou extrajudicial. No inciso VIII do art. 585 do Código de Processo Civil, está estabelecido que são títulos executivos extrajudiciais, além dos enumerados nos incisos anteriores, 'todos os demais títulos, a que, por disposição expressa, a lei atribuir força executiva'. Assim, a disposição do art. 60 da Lei nº 8.884, de 1994, está em consonância com a lei que disciplina o processo comum. (...) *A decisão proferida pelo CADE tem, portanto, no dizer de HELY LOPES MEIRELLES, uma natureza administrativa, mas também jurisdicional, até porque a nova lei antitruste, no art. 3º, como já salientado, conceitua o CADE como um 'órgão judicante'. Não resta dúvida que as decisões do CADE, pela peculiaridade de versarem sobre matéria especificamente complexa, que requer um órgão especializado, apresentam natureza bastante similar a uma decisão judicial.* E o legislador quis exatamente atribuir a essa decisão uma natureza especificamente judicial, posto que de origem administrativa". (João Bosco Leopoldino da Fonseca. Lei de Proteção da Concorrência. Rio de Janeiro, Editora Forense, 2001, p. 312/313) 2. Na forma do art. 65 da Lei 8.884/94, qualquer ação que vise à desconstituição da decisão plenária do CADE, não suspenderá a sua execução, ainda que referente às multas diárias, sem que haja a garantia do juízo. 3. *O Plenário do E. STF indeferiu medida cautelar na ADIn 1094-8/DF, na qual se questiona a constitucionalidade, dentre outros, do art. 65 da Lei 8.884/94, concluindo pela improcedência de alegação de lesão à garantia constitucional de acesso ao Poder Judiciário. 4. O art. 60 da Lei 8.884/94 dispõe inequivocamente que as decisões plenárias do CADE, quer impondo multas, quer estabelecendo obrigações de fazer ou de não fazer, constituem título executivo extrajudicial.* 5. Revelam-se deficientes as razões do recurso especial quando o recorrente não aponta, de forma inequívoca, os motivos pelos quais considera violados os dispositivos de lei federal, o que atrai a incidência da Súmula 284 do STF. 6. É inviável a apreciação, em sede de Recurso Especial, de matéria sobre a qual não se pronunciou o Tribunal de origem, porquanto indispensável o requisito do prequestionamento. Aplicação das Súmulas 282 e 356 do STF. Ausência de prequestionamento dos arts. 67 da Lei 8.884/94 e 128 do CPC. 7. Recurso especial parcialmente conhecido e, nessa parte, desprovido (STJ – REsp nº 590960 DF 2003/0169770-6, Relator: Ministro LUIZ FUX, Data de Julgamento: 26/10/2004, T1 – PRIMEIRA TURMA, Data de Publicação: DJ 21/03/2005 p. 234 RDDP vol. 26 p. 213 DJ 21/03/2005 p. 234 RDDP vol. 26 p. 213)

Em que pese grande parte de advogados sustentarem eventual barreira de acesso à justiça, como é cediço na decisão colacionada,

O DIREITO PROCESSUAL DA CONCORRÊNCIA E O CONTROLE DAS CONCENTRAÇÕES EMPRESARIAIS NO BRASIL

não se trata de violação ao direito fundamental de acesso à justiça, mas de decorrência de lei, a configuração do título executivo extrajudicial, oriunda de decisão do CADE que impõe multa ou estabelece obrigações específicas de fazer ou não fazer, não havendo o que cogitar quanto a eventual ilegalidade da norma antitruste definida no art. 98 e parágrafos da Lei nº 12.529/11.

Quando necessário para que se permita a execução específica, poderá o juiz da causa decretar intervenção na empresa executada, nomeando um interventor e indicando as providências a serem tomadas por este na intervenção a ser realizada, consoante prescreve o art. 102, e parágrafo único da Lei Antitruste. A aludida intervenção judicial obedecerá ainda o disposto na mesma norma antitruste entre os artigos 103 e 111.

Assim sendo, estes são os principais aspectos processuais da defesa da concorrência no Brasil, preceituados na nova Lei nº 12.529/11 e demais resoluções anteriormente explicadas.

Conclusão

Dessume-se, portanto, que o controle dos atos de concentração, coloca-se como um verdadeiro instrumento de busca da plena satisfação da ordem econômica constitucionalmente adotada de Constituição Federal de 1988, sobretudo, no aspecto da defesa da concorrência.

O fenômeno da globalização mostra-se como um mecanismo-chave no apoio ao crescente número de concentrações empresariais, constituindo estas verdadeiras exigências mercadológicas para manutenção de agentes em competição, na medida que a exploração da atividade econômica atual tende a gerar núcleos empresariais complexos e concentrados, como evidente o número de fusões e aquisições societárias no âmbito do direito empresarial.

Pode-se afirmar que a Lei nº 12.529/11 constituiu-se como verdadeiro marco no ordenamento jurídico brasileiro, reorganizando o quadro institucional do CADE de forma mais harmônica, atribuindo aos órgãos pertencentes ao Sistema Brasileiro de Defesa da Concorrência poderes e competências previamente individualizadas e próprias, não havendo assim o desperdício na sobreposição de função dos órgãos como ocorria na antiga Lei nº 8.884/94, a exemplo da SEAE e SDE, que participavam da instrução dos processos de ato de concentração econômica.

A corporificação do sistema prévio ao direito brasileiro também representou grande avanço na conquista de mecanismos de proteção e blindagem das operações societárias mal-intencionadas, evitando, assim, o desfazimento de operações já consumadas no tempo, o que durante a vigência da Lei nº 8.884/94 era extremamente comum e também polêmico, pois causara enorme insegurança jurídica, evidente no caso Nestlé/Garoto.

Outro ponto salutar que merece destaque é que, com a implementação do sistema no Brasil, as empresas não mais poderão protelar de má-fé a análise dos atos de concentração, pois o controle *a posteriori* passa a ter restrições com a nova norma antitruste, sendo inclusive punidas as operações que não obedecerem as normas procedimentais do direito antitruste, como os casos de aplicação de multa em condutas *gun jumping*.

O desenho do direito econômico, concorrencial e empresarial aplicado aos mercados ganha relevo, sobretudo, nessa nova quadra da história, em que mercados altamente sofisticados, compostos por uma pluralidade de agentes econômicos, muitas vezes, entrelaçados entre si na *práxis* mercantil, necessitam ser regulados e disciplinados de acordo com as normas aplicáveis às concentrações econômicas.

Contribui o Direito Econômico, assim, para o bem-estar da coletividade e, sobretudo, enseja a existência de relações econômicas propiciadoras de um maior e melhor grau de justiça entre os seres humanos, no que diz respeito à distribuição de riqueza e no que concerne aos meios de subsistência.[31]

Dessa forma, entende-se que, para ser exercida uma competição saudável no mercado entre os agentes econômicos, urge haver o integral cumprimento aos ditames da Ordem Econômica da Constituição Federal de 1988, em especial, a base principiológica, disposta no art. 170/CF, *caput* e incisos, devendo exaltar-se, neste estudo, o inciso IV desse mesmo diploma.

---

[31] FALCÃO, Raimundo Bezerra. *Direito Econômico*. São Paulo: Malheiros: 2013, p. 8.

Assim, à guisa de conclusão, faço das palavras de Washington Peluso Albino de Souza as minhas, quando este expõe sobre a aplicação do direito econômico na vida econômica do país:

> As dificuldades ainda residem nas chamadas "forças ocultas" do poder Econômico, que certamente se irão revelando e sendo dominadas, na medida em que sejam trazidas à barra dos tribunais e aí desmascaradas. Afinal, o mesmo acontece com a influência do Poder Econômico no Poder Político, na medida em que as democracias representativas são distorcidas para a compra e venda de votos. Mas, justamente diante deste desafio é que o Direito moderno se afirma.[32]

Referências

ANDRADE, Maria Cecília. Atos de concentração – análise prévia. In: BRANCHER, Paulo; ZANOTTA, Pedro (Org.). Desafios atuais do direito da concorrência. São Paulo: Singular, 2011.

BRASIL. Conselho Administrativo de Defesa Econômica. CADE. Ato de Concentração Econômica nº 08700.005775/2013-19. Brasília/DF, 2013.

BRASIL. Conselho Administrativo de Defesa Econômica. CADE. Ato de Concentração Econômica nº 08012003267/2007-14. Brasília/DF, 2007.

BRASIL. Conselho Administrativo de Defesa Econômica. CADE. Parecer ProCADE nº 17/2012 PGF/AGU. Brasília/DF.

CABRAL DE MONCADA, Luís S. Direito Económico. 5. ed. Coimbra: Coimbra, 2007.

EDITORIAL Jornal O Estado de São Paulo. A Reforma do SBDC. Disponível em: http://www.cade.gov.br/ Imprimir.aspx?Conteudo=699. 2007. Acesso em: 20 abr. 2019.

FALCÃO, Raimundo Bezerra. Direito Econômico. São Paulo: Malheiros: 2013.

FORGIONI, Paula A. Os fundamentos do antitruste. São Paulo: Revista dos Tribunais, 2012.

GRINBERG, Mauro. O CADE e a Regra da Razão: A aplicação da Regra da Razão pelo CADE e sua análise por meio de um julgamento. Disponível em: www.gcba.com.br. Acesso em: 26 set. 2018.

LOPES DE LIMA, José Antonio Farah. Direito concorrencial europeu. São Paulo: Mizuno, 2008.

POSNER, Richard A. El análisis económico del derecho. 2. ed. México: Fondo de Cultura Económica, 2007

TAUFICK, Roberto Domingos. Nova Lei Antitruste nrasileira. Rio de Janeiro: Forense, 2012.

---

[32] SOUZA, Washington Peluso Albino de. Lições de Direito Econômico. Porto Alegre: Sergio Fabris, 2002, p. 285.

Esta obra foi composta em fonte Palatino Linotype, corpo 10,5
e impressa em papel Offset 75g (miolo) e Supremo 250g (capa)
pela Gráfica Laser Plus, em Belo Horizonte/MG.